Utilize este código QR para se
cadastrar de forma mais rápida:

Ou, se preferir, entre em:

https://www.moderna.com.br/ac/livro

e siga as instruções para ter acesso
aos conteúdos exclusivos do

Livro Digital

12116514 HISTORIA ESCOLA E DEMOCRACIA 7

CB052996

Da semente ao livro,
sustentabilidade por todo o caminho

Plantar florestas

A madeira que serve de matéria-prima para nosso papel vem de plantio renovável, ou seja, não é fruto de desmatamento. Essa prática gera milhares de empregos para agricultores e ajuda a recuperar áreas ambientais degradadas.

Fabricar papel e imprimir livros

Toda a cadeia produtiva do papel, desde a produção de celulose até a encadernação do livro, é certificada, cumprindo padrões internacionais de processamento sustentável e boas práticas ambientais.

Criar conteúdos

Os profissionais envolvidos na elaboração de nossas soluções educacionais buscam uma educação para a vida pautada por curadoria editorial, diversidade de olhares e responsabilidade socioambiental.

Construir projetos de vida

Oferecer uma solução educacional Moderna é um ato de comprometimento com o futuro das novas gerações, possibilitando uma relação de parceria entre escolas e famílias na missão de educar!

Tacito Comunicação, Alexandre Santana e Estúdio Pingado

Apoio:

TWO SIDES
www.twosides.org.br

Fotografe o Código QR e conheça melhor esse caminho.

Saiba mais em *moderna.com.br/sustentavel*

Flavio de Campos

Bacharel e licenciado em História pela Pontifícia Universidade Católica de São Paulo (PUC-SP).
Mestre e doutor em História Social pela Universidade de São Paulo (USP).
Professor Doutor do Departamento de História da Universidade de São Paulo (USP).
Coordenador científico do Núcleo Interdisciplinar de Pesquisas sobre Futebol
e Modalidades Lúdicas (Ludens-USP). Autor de livros didáticos e paradidáticos.

Regina Claro

Bacharel em História pela Universidade de São Paulo (USP). Mestre em História Social
pela Universidade de São Paulo (USP). Desenvolve projetos de capacitação para
professores da rede pública na temática História e Cultura Africana e Afro-americana,
em atendimento à Lei nº 10.639/03. Autora de livros didáticos e paradidáticos.

Miriam Dolhnikoff

Bacharel e licenciada em História pela Pontifícia Universidade Católica de São Paulo (PUC-SP).
Mestre em História Social e Doutora em História Econômica pela Universidade de São Paulo (USP).
Professora Doutora do Departamento de História e do curso de Relações Internacionais
da Universidade de São Paulo (USP). Pesquisadora do Centro Brasileiro de Análise
e Planejamento (Cebrap). Autora de livros didáticos e paradidáticos.

HISTÓRIA
ESCOLA E DEMOCRACIA
7

1ª edição

Coordenação editorial: Leon Torres

Edição de texto: Angela Duarte

Gerência de *design* e produção gráfica: Cia. de Ética

Coordenação de produção: Patricia Costa

Suporte administrativo editorial: Maria de Lourdes Rodrigues

Coordenação de *design* e projetos visuais: Didier Moraes, Marcello Araújo

Projeto gráfico: Didier Moraes, Marcello Araújo

Capa: Didier Moraes, Marcello Araújo

    Foto: Africa Studio/Shutterstock; Rawpixel.com/Shutterstock

Coordenação de arte: Didier Moraes e Marcello Araújo

Edição de arte: Didier Moraes e Marcello Araújo

Editoração eletrônica: Cia. de Ética/Cláudia Carminati, Márcia Romero, Mônica Hamada, Ruddi Carneiro

Edição de infografia: A+com

Ilustrações de vinhetas: Didier Moraes, Marcello Araújo

Ilustrações: Lucas C. Martinez

Revisão: Cia. de Ética/Ana Paula Piccoli, Denise Pessoa Ribas, Fabio Giorgio, Luciana Baraldi, Sandra Garcia Cortés

Coordenação de pesquisa iconográfica: Cia. de Ética/Paulinha Dias

Pesquisa iconográfica: Cia. de Ética/Angelita Cardoso

Coordenação de *bureau*: Rubens M. Rodrigues

Tratamento de imagens: Pix Arte Imagens

Pré-impressão: Alexandre Petreca, Everton L. de Oliveira, Marcio H. Kamoto, Vitória Sousa

Coordenação de produção industrial: Wendell Monteiro

Impressão e acabamento: Bercrom Gráfica e Editora

Lote: 283932

Dados Internacionais de Catalogação na Publicação (CIP)
(Câmara Brasileira do Livro, SP, Brasil)

Campos, Flavio de
    História : escola e democracia / Flavio de Campos, Regina Claro, Miriam Dolhnikoff. – 1. ed. – São Paulo : Moderna, 2018. – (História : escola e democracia)

    Obra em 4 v. para alunos do 6º ao 9º ano.
    Bibliografia.

    1. História (Ensino fundamental) I. Claro, Regina. II. Dolhnikoff, Miriam. III. Título. IV. Série.

18-20773   CDD-372.89

Índices para catálogo sistemático:

1. História : Ensino fundamental 372.89

Maria Paula C. Riyuzo - Bibliotecária - CRB-8/7639

ISBN 978-85-16-11651-4 (LA)
ISBN 978-85-16-11652-1 (LP)

EDITORA MODERNA LTDA.
Rua Padre Adelino, 758 – Belenzinho
São Paulo – SP – Brasil – CEP 03303-904
Vendas e Atendimento: Tel. (0_ _11) 2602-5510
Fax (0_ _11) 2790-1501
www.moderna.com.br
2019
Impresso no Brasil

1 3 5 7 9 10 8 6 4 2

Apresentação

Há muitas definições para a história. Uma das mais difundidas e aceitas a considera o estudo dos seres humanos no tempo. Assim, nossos olhares e interesses não devem se dirigir apenas para o passado, mas também para o presente, articulando tempos diversos, procurando significações, nexos e relações.

Se a história é uma ferramenta para o manuseio do tempo, a escola é uma instituição de fronteira entre o ambiente familiar e o conjunto da sociedade. Ambas são marcadas pela transição. A primeira pela multiplicidade de tempos. A segunda pela ampliação dos horizontes e pela compreensão científica e sistematizada das dinâmicas sociais.

É na interface dessas transições que situamos a proposta desta coleção. Além dos elementos econômicos, sociais, políticos, religiosos e culturais, procuramos considerar aspectos muito próximos do repertório dos estudantes, visando a uma aprendizagem significativa.

Por essa razão, resgatamos elementos lúdicos desenvolvidos nos períodos e nas sociedades analisados. Os jogos são dados culturais, desenvolvidos ao longo da história para divertir e tornar a existência humana mais agradável. São permanências que devemos entender e analisar como temas privilegiados para a compreensão das diversas formações sociais ao longo do tempo.

Os jogos podem nos oferecer parâmetros para o entendimento de regras, mecanismos e, sobretudo, valores de respeito, diversidade e tolerância, elementos fundamentais para o convívio coletivo em uma sociedade democrática.

Os autores

Versão francesa do jogo da glória, anônimo. Gravura colorida, c. 1640.

Por dentro do livro

É importante que você compreenda como organizamos este livro. Cada capítulo oferece algumas ferramentas para facilitar seu estudo. Cada uma das seções do capítulo tem uma função que vai ajudá-lo(a) a desenvolver um tipo de conhecimento e habilidade.

PORTAS ABERTAS

Cada capítulo tem uma abertura com imagens e questões. Sua função é iniciar os trabalhos. Você vai perceber que é capaz de lembrar de alguns dados, informações e até mesmo de chegar a algumas conclusões iniciais, ou seja, muitas vezes você já tem conhecimentos sobre os assuntos que vão ser tratados. Imagens e atividades servirão de estímulo. As portas estão abertas para que você inicie suas reflexões.

TÁ LIGADO?

Como um roteiro de leitura, há questões e propostas de atividades para auxiliar a compreensão do texto básico.

TEXTO BÁSICO

Cada capítulo tem um texto geral que trata de um ou mais temas. Sua função é oferecer informações, explicações, análises e interpretações do estudo de História. É o momento de atenção e de leitura cuidadosa. Ao longo desta seção, há outros quadros, como se fossem janelas, com imagens e informações complementares.

EM DESTAQUE

São quadros com atividades, localizados ao longo do texto básico. É um jogo rápido, um treinamento com atividades inserido no decorrer do capítulo. Há sempre uma imagem ou um pequeno texto seguido de algumas questões. Sua função é aprofundar e complementar conteúdos, levantar algum tipo de polêmica ou estabelecer alguma relação com o presente.

TÁ NA REDE! 📶

SURUÍ NA INTERNET

Digite o endereço abaixo na barra do navegador de internet: <http://goo.gl/231RL4>. Você pode também tirar uma foto com um aplicativo de QrCode para saber mais sobre o assunto. Acesso em: 25 ago. 2018. Em português.

No site encontra-se elementos da organização e das lutas do povo Suruí.

TÁ NA REDE!

Em alguns capítulos, dicas de *sites* para aprofundar seus conhecimentos. Também pode ser acessado por um aplicativo QrCode.

Este ícone indica os objetos educacionais digitais disponíveis na versão digital do livro.

No final do **livro digital** você encontra o *Caderno de Questões para Análise de Aprendizagem*.

ÍCONES
DA COLEÇÃO
DE HISTÓRIA

 ÁFRICA

 RELAÇÕES ÁFRICA-AMÉRICA ANGLO-SAXÃ

 RELAÇÕES ÁFRICA-AMÉRICA LATINA

JOGOS

POVOS INDÍGENAS

DIREITOS HUMANOS

 RELAÇÃO DE GÊNERO

 RELAÇÃO DE GÊNERO E DIVERSIDADES

CIDADANIA

ORALIDADE

OLHARES DIVERSOS

PATRIMÔNIO

QUADROS COMPLEMENTARES

Janelas em que estão presentes textos variados, imagens, mapas ou gráficos complementares. Sua função é inserir novas informações e relações com os conteúdos do capítulo.

LEITURA COMPLEMENTAR

Textos de diversos tipos (artigos de jornais e revistas, depoimentos, literatura, trechos de livros etc.) de outros autores, seguidos de questões. A intenção aqui é desenvolver ainda mais sua capacidade de leitura e ampliar seus conhecimentos.

PONTO DE VISTA

Apresenta uma imagem ou conjunto de imagens. Sua função é ajudar você a desenvolver habilidades em interpretar e analisar documentos visuais. Algumas vezes, a partir de textos ou de questões apresentadas no capítulo, pediremos a você que elabore um desenho e dê asas à sua criatividade.

PERMANÊNCIAS E RUPTURAS

Atividades que procuram relacionar algum assunto desenvolvido no capítulo com questões da atualidade. O objetivo aqui é utilizar a História como uma ferramenta capaz de analisar também o presente.

QUEBRA-CABEÇA

Conjunto de atividades diversificadas relativas ao texto básico e aos quadros complementares. Tem como objetivo propor desafios, estimular pesquisas e organizar conceitos e informações.

TRÉPLICA

Indicações de filmes, livros e *sites* para aprofundar temas desenvolvidos nos capítulos e ampliar sua capacidade de pesquisa. Como na modalidade atlética, três impulsos complementares para auxiliar sua aprendizagem.

Passo a passo

Para a análise de imagens e textos, elaboramos alguns roteiros que vão ajudar nesse trabalho. É bom dizer que esses roteiros não são a única maneira de analisar esses materiais, eles servem apenas como dicas e guias de orientação para seu estudo.

Alegoria da primavera, Sandro Botticelli. Têmpera sobre madeira, c. 1482.

ANÁLISE DE DOCUMENTOS VISUAIS

Para a análise de imagens, precisamos estar atentos a diversos detalhes. É como assistir a um espetáculo teatral ou a uma partida de futebol. Temos de identificar o palco em que se desenrola a ação e as personagens em cena, o campo de jogo, os uniformes dos atletas, o juiz, as jogadas, os esquemas táticos, a torcida.

1. Identifique o autor, a data e o tipo de imagem, ou seja, o seu suporte material: pintura, baixo-relevo, fotografia, escultura, gravura, cartaz etc.

2. Faça um passeio pelo interior da imagem antes de começar a analisá-la. Observe-a atentamente.

3. Uma pintura, por exemplo, cria espaços. Alguns estão mais perto, outros mais distantes. Alguns são mais fechados, outros abertos. Algumas cenas estão no centro da imagem, outras estão nas laterais. Identifique esses espaços.

4. Identifique os elementos da imagem: pessoas, animais, construções, a paisagem.

5. Observe qual é o lugar, a posição e o tamanho de cada um desses elementos. Veja o que está em destaque, no centro, nas laterais, no alto e embaixo.

6. Observe as ações retratadas. Identifique as principais e as secundárias.

7. Qual é o tema ou assunto da imagem?

8. Depois, responda às questões propostas.

LEITURA DE TEXTOS

Lembre-se: no momento da leitura, temos de estar concentrados. Conversas e brincadeiras atrapalham. Imagine um jogador de futebol ao cobrar um pênalti. Para não chutar de bico ou mandar a bola por cima do gol, ele fica atento a todos os detalhes.

1. Em uma primeira leitura, identifique o autor, a data, o título e o gênero de texto (artigo de jornal, poesia, literatura, trecho do livro, discurso etc.).

2. Faça uma lista com as palavras que você não entendeu.

3. Organize suas dúvidas. Faça no seu caderno três listas. A primeira com palavras cujo significado você poderia arriscar. A segunda com palavras que você entendeu pelo texto. E a terceira com aquelas que realmente você não tem ideia do que significam.

4. Consulte o dicionário. Escreva o significado das palavras que você não conhecia. Confira as outras palavras e corrija, se necessário.

5. Faça uma nova leitura do texto e identifique as ideias mais importantes de cada parágrafo e o assunto central do texto. Para essas tarefas, você pode fazer um levantamento das palavras-chave.

6. Depois resolva as questões propostas nas seções.

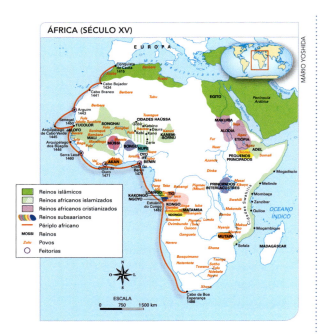

ÁFRICA (SÉCULO XV)

MÁRIO YOSHIDA

Legenda do mapa:
- Reinos islâmicos
- Reinos africanos islamizados
- Reinos africanos cristianizados
- Reinos subsaarianos
- Périplo africano
- MOSSI — Reinos
- Zulu — Povos
- ○ Feitorias

ESCALA
0   750   1500 km

LEITURA DE MAPAS

O mapa é a representação de determinado espaço geográfico. Deve ser lido como uma composição de texto e imagem. Assim, vamos destacar alguns procedimentos necessários para essa leitura.

1. Leia o título do mapa. Nele está contido o tema representado.

2. Identifique as partes do mundo retratadas (continentes, países, regiões, localidades etc.).

3. Identifique os oceanos, rios e mares.

4. Verifique se há representação de relevo ou vegetação.

5. Verifique se há representação de cidades, reinos, impérios ou outra divisão política no mapa.

6. Perceba quais são as partes destacadas.

7. Leia com atenção as legendas e identifique no mapa os símbolos e as cores correspondentes. São informações muito importantes.

REPRODUÇÃO

"O POVO VERDADEIRO, NÓS MESMOS"

PESQUISANDO NA INTERNET

Navegar é preciso! As pesquisas na internet podem ser mais eficientes e seguras se tivermos palavras-chave estabelecidas, com critério e atenção. Com essas ferramentas, a navegação pela internet também será mais precisa e eficaz.

Na linguagem da internet, costuma-se utilizar *tag* como sinônimo para palavra-chave. Na verdade, *tag* em português significa etiqueta. É uma forma de classificar e orientar a pesquisa. Assim, ao utilizar um *tag* estamos aplicando uma espécie de bússola que nos orienta em nossas pesquisas pela internet. Você pode criar esses *tags* ou apenas utilizar as sugestões fornecidas na seção "Quebra-cabeça" presente em cada capítulo do seu livro. De posse desses *tags*:

1. Elabore uma definição resumida para cada *tag* a ser pesquisado.

2. Escolha um *site* de busca confiável para aplicar seus *tags*.

3. No menu do *site* de busca, escolha o suporte desejado (*web*, imagens, vídeos).

4. Para textos, aplique seus *tags* em pesquisas na *web*.

5. Para fotos, desenhos, pinturas, gráficos e mapas, aplique seus *tags* em pesquisas de imagens.

6. Para vídeos e *trailers* de filmes, aplique seus *tags* em pesquisas de vídeos.

7. Para cada pesquisa realizada, selecione pelo menos cinco fontes que você considera mais interessantes. Adote como critério de seleção a definição resumida conforme o item 1.

8. Verifique se há contradição entre a definição inicial e as informações encontradas durante a pesquisa.

9. Selecione as informações de cada fonte que você considerou relevante para melhorar a sua definição inicial.

10. Reelabore a sua definição inicial com base nos dados selecionados.

Sumário

Sumário (cont.)

6 O Brasil antes de Cabral

7 A conquista colonial portuguesa

4º Bimestre

8 O Antigo Sistema Colonial

9 A economia colonial e o tráfico negreiro

10 A sociedade escravista colonial

1º Bimestre

CAPÍTULO 1

A transição da Idade Média para a Época Moderna

PORTAS ABERTAS

OBSERVE AS IMAGENS

1. Siga as instruções da *Análise de documentos visuais* na seção **Passo a passo** (p. 6) para analisar as duas representações de Jesus Cristo. Observe os detalhes destacados dessas imagens. Registre suas observações no caderno.
2. Organize uma tabela com as principais diferenças entre essas imagens.
3. Qual dessas pinturas foi produzida na época medieval? Utilize elementos da imagem para justificar sua resposta.

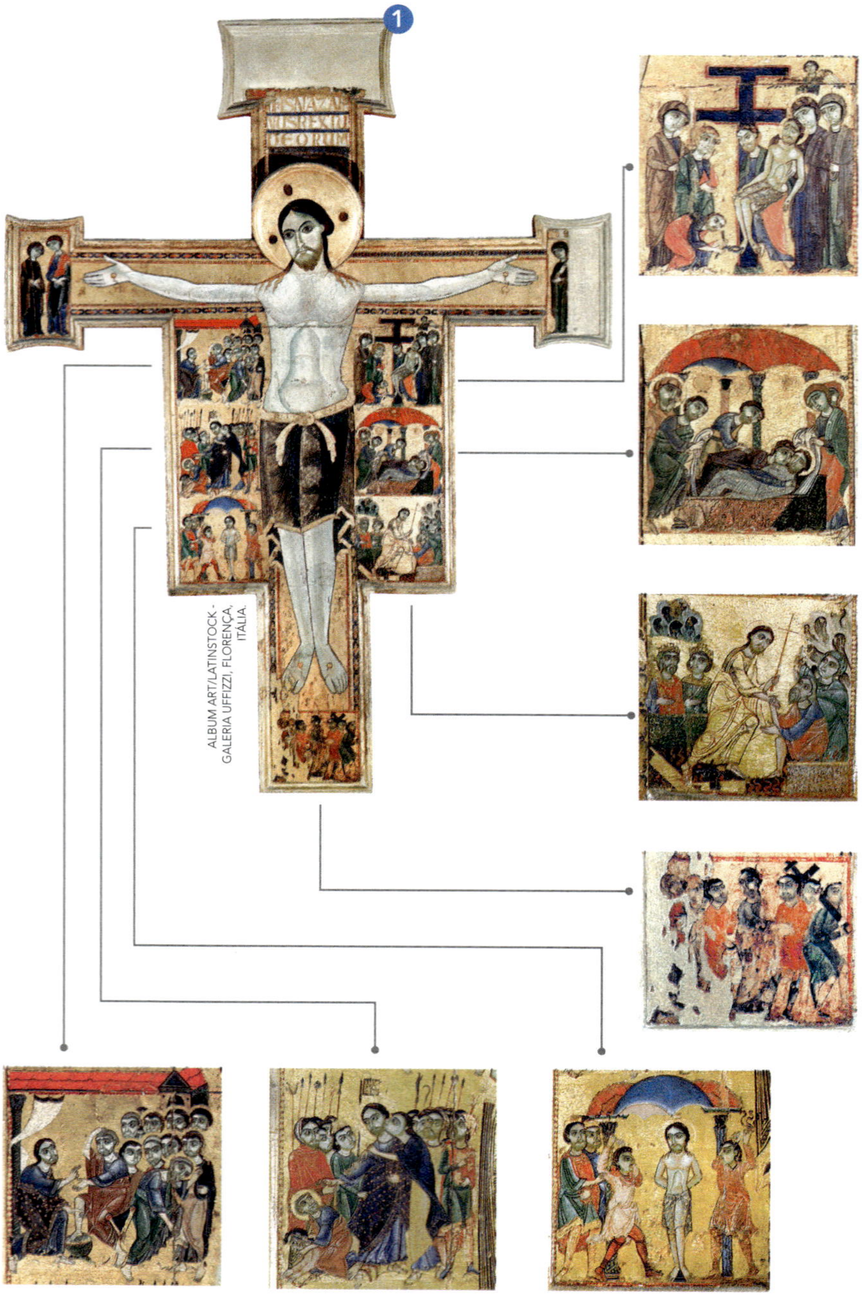

ALBUM ART/LATINSTOCK - GALERIA UFFIZZI, FLORENÇA, ITÁLIA.

Crucifixo com a história da paixão e ressurreição de Cristo, anônimo. Pintura sobre madeira, séculos XIII-XIV. (imagem e detalhes)

Reprodução proibida. Art. 184 do Código Penal e Lei 9.610 de 19 de fevereiro de 1998

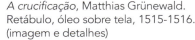

A crucificação, Matthias Grünewald.
Retábulo, óleo sobre tela, 1515-1516.
(imagem e detalhes)

TEMPO É DINHEIRO

A Bolsa de Valores fechou em baixa de 0,5%. A taxa de juros do cheque especial é de 300% ao ano. O dólar está cotado a quatro reais. Se você acertar a resposta, leva 50 mil reais. Se errar, leva 30 mil reais. Se parar, fica com 40 mil. O prêmio da loteria será de 30 milhões de reais.

A sociedade contemporânea adora números. E apostas. Às vezes temos a sensação de viver em um grande cassino, onde há roletas, dados, cartas, trapaças e muito dinheiro. Como em todas as casas de jogos, a maioria sempre se dá mal. Há alguns sortudos que levam grandes somas para casa e tornam-se milionários. E há aqueles que quase nunca perdem: são os donos da jogatina, os donos da banca.

O SISTEMA CAPITALISTA

A acumulação de riquezas, o luxo e a ostentação fazem parte do tipo de vida de nossa sociedade. Vivemos sob o império do capital (bens e dinheiro). Vivemos sob o **sistema econômico capitalista**.

No capitalismo, a relação social predominante é o **trabalho assalariado**. O trabalhador é livre, diferentemente do servo e do escravizado, que tinham sua liberdade controlada pelos seus respectivos senhores.

Quando se discute a relação entre trabalhadores e patrões, aparecem dois elementos: tempo e dinheiro. Para o patrão, interessa saber quanto o empregado vai produzir em determinada jornada de trabalho. Por exemplo, em oito horas. Para o empregado, é importante saber quanto ele vai receber por essa mesma jornada. Apesar das divergências, para ambos, tempo é dinheiro.

Patrões e trabalhadores

Na relação entre o assalariado e o patrão, trocam-se dois tipos de mercadoria. O trabalhador vende sua força de trabalho por determinado tempo. Vende uma mercadoria capaz de gerar outras mercadorias. O patrão compra a força de trabalho por um valor em dinheiro. Uma mercadoria capaz de comprar outras mercadorias. Os interesses de trabalhadores e patrões são contrários. O patrão, que possui capital, deseja comprar a força de trabalho pelo menor preço possível e pela maior quantidade de tempo. O empregado deseja receber o maior valor possível por seu trabalho e trabalhar por menor tempo possível.

Trabalhadores em frente a uma montadora de automóveis. Curitiba, Paraná, 2011.

ANDRÉ NOJIMA

FEUDALISMO E CAPITALISMO

As relações humanas, porém, nem sempre foram como hoje. A sociedade capitalista atual nasceu das transformações socioeconômicas ocorridas a partir do final da Idade Média.

À medida que o feudalismo se expandia, ocorria uma série de alterações na vida social europeia. O desenvolvimento das cidades provocou o surgimento de uma importante mudança de mentalidade. O tempo de significados religiosos passou a conviver com o tempo da produção, com o tempo das trocas comerciais, com o tempo dos negócios financeiros. Esse processo de transição do feudalismo para o capitalismo ocorreu lentamente. O capitalismo levou vários séculos para ser consolidado no mundo.

OPERAÇÕES FINANCEIRAS

A partir do ano 1000, as operações de câmbio (troca) começaram a destacar-se nas feiras e cidades como atividades complementares à venda de mercadorias. Produtos como couros, peles, tecidos luxuosos, cereais, especiarias, peixes, vinhos, açúcar e medicamentos eram comercializados nas grandes feiras, que, em geral, se localizavam no cruzamento de estradas com muito movimento.

MOEDAS

O aquecimento da economia feudal levou à circulação de objetos de ouro e prata. Além disso, as intensas relações comerciais desse período (séculos XI a XIII) estimularam a circulação de uma grande variedade de moedas. De tamanho e composição distintos, as moedas eram provenientes de vários lugares. Alguns mercadores com mais prestígio passaram a realizar também operações de câmbio e de avaliação de moedas. Eram os homens da banca, os trocadores de dinheiro (os cambistas), os **banqueiros**. O dinheiro passou a ter grande importância. Os **bancos** começaram a surgir.

Ao lado das transações mercantis e das atividades artesanais, ocorreu o desenvolvimento das negociações financeiras. Cheques, notas promissórias, letras de câmbio e, evidentemente, empréstimos faziam parte dos negócios desses banqueiros.

TÁ LIGADO?

1. Aponte duas razões para o aumento da cunhagem e da circulação de moedas a partir do ano 1000.

2. Explique quem eram os primeiros banqueiros.

A cena representa as operações bancárias realizadas no banco de San Giorgio, em Gênova, no século XIV.

A avareza, Cocharelli. Iluminura extraída do manuscrito *Tratado sobre os sete vícios*, c. 1330.

Dados: sorte, azar, destino e apostas

Os jogos de dados são praticados desde 3000 a.C. Estão entre os jogos mais antigos da história. Em diversas sociedades, lançar os dados era relacionado com as decisões dos deuses e o controle do destino.

Na Idade Média, os jogos de dados foram duramente criticados, sobretudo pelo clero. Os jogos de dados estariam relacionados à cobiça, à trapaça, à violência, às bebedeiras e às imoralidades. A condenação desses jogos também se referia à passagem bíblica na qual os soldados romanos disputaram as vestes de Jesus por meio do jogo de azar.

Mas o jogo de dados também pode ser considerado uma afronta ao tempo religioso. A prática desses jogos desrespeitaria o tempo da salvação dos seres humanos. Em lugar disso, jogava-se com o destino para obter lucros em apostas feitas com dinheiro.

Apesar das proibições, os jogos de dados foram os mais populares e praticados, principalmente com a expansão das cidades a partir do século XI. As autoridades municipais estabeleciam regras para a produção de dados e fiscalizavam os dadeiros, artesãos especializados na sua fabricação.

Pelas regras, a soma dos lados opostos de um dado deveria ser igual a sete. Isso determinava a posição de cada um dos números nas suas seis faces. Apesar da fiscalização, havia várias formas de trapaça. Alguns dados eram viciados, com lados mais pesados que outros ou com face imantada. Outros, mais grosseiros, tinham duas faces com o mesmo número.

Dados, anônimo. Iluminura extraída do manuscrito *Xadrez, dados e jogos de tabuleiro*, c. 1280.

O TEMPO RELIGIOSO

Para o pensamento religioso da Idade Média, o empréstimo a juros era tido como uma ofensa a Deus. A cobrança de juros nos empréstimos (usura) era feita com base no tempo da dívida e representava roubo, afirmavam os membros da Igreja cristã. Para os religiosos, lucrava-se com algo que pertenceria a Deus. E pior: o significado do tempo era a salvação dos seres humanos. Era isso que diziam as badaladas dos sinos das igrejas, os ofícios litúrgicos e as festas religiosas.

TÁ LIGADO

3. Diferencie a visão da Igreja e dos comerciantes sobre o lucro na Idade Média.

O ritmo da salvação: as horas religiosas

As horas na Idade Média eram marcadas pelos sinos das igrejas. Tempo sagrado, de significados religiosos. O dia era dividido em sete horas principais, cada uma representando uma etapa da vida de Jesus Cristo.

Tal divisão do tempo revela o sentido da vida para as pessoas da época medieval: a salvação da alma. Cada uma das horas envolvia um rico simbolismo e um ritual litúrgico repetido diariamente nos mosteiros e nas igrejas. Em alguns mosteiros, realizava-se o ofício das matinas à meia-noite, no momento máximo de escuridão da noite, que simbolizaria a luta entre a luz e as trevas.

Para a Igreja, o tempo pertencia a Deus. ==Onipresente==, ele teria criado o mundo em apenas seis dias, reservando o sétimo para seu descanso. A história da humanidade teria, segundo a autoridade de Santo Agostinho, sete idades: infância (da Criação ao Dilúvio); puerilidade (do Dilúvio a Abraão); adolescência (de Abraão ao rei Davi); juventude (de Davi ao Exílio na Babilônia); maturidade (do Exílio a Cristo); velhice (de Cristo ao Juízo Final); fim dos tempos (a recompensa eterna após o Juízo Final).

Onipresente
Que está presente em toda parte, em todo lugar.

JAVIER PRIETO/GETTY IMAGES

	Tempo litúrgico	Simbolismo
Matinas	3 horas da manhã	nascimento do Messias
Prima	6 horas da manhã	infância
Terça	9 horas da manhã	início da pregação de Jesus
Sexta	meio-dia	julgamento de Jesus
Noa	3 horas da tarde	paixão
Vésperas	6 horas da tarde	morte
Completas	após o pôr do sol	ressurreição

Igreja paroquial construída no século XII. San Salvador de Cantamuda, Valência (Espanha), 2008. (fachada)

MERCADORES E BANQUEIROS

Durante a Idade Média, mercadores e banqueiros estiveram sob suspeita devido a suas atividades financeiras. Segundo a Igreja, um cristão não deveria ter lucros com a salvação. Livres das condenações da Igreja, ou melhor, já condenados por ela por não aceitarem Cristo, estavam os judeus. Dispersas por toda a Europa, as comunidades judaicas estiveram sujeitas a perseguições. Proibidos de possuir terras em algumas localidades, grande parte dos judeus acabou por dedicar-se ao artesanato, à medicina, à advocacia, à metalurgia e ao comércio. Alguns tornaram-se grandes mercadores e banqueiros. A maior parte das comunidades judaicas procurou estabelecer-se junto a centros urbanos, onde tentava obter maior segurança.

AS PERSEGUIÇÕES AOS JUDEUS

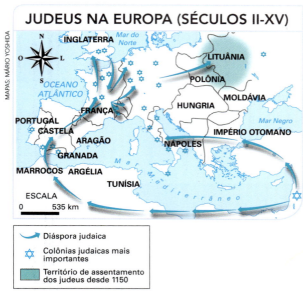

JUDEUS NA EUROPA (SÉCULOS II-XV)

MAPAS: MÁRIO YOSHIDA

Diáspora judaica

Colônias judaicas mais importantes

Território de assentamento dos judeus desde 1150

Uma forte cultura antijudaica formou-se durante a Idade Média. Acreditava-se que os judeus roubavam hóstias para realizar rituais satânicos. Havia quem imaginasse que os judeus tinham cauda, como o demônio. O preconceito contra eles era alimentado pelas dívidas que determinados cristãos tinham com alguns comerciantes e banqueiros judeus.

Tidos como conspiradores e responsabilizados pela morte de Cristo, os judeus tiveram suas comunidades atacadas por cristãos durante a época das Cruzadas (séculos XI a XIII). Em 1215, foram proibidos de exercer atividades administrativas e obrigados a vestir-se com roupas que os distinguissem dos cristãos e a residir em bairros especiais das cidades, os guetos.

EXPULSÃO DOS JUDEUS – PENÍNSULA IBÉRICA (SÉCULOS XVI-XVIII)

Rotas de êxodo

Colônias judaicas mais importantes

Território de assentamento dos judeus desde 1150

Territórios de refúgio de judeus espanhóis e portugueses

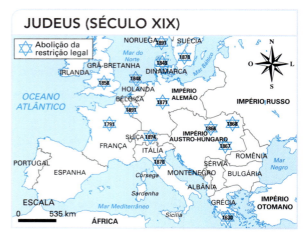

JUDEUS (SÉCULO XIX)

Abolição da restrição legal

Fonte dos mapas: Elaborados com base em KINDER, Hermann; HILGEMANN, Werner. *Atlas histórico mundial.* Madri: Akal, 2006.

Reprodução proibida. Art. 184 do Código Penal e Lei 9.610 de 19 de fevereiro de 1998

Ao final da Idade Média, os judeus foram perseguidos na Península Ibérica, de onde partiram em grande número em direção à França e à Holanda.

No início do século XVII, diversos judeus holandeses estabeleceram-se na América do Norte, em uma pequena povoação chamada inicialmente de Nova Amsterdã. Alguns anos depois, já sob o domínio britânico, a cidade passou a denominar-se Nova York. Lá os judeus puderam se estabelecer a salvo das perseguições religiosas. Na ilha de Manhattan, uma das partes mais imponentes da cidade, situa-se a rica *Wall Street*. Uma verdadeira ilha afortunada.

O nascimento das universidades

Durante a Idade Média, as escolas funcionavam junto a mosteiros e abadias. A Igreja monopolizava a educação. A palavra "clero" era sinônimo de sabedoria. Porém, no século XI, pessoas não ligadas à Igreja demonstraram interesse em aprender. Começaram a surgir grupos de estudantes e professores em busca de outros espaços, além daqueles limitados às escolas monásticas. Então, muitos desses grupos de Paris, na França, atravessaram o Rio Sena e se instalaram na encosta de uma montanha. Fundaram assim o atual Quartier Latin, ou "bairro latino", famoso até hoje. Tais agrupamentos de "mestres" e "escolares" receberam o nome de **universidades**.

As primeiras universidades da Europa foram a de Bolonha (1088), na Península Itálica, a de Paris (1170) e as de Oxford (1190) e de Cambridge (1209), na atual Inglaterra.

As universidades se dividiam em quatro "faculdades": a de **artes**, onde se estudava gramática,

Copistas na Abadia de Echternach, anônimo. Iluminura extraída do manuscrito *Gospel Lectionary*, 1039-1040.

retórica (estudo do falar bem), lógica, matemática, geometria, astronomia e música; a de **medicina**; a de **direito** e a de **teologia** (estudo das coisas divinas). Na direção de cada faculdade, havia o reitor. Os professores expunham e comentavam textos da Antiguidade, sobretudo dos filósofos gregos, como Aristóteles. Aos alunos, cabia discutir os textos, segundo um método chamado escolástica. Três exames encerravam os estudos: o **bacharelado** (conclusão do primeiro grau universitário), a **licenciatura** (que dava o direito de ensinar) e o **doutorado** (que tornava o estudante um mestre da universidade).

Entre os estudantes, alguns eram ricos e levavam uma vida fácil. Outros, menos afortunados, para ganhar algum dinheiro, passavam a noite sob o pórtico das igrejas copiando antigos manuscritos para seus colegas ricos. A vida miserável e esforçada desses estudantes pobres emocionou algumas pessoas ricas. Elas, então, dedicaram uma parte de sua fortuna à fundação e manutenção de estabelecimentos para hospedar estudantes pobres. Assim, com a intenção de ajudar os alunos pobres, foram criados os **primeiros colégios**. O mais célebre desses colégios foi fundado por Robert de Sorbon (capelão de São Luiz), que deu seu nome à Universidade Sorbonne, ainda hoje uma das mais importantes do mundo.

Nesta tapeçaria há uma representação que ressalta a importância da aritmética na vida cotidiana das cidades. Números arábicos aparecem no livro apontado pela mulher no centro da figura.

Tapeçaria, Tournai. Bélgica, século XV.

RENASCIMENTO

Desde o século XII, na Europa, começou a se processar uma lenta transformação em termos culturais e mentais. As reflexões religiosas e eruditas não vinham apenas dos mosteiros e das abadias, mas também das escolas urbanas.

Nesses centros inovadores, valorizava-se uma leitura de escritos bíblicos que destacavam a semelhança entre os seres humanos e Deus, como estava escrito no Gênesis (um dos livros do Antigo Testamento). Destacava-se a criação divina como algo bom e belo.

Além disso, as escolas fundadas nas cidades enfatizavam o poder da razão humana, orientada pela fé, como elemento de compreensão das obras de Deus.

AS CIDADES E A CULTURA

As cidades medievais tornavam-se centros de intensa produção intelectual. As atividades urbanas requeriam novas habilidades e conhecimentos. Ler, escrever e calcular eram indispensáveis à prática do comércio.

As novas estruturas políticas, as disputas entre as cidades, os poderes senhoriais e os interesses dos monarcas levaram a uma intensificação dos estudos jurídicos. As cidades ofereciam cursos desde o ensino mais elementar até os altos estudos universitários.

As línguas vulgares começavam a ser utilizadas como meio de comunicação escrita e, em pouco tempo, dariam origem aos idiomas nacionais (francês, inglês, castelhano, português etc.).

Uma alteração da sensibilidade artística começava a pronunciar-se desde o século XIII com a valorização da cultura clássica (greco-romana), do racionalismo, do espírito crítico (observação das coisas com base na razão) e também do naturalismo (estudo da natureza), ameaçando o controle da Igreja.

Esse movimento de renovação artística e cultural que se iniciou na Europa no século XIII e continuou pelos séculos XV e XVI foi chamado de **Renascimento**.

Restrito a um pequeno círculo de letrados – no entanto mais amplo que a cultura exclusivamente clerical –, o Renascimento procurava estabelecer uma nova orientação para o ser humano.

UMA NOVA PERSPECTIVA NAS ARTES

Em um mundo ainda fortemente marcado pela religiosidade, ocorria uma reorientação de **perspectiva**: o olhar humano buscava, curioso e atrevido, os mistérios da natureza como forma de aproximação com o plano divino.

O desenvolvimento das artes plásticas marcou a cultura do Renascimento. As pinturas e esculturas renascentistas difundiram, primeiro na Península Itálica e depois para toda a Europa, o ideal da beleza e da perfeição da representação visual.

A arte deixava de ser simbólica e passava a ser marcada por um forte naturalismo. As representações buscavam a máxima fidelidade em relação ao objeto a ser retratado. Nessa busca emergia uma nova perspectiva, um novo olhar sobre o mundo.

Perspectiva, na definição de um pintor da época, significaria "ver através". Era a busca da multiplicação dos espaços que se abriam no interior das próprias pinturas. Diferenciava-se, assim, da maioria das representações góticas, restritas a duas dimensões (altura e largura) e essencialmente simbólicas, convidando à meditação dos fiéis.

Três dimensões

Nas artes renascentistas, a perspectiva apresentava os objetos em três dimensões (altura, largura e profundidade), procurando oferecer uma representação mais natural, mais próxima da realidade.

Assim como a matemática passava a organizar o tempo para as transações econômicas, a geometria multiplicava os espaços das representações artísticas. A criação artística humana buscava recriar nas pinturas a própria vida, a natureza e os seres humanos. Afinal, se o ser humano fora criado à imagem e semelhança de Deus, a capacidade criativa da humanidade deveria ser também semelhante à potência criadora de Deus.

O desenvolvimento da nova cultura correspondia às necessidades da burguesia de afirmar-se no interior de uma sociedade dominada pela cultura clerical. Desde cedo, ricos comerciantes, denominados **mecenas**, patrocinaram os artistas. Além do prestígio político que adquiriram no interior das cidades, esses comerciantes contribuíam para a formação do movimento cultural conhecido por Renascimento, que atingiu seu apogeu nos séculos XV e XVI.

TÁ LIGADO?

6. Explique quem eram os mecenas.

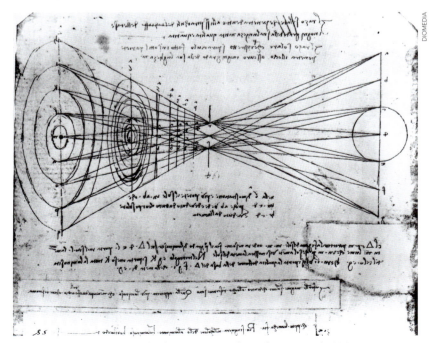

Estudos de óptica, Leonardo da Vinci. Desenho/esboço, século XV.

A capacidade criativa do ser humano parece sintetizar-se nos progressos técnicos do Renascimento. O maior avanço ocorreu entre 1450 e 1470. Nesses 20 anos houve o aparecimento da imprensa de tipos móveis, da mola espiral e da primeira fortificação moderna. Tais progressos ligam-se à experiência técnica medieval, que desenvolveu os moinhos de água e de vento, a charrua (arado) com rodas e tração animal, a arquitetura românica e gótica e os relógios mecânicos durante a Baixa Idade Média.

O nome mais lembrado como representante do Renascimento é o de Leonardo da Vinci. Nascido na Península Itálica em 1452, foi pintor, escultor, poeta, músico, arquiteto, cientista e matemático. Em síntese, um humanista. Nas artes, Leonardo da Vinci tornou-se célebre por seu quadro *Mona Lisa*, hoje pertencente ao acervo do Museu do Louvre. Entre seus planos e desenhos foram encontrados projetos de máquina de tosar animais, carro de guerra, macaco de elevação (semelhante ao usado em automóveis), canhões, máquina voadora (ele não chegou a desenvolver a fonte de energia para fazê-la voar), moinhos de água, fortalezas e diversos estudos de anatomia humana.

Mona Lisa, Leonardo da Vinci. Óleo sobre tela, 1503-1516.

OS HUMANISTAS

Intelectuais e artistas denominados humanistas não poderiam ser considerados antirreligiosos. Pretendiam estabelecer a relação com Deus e com o mundo natural em outros termos, privilegiando a ação do ser humano como investigador dos mais diversos fenômenos, inclusive místicos. Os humanistas desejavam reinterpretar a mensagem do Evangelho à luz da experiência e dos valores da Antiguidade. O ser humano, tido como imagem de Deus, voltava a ser visto como medida de todas as coisas. Esse conjunto de elementos (crença no ser humano como investigador, apreço à sua capacidade criativa e racionalismo) passou a ser denominado **humanismo**, uma perspectiva filosófica que teria muitas expressões a partir desse período.

No entanto, o teocentrismo (a ideia de que Deus era o centro de toda a vida humana) era superado pelo antropocentrismo (o ser humano como centro do mundo). E passou-se à valorização de temas da cultura greco-romana, sobretudo temas mitológicos. Os manuscritos gregos e latinos foram estudados e analisados.

Tais pensadores desenvolviam seus estudos sobre poesia, filosofia, história, matemática e eloquência. Concebiam o ser humano como um ser dotado de criatividade ilimitada, tanto do ponto de vista físico como espiritual.

TÁ LIGADO

7. Defina o humanismo.

8. Diferencie teocentrismo de antropocentrismo.

A educação era tida como fundamental. E a razão estava acima da fé cristã. Alguns humanistas incluíram atividades físicas e esportes em suas aulas como forma de desenvolver plenamente seus alunos. Em Mântua, na Itália, uma escola de prestígio ensinava equitação, natação e modalidades olímpicas dos gregos.

Alegoria da primavera, Sandro Botticelli. Têmpera sobre madeira, c. 1482.

Cidade das mulheres

O desenvolvimento da economia urbana alterou os papéis sociais desempenhados pelas mulheres no Ocidente medieval. Ligado ao surgimento das cidades, difundiu-se um novo modelo de relações de trabalho para as mulheres. Vinculada às atividades artesanais e comerciais, ganhou destaque a **economia familiar**, baseada nas atividades do casal, em luta cotidiana pela sobrevivência.

No mundo rural medieval, a divisão de papéis entre homens e mulheres era mais clara. Às mulheres eram destinadas as tarefas domésticas, a criação de gado e a produção de alimentos. As atividades de colheita e viticultura eram, em geral, desempenhadas em conjunto por homens e mulheres. Lavrar e semear a terra, o pastoreio e a caça eventual eram tarefas específicas dos homens.

Viticultura
Cultivo de vinhas, produção de uvas.

Apesar de todos os controles morais baseados em uma leitura da expulsão do Paraíso bíblico, algumas mulheres enfrentaram a ordem social que lhes destinava uma posição secundária. Tornaram-se letradas, escritoras, líderes religiosas e, dentro dos limites do período, ousaram ocupar espaços marcadamente ligados aos homens.

Rotsvita de Gandersheim, Heloísa de Argenteuil, Hildegarda de Bingen, Beatriz de Nazaré, Margarida Kempe, Catarina de Siena e Cristina de Pisano são exemplos de mulheres letradas que produziram obras e reflexões importantes para a sociedade medieval, uma sociedade na qual os homens detinham a palavra.

Cristina de Pisano escrevendo em seu estúdio. Iluminura extraída do manuscrito *O livro das cem canções*, c. 1407.

CRISE DO FEUDALISMO

Se as cidades tinham grandes populações de homens e mulheres, também tinham enormes concentrações de ratos. E esses ratos ajudaram a transmitir a **peste negra**, doença com o maior índice de mortalidade da história europeia.

No século XIV, quando a peste se alastrou por diversas partes do continente, morreram mais de 13 milhões de pessoas. Havia dois tipos de peste: um era transmitido pela pulga dos ratos; matava as pessoas infectadas em menos de um mês. O outro era transmitido pela saliva humana; matava as pessoas infectadas em três dias.

A peste devastou a população europeia no século XIV, com grandes consequências a longo prazo para quase todo o continente. Como as condições de higiene nas cidades eram precárias, a população de ratos ajudava a transmitir a doença.

Em contrapartida, em um ambiente de profunda religiosidade, eram realizadas missas e grandes procissões para pedir a ajuda de Deus. Nessas ocasiões, o contágio humano pela saliva acelerava a transmissão da doença.

Pode-se dizer que a peste negra foi uma consequência do desenvolvimento do feudalismo. Com o aumento da população, das feiras e das cidades, o contato entre as pessoas intensificou-se. Vários pontos da Europa passaram a se articular por meio do comércio.

O comércio também trouxe a peste do Oriente. Pelos portos da Península Itálica, a doença entrou na Europa no período medieval.

O grande número de mortos figura entre as causas da crise do feudalismo. Com uma queda assustadora da mão de obra (dos servos e artesãos), ocorreu uma crise geral na sociedade. Os trabalhadores fugiam de áreas infectadas. Muitos senhorios perderam grande parte de seus trabalhadores. A nobreza enfraquecia-se.

Senhores feudais tentavam manter, pela força, os servos em seus domínios. Ou, então, obrigavam-nos a pagar prestações ainda mais duras. **Revoltas de camponeses** tornaram-se frequentes. A nobreza mostrava-se incapaz de garantir o controle social.

Cada vez mais, os poderes monárquicos ampliariam sua atuação sobre o conjunto da sociedade. A **centralização do poder**, como já ocorrera na Península Ibérica, estava em curso.

Pessoas infectadas pela peste negra, anônimo. Iluminura extraída do manuscrito *A Bíblia de Toggenburg*, 1411.

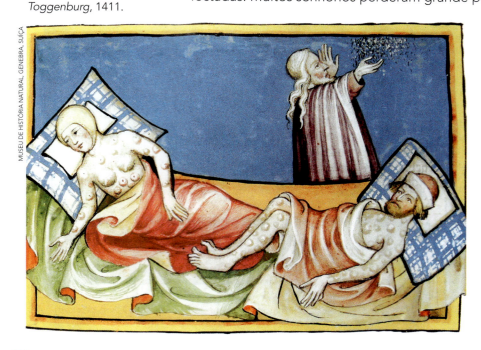

MUSEU DE HISTÓRIA NATURAL, GENEBRA, SUÍÇA

O flautista de Hamelin

O flautista de Hamelin é um dos mais conhecidos contos medievais. Segundo essa história, a cidade de Hamelin (Alemanha) estava infestada por ratos, que apareciam em celeiros, nas casas, nas despensas e nas ruas. A peste alastrava-se entre os moradores. A única alternativa para os habitantes foi a ação de um flautista que, perseguido pelas autoridades municipais, insistia em tocar sua flauta pelas ruas da cidade.

Ao tocar uma linda canção que fizera para uma jovem de Hamelin, o flautista deu-se conta de que a música atraía todos os ratos da cidade. À frente de uma interminável procissão de ratos, o flautista cruzou os muros da cidade. Andou alguns quilômetros até chegar às margens de um rio muito largo. Entrou no rio sem deixar de tocar seu instrumento musical. Hipnotizados pela música, os ratos mergulhavam nas águas. Um a um, morriam afogados. O flautista virou o herói da cidade.

Outra obra da Idade Média que teve a peste como tema foi *Decamerão*, de Giovanni Boccaccio. O autor, nascido em Florença em 1313, viu de perto a epidemia que atingiu sua cidade em 1348.

As consequências da praga na Europa foram tão devastadoras que os artistas mudaram a forma de representar a morte. Esta era sempre mostrada de maneira assustadora, muitas vezes um ser magro com uma foice na mão, pronto para cortar cabeças. Os pintores também pintavam quadros em que apareciam pessoas descarnadas, torturadas, falecidas, ou ainda mostravam pessoas fabricando caixões para os mortos.

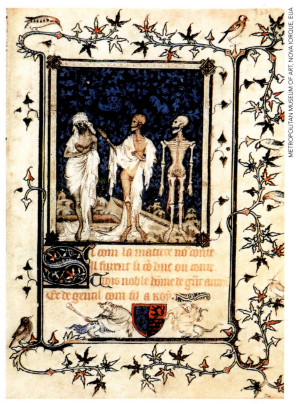

METROPOLITAN MUSEUM OF ART, NOVA IORQUE, EUA

Encontro entre os vivos e os mortos, Jean le Noir. Iluminura extraída do *Saltério de Bonne de Luxemburgo*, 1348-1349.

O ESTADO

A fragmentação política do feudalismo começou a ser substituída pelo **Estado monárquico**. O Estado passava a se desenhar como um conjunto de poderes políticos centralizados de determinada sociedade. No caso dos Estados monárquicos, a centralização ocorria sob o comando de reis e rainhas.

Em nome da dominação social sobre os trabalhadores e da manutenção de suas terras, a nobreza e o clero abriram mão de muitos de seus direitos senhoriais. Por sua vez, a alta burguesia via na proximidade com os reis a chance de ampliar seus negócios. Com o poder centralizado, o monarca poderia padronizar pesos e medidas e cunhar uma moeda única, válida para todo o reino – medidas que facilitariam as transações mercantis. O feudalismo estava em sua etapa final.

> **TÁ LIGADO**
>
> **9.** Explique como a peste negra contribuiu para o cenário de crise da sociedade feudal no século XIV.
>
> **10.** Explique o fortalecimento dos Estados monárquicos a partir da crise do século XIV.

Da Vinci e o *Homem vitruviano*

Antropometria. Do grego *anthropos*, homem, e *metron*, medida. As ideias e teorias antropométricas na Antiguidade utilizaram partes do corpo humano como referências de medida.

Palmo, pé, dedo, polegada, braços, côvado, passada: todas essas medidas tinham como base o corpo humano e foram (e ainda são) utilizadas em diversas sociedades.

Na filosofia grega, procurou-se estudar as proporções entre essas diversas medidas e o modelo ideal de beleza humana.

O arquiteto romano Marco Vitrúvio, em 27 a.C., resumiu muitas dessas ideias em um tratado de arquitetura, o único estudo completo sobrevivente da Antiguidade.

Em um capítulo desse tratado, Vitrúvio procurava demonstrar as proporções ideais para as medidas do corpo humano.

O homem deveria ser representado no interior de um quadrado e de um círculo. O umbigo desse homem coincidiria com o ponto central das duas figuras.

Em termos de proporção, Vitrúvio criou um sistema de medidas com base nas partes do corpo humano:

- um palmo = quatro dedos;
- um pé = quatro palmos;
- um côvado = um pé e meio ou seis palmos ou 24 dedos.

Em 1490, Leonardo da Vinci elaborou uma representação baseada nesse tratado, conhecida como *Homem vitruviano*.

Estudioso da anatomia humana, Da Vinci acreditava que a harmonia das proporções entre as medidas humanas estendia-se também ao Universo.

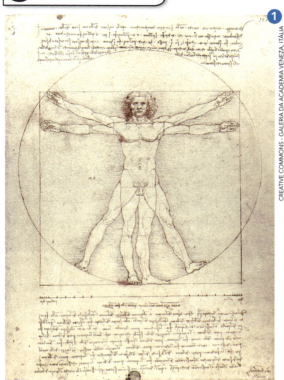

Homem vitruviano, Leonardo da Vinci. Desenho em bico de pena sobre papel, c. 1490.

Liber capituli. Iluminura extraída de manuscrito do mosteiro beneditino Zwiefalten, Suábia, Alemanha, c. 1180.

1. Com base no texto acima e na análise da imagem pode-se afirmar que a visão de Da Vinci é antropocêntrica? Justifique sua resposta.

2. Analise a imagem ❷. Identifique as correspondências entre o tempo, as atividades humanas e os astros.

3. A imagem ❷ pode ser considerada antropocêntrica? Justifique sua resposta.

1. Releia o quadro complementar "O nascimento das universidades" (p. 19). Agora responda ao que se pede:
   a) Explique as relações entre o ensino e a Igreja na Idade Média.
   b) Aponte as quatro faculdades nas quais se dividiam os estudos universitários.
   c) Cite as principais universidades do estado onde você vive.

2. No capitalismo, o trabalho pode ser considerado uma mercadoria. O trabalhador, dono da sua força de trabalho, vende essa mercadoria para o patrão por dinheiro. Compare essa relação capitalista com as relações entre servos e senhores feudais na sociedade feudal.

3. No texto do item "Os humanistas" (p. 22), lê-se: "Intelectuais e artistas denominados humanistas não poderiam ser considerados antirreligiosos". Aponte e esclareça os argumentos do texto usados para defender essa afirmação.

4. Defina cada um dos conceitos abaixo e organize um pequeno dicionário conceitual em seu caderno:
   - trabalho assalariado
   - renascimento cultural
   - mecenas
   - humanismo
   - teocentrismo
   - antropocentrismo
   - economia familiar

5. Vamos construir nossos *tags*. Siga as instruções do *Pesquisando na internet* na seção **Passo a passo** (p. 7) utilizando as palavras-chave abaixo:
   ## Heloísa de Argenteuil
   ## Hildegarda de Bingen
   ## Cristina de Pisano
   ## Eleonor de Aquitânia

Leia o texto abaixo e responda às questões.

O TEMPO E O ESPAÇO URBANO

"Nos séculos VI e VII, o cristianismo oferece ao Ocidente uma nova proclamação do tempo; graças a essa invenção, o sino, que revoluciona a arquitetura religiosa e produz um tempo novo, o tempo da Igreja, tempo dos clérigos [...] feito para seu emprego das horas de preces e de ofícios, mas também para o enquadramento do trabalho agrícola. É um tempo clerical e rural, que as cidadezinhas escondidas nos campos adotam facilmente. O movimento urbano não se acomoda a esse tempo. [...] A nova regularidade do trabalho urbano não é a dos camponeses conciliados com a natureza e as estações, mas a de artesãos e operários assalariados cujo labor mensurável em dinheiro deve sê-lo também em tempo, um tempo não mais natural, porém tecnológico. O que faz vibrar a nova sociedade urbana são acontecimentos imprevisíveis a horas fixas: o incêndio que faz arder os bairros de casas de madeira, o inimigo exterior que os vigias avistam do alto das muralhas e das torres, a súbita convocação à assembleia ou à revolta para defender ou conquistar as franquias, ir libertar os companheiros aprisionados pela justiça dos senhores ou dos 'graúdos'. O essencial foi ter um sino próprio, que podia ser por vezes um sino de igreja, mas para uso exclusivo dos citadinos. O ideal foi o de dar-lhe um aspecto monumental, encaixá-lo na pedra, elevá-lo no ar para que fosse visto e ouvido, construir-lhe uma torre que desafiasse o campanário da igreja. [...] A solução do problema foi, no século XIV, o relógio mecânico. Durante três séculos, do XII ao XIV, uma áspera luta se desenrolara em torno do tempo urbano, tempo dos mercadores em primeiro lugar, contra o tempo da Igreja, resistência, em seguida, dos 'miúdos' ao tempo dos 'graúdos', dos patrícios."

LE GOFF, Jacques. *O apogeu da cidade medieval*. São Paulo: Martins Fontes, 1992. p. 194-195.

1. No seu caderno, identifique os elementos da vida cotidiana regulados pelo tempo da Igreja.

2. Identifique os elementos da vida cotidiana regulados pelo sino controlado pelos moradores das cidades.

3. Esclareça com suas palavras como o historiador Le Goff diferencia o tempo clerical e rural do novo tempo urbano. Para isso, elabore um pequeno texto.

A criação do homem

OBSERVE AS IMAGENS

Criação do homem, Michelangelo. Afresco, Capela Sistina (Vaticano), 1508-1512. (detalhe)

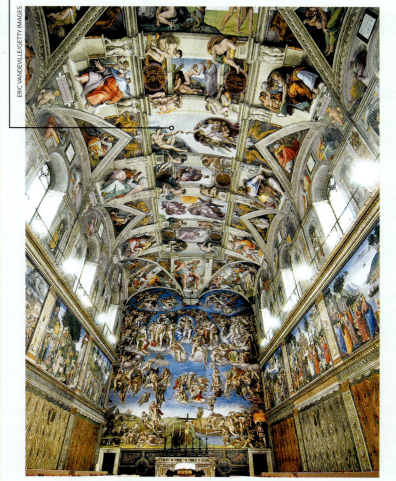

Capela Sistina. Cidade do Vaticano, 2005. (interior)

Entre 1508 e 1512, o papa Júlio II contratou Michelangelo (1475-1564) para pintar o teto da Capela Sistina, em Roma (observe a imagem ao lado). A pintura idealizada cobria toda a superfície da abóbada. Nas áreas retangulares, o artista pintou os episódios do Gênesis, e nas áreas triangulares, as figuras de profetas e sibilas (profetisas). O afresco *Criação do homem* é uma das partes mais importantes da obra, hoje considerada tesouro artístico da humanidade.

1. Siga as instruções da *Análise de documentos visuais* na seção **Passo a passo** (p. 6) para analisar o afresco *Criação do homem*.

2. Identifique o tema da pintura.

3. Apresente quatro características que demonstrem que se trata de uma pintura renascentista. Justifique sua resposta.

PERMANÊNCIAS E RUPTURAS

Tempo cotidiano

Na canção "Cotidiano", Chico Buarque critica a vida ditada pelo relógio, e não pela vontade das pessoas. A letra faz menção ao nosso cotidiano regulado pela concepção matemática do tempo, desenvolvida desde a Idade Média. No entanto, há outras divisões possíveis do tempo que ainda servem de referência para nós.

Leia a letra da canção atentamente e depois responda, no caderno, às questões propostas.

COTIDIANO

Chico Buarque

Todo dia ela faz tudo sempre igual:
Me sacode às seis horas da manhã,
Me sorri um sorriso pontual
E me beija com a boca de hortelã

Todo dia ela diz que é pra eu me cuidar
E essas coisas que diz toda mulher.
Diz que está me esperando pro jantar
E me beija com a boca de café

Todo dia eu só penso em poder parar;
Meio-dia eu só penso em dizer não,
Depois penso na vida pra levar
E me calo com a boca de feijão

Seis da tarde, como era de se esperar,
Ela pega e me espera no portão
Diz que está muito louca pra beijar
E me beija com a boca de paixão

Toda noite ela diz pra eu não me afastar;
Meia-noite ela jura eterno amor
E me aperta pra eu quase sufocar
E me morde com a boca de pavor

Todo dia ela faz tudo sempre igual:
Me sacode às seis horas da manhã,
Me sorri um sorriso pontual
E me beija com a boca de hortelã

1971© Marola Edições Musicais.

1. Identifique em cada estrofe qual o momento do dia e as ações indicadas na canção.

2. Enumere algumas dessas referências e esclareça sua interferência na vida das pessoas.

TRÉPLICA

 Filmes

O incrível exército de Brancaleone
Itália, 1965.
Direção de Mario Monicelli.
Sátira aos ideais da cavalaria medieval na época das Cruzadas.

Cruzada
Reino Unido/Espanha/Alemanha, 2005.
Direção de Ridley Scott.

O filme tenta mostrar de maneira mais cuidadosa o complexo cenário da região da Palestina após a Primeira Cruzada (1090). Por volta de 1180, o sultão Saladino reconquista a cidade de Jerusalém e expulsa os cristãos. O filme destaca como os radicais religiosos cristãos quebram a frágil paz com os muçulmanos e fazem a guerra recomeçar.

Livro

O Renascimento
OLIVIERI, A. C. São Paulo: Ática, 2007.

 Sites

(Acessos em: 18 ago. 2018)

<http://goo.gl/hbxuPZ>

Site com os principais museus de Florença, na Itália, com extensos e valiosos acervos de pinturas e esculturas renascentistas. Versões em português, russo, alemão e francês.

<http://goo.gl/v1XST8>

O Vaticano disponibiliza nesse *site* um belo *tour* virtual pela Capela Sistina.

CAPÍTULO 2

A expansão marítima europeia

PORTAS ABERTAS

OBSERVE AS IMAGENS

1. No seu caderno, identifique: o suporte, a data e os elementos pertencentes a cada imagem.

2. Poderíamos definir as três imagens como mapas? Justifique sua resposta.

3. Organize uma tabela com as diferenças e semelhanças entre as imagens.

Mapa-múndi, anônimo. Iluminura extraída do manuscrito *La fleur des histories*, atribuído a Simon Marmion, 1459-1463. (detalhe)

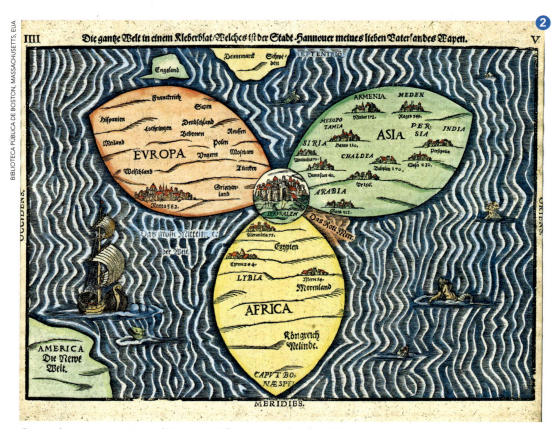

O mundo num trevo, Heinrich Bünting. Xilogravura colorida, 1581.

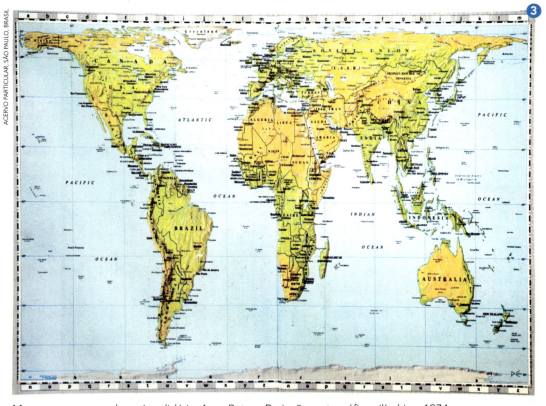

Mapa para um mundo mais solidário, Arno Peters. Projeção cartográfica cilíndrica, 1974.

Mapa-múndi, Bartolomeu, o Inglês. Iluminura extraída do manuscrito *O livro da propriedade das coisas*, c. 1472.

BRITISH LIBRARY, LONDRES, INGLATERRA

As representações medievais do mundo são conhecidas como mapas **T-O**. O "T" é a representação dos rios Nilo (direita) e Don (esquerda), no sentido horizontal, e do Mar Mediterrâneo, no sentido vertical. As águas separam os três continentes conhecidos até então: Ásia, na metade superior; Europa (esquerda) e África (direita) dividem a metade inferior. O "O" simboliza o oceano que rodeia todas as terras.

TÁ LIGADO ❓

1. Aponte a grande alteração nas representações cartográficas que pode ser verificada a partir dos séculos XV e XVI.

2. Identifique os significados dessa mudança de representação.

3. Defina périplo africano.

A LINGUAGEM DOS MAPAS

Desde a Antiguidade, as informações deixadas por viajantes são importantes fontes para a descrição e a localização de lugares. Além disso, as rotas comerciais, as peregrinações religiosas, o deslocamento de exércitos contribuíram para o desenvolvimento do conhecimento geográfico.

Os **mapas** – ou cartas geográficas – são representações de uma realidade. Eles podem ressaltar determinados acontecimentos e encobrir outros, dependendo da época em que são feitos. Os mapas medievais, por exemplo, destacavam o Paraíso e a cidade de Jerusalém, considerada sagrada.

A EUROPA E AS REPRESENTAÇÕES DO MUNDO

Nos séculos XV e XVI, já na Idade Moderna, os mapas elaborados pelos europeus mudaram. Com as **Grandes Navegações**, que permitiram a descoberta do caminho marítimo para as Índias e a conquista do Novo Mundo, a Europa passou a ser representada no centro dos mapas. Isso corresponde a uma valorização do seu papel no mundo e na história.

O cartógrafo belga Gerhard Kremer Mercator elaborou, em 1569, uma forma de representar a Terra que é muito utilizada até os dias de hoje. Em sua representação, temos a impressão de que a África é pequena, a Groenlândia é quase do tamanho da América do Sul e a Europa tem uma posição central em relação ao resto do mundo.

Essa forma de representação explicita a dominação europeia sobre outros povos e continentes no período. Nesse sentido, pode-se notar que os mapas não são apenas o resultado do trabalho de geógrafos e cartógrafos. Fruto de ações políticas, de interesses econômicos, de situações históricas que envolvem Estados e sociedades, os mapas permitem compreender determinada época.

O mapa elaborado por Mercator insere-se no contexto de transição do feudalismo para o capitalismo, momento também vinculado às iniciativas dos portugueses para chegar às **Índias** (termo utilizado pelos europeus para se referirem ao Extremo Oriente). Os portugueses pretendiam fazer isso contornando o continente africano, trajeto que ficou conhecido como **périplo africano**.

Reprodução proibida. Art. 184 do Código Penal e Lei 9.610 de 19 de fevereiro de 1998

AS ESPECIARIAS

Hoje em dia, produtos como cravo-da-índia, canela, pimenta-do-reino e gengibre são encontrados com facilidade nos mercados e nas feiras. No entanto, no século XIII, esses produtos, chamados de **especiarias**, eram verdadeiras preciosidades provenientes da Ásia ou das Índias, ou seja, do Oriente.

A importância das especiarias para os europeus está relacionada à busca de temperos para melhorar o sabor da comida. Alguns defendem que sua utilização tinha como objetivo disfarçar o gosto ruim de carnes e outros alimentos malconservados, pois o sal, o vinagre e o azeite já eram utilizados como conservantes. Outros defendem que a utilização das especiarias estava ligada a seus possíveis efeitos medicinais. Acreditava-se que as especiarias pudessem ajudar na digestão de determinados alimentos e até mesmo ser utilizadas como remédios para determinadas doenças.

De qualquer forma, canela, noz-moscada, açafrão, gengibre, pimentas, sândalo, cânfora e outras especiarias chegavam à Europa vindas de terras distantes, modificando o sabor dos alimentos e alterando os odores das casas e das ruas das cidades.

As especiarias chegavam aos centros comerciais depois de um longo caminho, transportadas pelas caravanas de camelos e depois por navios.

Caravana atravessando o deserto com carregamento de especiarias, al-Wasiti. Iluminura extraída do manuscrito *Maqamat*, 1237.

AS ROTAS DAS ESPECIARIAS E O IMPÉRIO MONGOL (SÉCULOS XIII-XIV)

MARIO YOSHIDA

Rotas comerciais europeias
Rota da seda
Rota das especiarias
Rotas comerciais africanas
Limite do Império Mongol (século XIII)

Fontes: Elaborado com base em ADE AYAJI, Jacob; CROWDER, Michael. *Historical Atlas of Africa.* London: Longman, 1985; KINDER, Hermann; HILGEMANN, Werner. *Atlas histórico mundial.* Madri: Akal, 2006.

Presentes nos alimentos, nos remédios, nas misturas empregadas em cultos religiosos, as especiarias eram procuradas e cobiçadas desde a Antiguidade. No Egito Antigo, elas eram utilizadas tanto na cozinha quanto na mumificação e nos rituais sagrados.

Essas desejadas mercadorias consistiam em um conjunto de produtos, na maioria vegetais (fruto, semente, casca, raiz, flor), que serviam de base na fabricação de temperos, remédios e perfumes. Entre as especiarias, a mais utilizada era a **pimenta-do-reino**, importante para temperar alimentos, principalmente as carnes. O óleo retirado de seu grão contém uma substância química que possui propriedades anti-inflamatórias e ==analgésicas==. Uma conhecida receita médica para casos de dor de dente recomendava a aplicação de três grãos de sal e três de pimenta no dente inflamado.

O **cravo-da-índia** (botão de uma flor), nativo das Ilhas Molucas, na Indonésia, além de servir como tempero, era muito procurado porque seu óleo também era utilizado como analgésico, por conter ==eugenol==. Ainda hoje, nos consultórios odontológicos, costuma-se colocar no dente a ser tratado uma espécie de "cimento provisório" feito de eugenol, que ameniza as dores e protege o dente. Essa pasta tem um gosto forte que lembra o do cravo.

A **canela** (casca de uma árvore), proveniente do Ceilão, atual Sri Lanka, ou da costa do Malabar, na Índia, foi, ao lado da pimenta, a mais cara e a mais cobiçada das especiarias. Seu óleo contém, além do eugenol, um líquido indicado para limpar feridas e machucados e para estimular a circulação do sangue. Além de suas propriedades medicinais, a canela era o principal ingrediente de um vinho aromático muito apreciado, o ==hipocraz==.

Analgésico
Substância que alivia a dor.

Eugenol
Composto químico utilizado para o preparo de perfumes, remédios e inseticidas.

Hipocraz
Bebida aromática à base de vinho com especiarias e açúcar.

O *alquimista*, Pieter Bruegel. Nanquim sobre papel, 1558.

BRITISH MUSEUM, LONDRES, INGLATERRA

O CAMINHO DAS ESPECIARIAS

Além das especiarias, os europeus apreciavam outras mercadorias vindas do Oriente, como marfim, sedas e pedras preciosas, objetos de luxo para grupos sociais cada vez mais interessados em consumir produtos exóticos e sofisticados. Essas preciosidades atravessavam o interior da Ásia e chegavam até o Mar Mediterrâneo. Dos portos de Constantinopla, Alexandria e Trípoli, os produtos seguiam em navios para os centros comerciais, principalmente para as cidades de Veneza e Gênova.

Os europeus imaginavam o Oriente como uma terra de riquezas e oportunidades. A Ásia era comparada ao Paraíso devido a suas árvores perfumadas, especiarias e pedras preciosas.

As histórias sobre terras fabulosas ganharam ainda maior destaque com os relatos de viagem de um jovem veneziano chamado **Marco Polo**. As descrições do viajante eram detalhadas: as riquezas e maravilhas do Reino de Catai (atual China), o seu encontro com o poderoso imperador Kublai Khan, neto de Gêngis Khan, as sociedades desconhecidas do Oriente.

Tudo isso reforçava a ideia de que o Oriente era mesmo o lugar onde se situaria o Paraíso terrestre. Mas havia também aqueles que desconfiavam dos relatos de Marco Polo.

Suas narrativas foram fundamentais e estimulantes para os navegadores que queriam descobrir os caminhos para chegar às fabulosas Índias.

O descobrimento de novas terras trouxe uma nova imagem do mundo e novas formas de representá-lo. Os povos estranhos e os monstros continuavam a habitar os mapas, mas seriam transferidos para as áreas desconhecidas.

TÁ LIGADO

4. Que imagens e características tinha o Oriente para os europeus ao final da Idade Média?

5. Como os relatos de Marco Polo e a descoberta de novas terras interferiram nas formas de representação do mundo?

Marco Polo saindo de Veneza em 1271, Jehan de Grise. Iluminura extraída do manuscrito *Livres du Graunt Caam*, 1338-1344.

BODLEIAN LIBRARY, OXFORD, INGLATERRA

Veneza era a principal potência marítima do Mediterrâneo. Ao lado de sua rival Gênova, monopolizava o comércio com o Oriente. Desses portos, as especiarias eram vendidas a outros centros comerciais da Europa.

Marco Polo partiu em viagem em torno de 1271, acompanhado por seu pai e seu tio. Voltou 24 anos depois e, em Gênova, foi aprisionado. Na prisão, para passar o tempo, contava de memória ao companheiro de cela, Rustichello, as peripécias da viagem à China. Rustichello as escrevia. Marco Polo intitulou esses relatos *A descrição do mundo*, mais conhecidos como *O livro das maravilhas*.

Este é um pequeno trecho dos seus relatos:

"Kublai Khan, Senhor dos Senhores, tem bela figura, não é alto nem baixo, é de estatura mediana; é bem proporcionado, nem gordo nem magro, é ágil de membros; tem a cara branca e corada como uma rosa, os olhos negros, o nariz direito e bem-feito. Tem quatro mulheres legítimas e o mais velho dos filhos destas mulheres tem direito a ser dono do Império, quando morrer o Grã--Khan. As mulheres ostentam título de imperatrizes, e cada uma tem o seu nome próprio, para que as distingam. Estas mulheres têm a sua corte à parte, com 300 donzelas, formosas e simpáticas, que estão ao seu serviço, além de criadas, escudeiros e mais homens, de modo que cada séquito chega a ter 10 mil pessoas.

POLO, Marco. *O livro das maravilhas*. Porto Alegre: L&PM, 1994. p. 119.

Marco Polo e a colheita de pimenta, mestre de Boucicaut e mestre de Mazarine. Iluminura extraída do manuscrito *A descrição do mundo* ou *O livro das maravilhas*, 1410-1412.

O MAR TENEBROSO

Os mercadores de Gênova e Veneza passaram a controlar os caminhos terrestres já conhecidos até as Índias. Buscar outras rotas tornou-se uma obsessão para os comerciantes que estavam excluídos desse rentável negócio.

Mas encontrar caminhos alternativos também significava enfrentar os perigos dos mares. O Oceano Atlântico era, para os navegadores do século XV, o que o espaço sideral continua a ser para nós hoje: uma grande incógnita, ou seja, um grande mistério!

Basta lembrar como alguns filmes atuais retratam o espaço: planetas habitados, repletos de monstros, seres mutantes e fantásticos.

Acreditava-se, no século XIV, que a Terra era plana, como uma mesa, e que, em algum lugar distante, haveria um grande abismo que engoliria quem se aventurasse a navegar em sua direção. O Oceano Atlântico era o lugar onde o Sol se punha. Ou melhor, onde o Sol "morria".

O oceano estaria povoado por monstros marinhos que esperavam os navios para devorá-los. Lendas descreviam o Atlântico como o Mar Tenebroso, com violentas tempestades, enormes redemoinhos e águas ferventes.

PORTUGUESES: OS PIONEIROS DA EXPLORAÇÃO DO MAR TENEBROSO

Durante os séculos XV e XVI, os navegadores portugueses lançaram-se aos oceanos Atlântico e Índico. Foram acompanhados também por espanhóis e, posteriormente, por navegadores de outros reinos europeus, em busca de um novo caminho para o Extremo Oriente.

A navegação em torno da África é considerada o primeiro momento de um período denominado **Grandes Navegações** ou **expansão marítima europeia**. Os portugueses foram os pioneiros nesse empreendimento. Em 1415, a conquista da cidade de Ceuta, localizada no Estreito de Gibraltar (Marrocos), dominada pelos muçulmanos, é o marco inicial dessa expansão.

TÁ LIGADO?

6. Esclareça os motivos de o Oceano Atlântico ser visto pelos marinheiros do século XV como o Mar Tenebroso.

7. Explique o que foi a expansão marítima europeia.

Considerado o primeiro atlas moderno, o *Theatrum Orbis Terrarum*, atribuído ao cartógrafo e geógrafo flamengo Abraham Ortelius, apresentava um oceano repleto de monstros e seres fantásticos. Além disso, a forma e o tamanho das terras conhecidas ainda eram imprecisos.

Islândia, Abraham Ortelius. Gravura colorida extraída do manuscrito *Theatrum orbis terrarum*, 1585. (detalhe)

POR QUE PORTUGAL FOI O PRIMEIRO?

A tradição marítima de Portugal tem como fator importante a carência de terras férteis nesse país. Com um território estreito, localizado no extremo ocidental da Europa, Portugal encontrou no mar uma alternativa para a busca de alimentos. A pesca ocupou, assim, um lugar de destaque na economia portuguesa.

Além disso, sua posição geográfica lhe dava vantagens. Desde o século XII, as cidades de Lisboa e do Porto eram portos importantes na rota entre o norte da Europa e o Mar Mediterrâneo. Os portugueses já nessa época estavam envolvidos em um lucrativo comércio com a Inglaterra e com o norte da Europa, servindo de intermediários das especiarias comercializadas pelas cidades da Península Itálica, além de dispor de diversos produtos para essas trocas, como azeite, vinhos, bacalhau, salmão e sal.

O Estado centralizado

Portugal foi o primeiro Estado a reunir condições para a expansão marítima. Possuía uma monarquia relativamente forte e articulada com os grandes mercadores locais. Diante da importância do comércio, a Coroa portuguesa passou a estimular essas atividades. Nesse sentido, foram importantes as iniciativas do infante Dom Henrique na organização e no custeio das primeiras expedições, no aperfeiçoamento da arte de navegar e no aprimoramento dos instrumentos de navegação.

Assim, as atividades econômicas se desenvolveram em Portugal, permitindo o fortalecimento dos grupos mercantis.

O fato de Portugal manter uma situação pacífica em seu território também contribuiu, pois parte da Europa ainda se via envolvida com guerras. A Espanha enfrentava dificuldades devido à presença dos muçulmanos no sul da Península Ibérica. A Inglaterra e a França estavam em guerra, e as regiões da Alemanha e da Península Itálica estavam divididas em uma série de pequenos reinos e cidades. Também se encontravam divididas as regiões da Bélgica e da Holanda, as chamadas províncias dos Países Baixos.

A expansão marítima atendia a vários interesses. Para a Igreja, era uma missão cristã, ou seja, a possibilidade de combater os "infiéis", os muçulmanos. Para os mercadores, era a chance de bons negócios, pois poderiam obter as matérias-primas em sua origem e revendê-las com grande lucro. Para o rei, além de prestígio, era uma maneira de obter novas fontes de rendimentos. E, para a nobreza, as Grandes Navegações constituíam um meio de enriquecimento e fortalecimento social por meio da ocupação de cargos e da obtenção de terras.

Ceuta, Georg Braun; Frans Hogenberg. Xilogravura aquarelada extraída do manuscrito *Civitates orbis terrarum*, 1572.

A **caravela** foi um tipo de navio utilizado principalmente pelos navegantes portugueses e espanhóis dos séculos XV e XVI. As caravelas eram navios ligeiros capazes de navegar em todas as águas e com todos os tipos de vento. Suas velas triangulares, chamadas de velas latinas, permitiam navegar inclusive com ventos contrários.

A construção de uma caravela envolvia diversas etapas e muitos artesãos. Nos estaleiros havia, geralmente, um mestre de obras e um mestre para cada etapa do trabalho. Depois vinham os artesãos e seus ajudantes. Havia também os encarregados de obter as matérias-primas e o encarregado de fazer o registro de tudo o que acontecia no estaleiro.

Esse navio rápido, versátil e de fácil manobra proporcionou viagens mais rápidas a longa distân-

Caravela, Abraham Ortelius. Gravura colorida extraída do manuscrito *Theatrum orbis terrarum*, 1585. (detalhe)

cia. Sua invenção recuperou uma longa tradição portuguesa, cuja origem eram as embarcações pesqueiras do Algarve, região sul do reino. Foi o resultado gradual do aperfeiçoamento e da adaptação de antigas embarcações de pesca, chamadas de "caravelas pescaresas" ou caravelas de pescar.

A caravela logo se transformou no principal meio de transporte das grandes viagens de exploração marítima. O uso da embarcação, juntamente com o desenvolvimento dos instrumentos de orientação muito antigos, como o astrolábio e a bússola, transformaria Portugal na maior potência náutica do seu tempo.

Cartógrafos famosos (Gerhard Mercator e Jodocus Hondius), anônimo. Gravura colorida, século XVII.

POR MARES NUNCA DANTES NAVEGADOS

Em 1434, após diversas tentativas, Gil Eanes conseguiu finalmente atravessar o Cabo Bojador. Uma verdadeira façanha, pois naquela região as correntes e os ventos contrários eram terríveis e frequentemente havia nevoeiros. Acreditava-se que era a temida entrada do Mar Tenebroso.

Outros afirmavam que ali se situava a "beirada do mundo", onde correntes terríveis levariam as embarcações para o abismo. Diziam que aquele que se arriscasse além do Bojador nunca mais retornaria.

Etiópia e o lendário Preste João

Em meio às Cruzadas, no século XII, circulavam histórias na Europa sobre um reino cujo monarca era cristão. Por meio de uma suposta carta dirigida ao imperador de Bizâncio, Manuel I, e depois ao imperador Frederico, o Barba-Ruiva, um soberano, conhecido como Preste João, descrevia seu maravilhoso reino. Um lugar riquíssimo, onde correriam rios de leite e mel e fontes cujas águas teriam o poder de curar todas as doenças.

Apesar da lenda, havia um reino africano situado nos planaltos etíopes cuja história remonta à Antiguidade. Potência comercial e militar, Axum foi o primeiro reino a adotar o cristianismo como religião oficial (350 d.C.), precedendo Roma. Mas, a partir do final do século VI, a expansão islâmica provocou seu isolamento comercial e um recuo do reino para o interior.

Porém, o cristianismo etíope sobreviveu à expansão muçulmana e, no século IX, o centro do reino havia se deslocado para o sul. Seus soberanos, chamados de *negus*, formaram uma poderosa dinastia denominada Salomônica. Seus reis se diziam descendentes de Menelik I, recuperando, assim, antigas tradições de Axum.

Fonte: Elaborado com base em JOLLY, Jean. *L'Afrique: atlas historique et son environnement européen et asiatique.* Paris: L'Harmattan, 2008.

Rei Lalibela esculpindo a igreja na rocha, anônimo. Iluminura, século XIX.

A partir da viagem de Gil Eanes, os navegantes portugueses foram orientados a armar caravelas para a paz e para a guerra contra a Guiné – região onde se dizia que "as gentes eram extremamente negras" – em busca de cristãos e especiarias.

Cristãos porque se desejava encontrar o lendário reino cristão de Preste João, que se imaginava estar situado na "Índia africana" (Etiópia), para fazer uma aliança contra os muçulmanos. Especiarias porque se procurava ter acesso a esses produtos sem passar pelos inconvenientes mercadores chineses, árabes, persas, sírios e genoveses, que controlavam as rotas tradicionais.

Nos séculos seguintes, os soberanos etíopes alargaram suas fronteiras, controlaram o comércio regional (ouro, marfim e sal) e se dedicaram a expandir a fé cristã. Podemos considerar que esse reino africano era uma poderosa e rica ilha cristã cercada de infiéis (muçulmanos e pagãos) por todos os lados.

Dois milênios de história cristã da Etiópia estão registrados em um imponente conjunto de monumentos, um complexo de 11 igrejas e mosteiros interligados, esculpidos em rocha vulcânica no século XIII, por ordem do rei Lalibela. Segundo a tradição, a Jerusalém etíope teria sido escavada por anjos, sob as ordens de Lalibela, que, antes de sua coroação, teria sido levado pelo ar até Jerusalém para que conhecesse os lugares santos e, ordenado por Jesus, os reproduzisse em seu reino. A igreja de São Jorge (veja a foto), a mais bela, foi construída literalmente de cima para baixo por meio da técnica de escavação.

Igreja de São Jorge. Lalibela (Etiópia), 2010.

ÁFRICA: TERRA INCÓGNITA?

Enquanto a Ásia era tida pelos europeus como uma terra fabulosa, exótica e rica, a África era a terra na qual ninguém ousava penetrar.

Os europeus ignoravam que no interior da África existiam grandes cidades, reinos e impérios. Não sabiam que no continente africano havia um grande sistema de trocas, capaz de interligar regiões distantes e as mais diversas populações. Os europeus desconheciam a existência de tantos povos, línguas e religiões.

OS GRANDES MERCADOS AFRICANOS

Grande Mesquita e mercado. Djenné, Região de Mopti (República do Mali), 03 nov. 2018.

Entre os séculos XII e XVI, várias regiões do continente africano apresentavam grande desenvolvimento econômico e cultural. Havia grandes feiras nas quais se realizavam trocas comerciais e que se localizavam, geralmente, nas capitais reais ou em pontos de cruzamento com o deserto e as savanas.

A cidade de Bobo-Diulasso, por exemplo, era um mercado onde se comercializavam, principalmente, ouro e tecidos de algodão. A cidade de Bida possuía ares de grande cidade: lá existiam seis mercados que competiam entre si pelos consumidores. Kano ficou conhecida pela produção de artigos de couro (calçados, bolsas, selas de cavalos), cerâmica, tecelagem de algodão e pela comercialização de sal, cavalos, escravizados, especiarias e objetos de metal.

As cidades de Tombuctu e Djenné (veja a foto) situavam-se nas rotas de mercadorias que cruzavam o deserto do Saara e serviam como ponto de troca de produtos de outras regiões, localizadas além do deserto. Essas cidades serviam de elo com muitos povos que viviam nas florestas ou no litoral. As mercadorias chegavam tanto por rios como por meio de longas e penosas travessias do deserto.

Nas cidades de Benin e Oyo, havia corporações de ferreiros que trabalhavam em peças de ferro ou latão, joalheiros, vidreiros, escultores de madeira e marfim, sapateiros, tecelões, bordadores e diversos outros artesãos especializados.

Os tecidos fabricados pelos povos Ioruba, por exemplo, eram muito procurados entre os séculos XII e XVI. Esses mesmos tecidos apareceriam no Brasil séculos depois, figurando entre os artigos mais valiosos vindos da África.

IMPÉRIO DO MALI

Muito do que sabemos sobre os reinos e impérios africanos ao sul do Saara foi registrado pelos viajantes muçulmanos. O Império do Mali foi o primeiro a ser registrado com maior precisão.

A região do alto Níger era habitada por povos diversos, tais como: Tucolor, Soninquê, Serere, Bambara, Jalofo, Songhai, Sosso, Fula e Mandinga. Esses povos constituíram pequenos reinos cuja chefia correspondia a um clã. Havia o clã dos Traoré, dos Kamara, dos Konate, dos Keita etc.

Mas foi o pequeno reino Mandinga, chefiado pelo clã dos Keita, que, favorecido pela proximidade com as jazidas de ouro, passou a controlar as rotas comerciais da região. Fortaleceram, assim, seu poder e ampliaram o número de aldeias e povos que reconheciam a autoridade de seu chefe.

As origens e o desenvolvimento do reino são pouco conhecidos, mas, segundo relato dos cronistas muçulmanos, Sundiata Keita unificou a região, tornando-se o primeiro imperador.

O coração do Império situava-se no Vale do Níger. As principais cidades eram a capital, Niani, a cidade de Djenné, encruzilhada comercial, e os três portos saarianos: Walata, Tombuctu e Gao. Seus domínios incorporaram povos diversos e vasto território, que se estendia do Atlântico, a oeste, até as cidades Haússas a leste.

Suas riquezas provinham, principalmente, do comércio de ouro, pois o Mali controlava a rota para as jazidas do sul. Do norte vinha o sal, produtos de luxo e cavalos trazidos pelos comerciantes árabes e berberes. Os comerciantes mandinga trocavam sal por ouro e noz-de-cola, que vinha da floresta.

O LEÃO DO MALI

Conta a tradição oral que no Império do Mali havia um chefe cujo filho nascera com paralisia nas pernas. O menino, que recebera o nome de Sundiata, não andou até os sete anos de idade, quando foi milagrosamente curado por um ferreiro. Sundiata cresceu, tornou-se um grande caçador e possuía poderes mágicos. Mas sua habilidade atraiu o ciúme de seu irmão, o sucessor do pai no reino. Perseguido pelo irmão, Sundiata teve de fugir para as terras dos povos Soninquê.

> Observe a diversidade de povos sob o domínio do Império do Mali.

ÁFRICA OCIDENTAL E IMPÉRIO DO MALI (SÉCULOS XIII-XV)

Fonte: Elaborado com base em JOLLY, Jean. *L'Afrique: atlas historique et son environnement européen et asiatique.* Paris: L'Harmattan, 2008.

TÁ LIGADO ?

9. No mapa desta página, identifique e localize (escreva no caderno):
   a) a linha divisória do Deserto do Saara;
   b) as cidades de Tombuctu, Gao, Djenné e Niani;
   c) as áreas de extração de sal e de ouro.

10. Liste as cidades Haússas apresentadas no mapa.

No longo período em que Sundiata esteve fora, o reino dos Sosso, chefiado pelo clã dos Kanté (clã de ferreiros), invadiu o território dos Mandinga e toda a família de Sundiata foi massacrada. O jovem guerreiro, único sobrevivente, retornou com um grande exército. Sua chegada provocou imenso entusiasmo entre os Mandinga. Cada clã havia formado um exército. Os Kamara, os Konate, os Traore se encontraram com Sundiata e selaram uma aliança. Essa unidade de poder e a concentração de forças foram fundamentais para a vitória final. Ao fim da guerra, os chefes dos diferentes clãs se reuniram para jurar fidelidade ao grande guerreiro Sundiata.

Cada chefe continuou a exercer o poder local, mas todos concordaram em conceder o título de *mansa* (chefe supremo) a Sundiata Keita. Pela primeira vez um poder central consolidava a aliança entre os clãs, dominando as jazidas de ouro, os principais portos de caravanas e as rotas comerciais.

APOGEU DO IMPÉRIO DO MALI

Sob o reinado de Mansa Musa (1312-1337) o Império do Mali atingiu seu apogeu. Musa foi o mais conhecido dos imperadores do Mali; sua peregrinação a Meca em 1325 e sua visita ao Cairo ficaram famosas.

Segundo os relatos, Mansa Musa deixou a capital acompanhado de uma escolta imensa composta por cerca de 60 mil carregadores e 500 serviçais com vestimentas de ouro. No Cairo, o imperador distribuiu a imensa quantidade de ouro.

Sua estada no Egito causou tanto furor que seu nome e o de seu Império passaram a ser conhecidos em todo o mundo muçulmano, e este levou sua fama até a Europa. Não demorou muito para que o imperador fosse retratado no *Atlas catalão*, do cartógrafo Abraão Cresques (1375), feito para o rei Carlos V da França.

Podemos observar nesse detalhe a representação do Mar Mediterrâneo e parte da África. As montanhas, representadas como muralhas de pedra, dividem a África Subsaariana. Abaixo, o imperador do Mali, sentado no trono, portando na mão esquerda o cetro e na mão direita uma grande pepita de ouro.

Atlas catalão, Abraão Cresques. Iluminura, 1375. (detalhe)

Mancala: jogo da lógica, do sagrado, da vida – da África

Mancala é o nome dado a um jogo de tabuleiro presente em diversas partes da África. O jogo exige contagem, cálculo e estratégia. Sorte ou azar não interferem em seu resultado.

É um jogo de estratégia relacionado às atividades de plantio (semeadura e colheita). O tabuleiro simboliza o Arco Sagrado do Céu, e o movimento das sementes pelo tabuleiro está relacionado ao movimento das estrelas. Diversas tradições e mitos africanos afirmam o valor simbólico e ritualístico desse jogo.

De acordo com as tradições orais, o grande herói dos povos Mandinga, Sundiata Keita, era um excelente jogador de mancala e tomou o poder no Império do Mali após ganhar uma partida de seu rival.

Já o poderoso soberano do Reino Denkyira perdeu a batalha contra o Reino Ashanti, pois no dia anterior havia jogado uma partida contra a esposa com sementes feitas de ouro. Em diversas regiões da África, a mancala é jogada somente pelos homens, e as sementes de ouro estão associadas ao azar.

Alguns povos jogam mancala somente durante o dia, deixando o tabuleiro para fora de casa durante a noite, para que os deuses também possam jogar e, assim, com sua intervenção, favoreçam as colheitas. Outros povos não jogam à noite, pois acreditam que, nesse período, espíritos de outro mundo virão jogar também, levando então a alma dos jogadores embora.

Homens jogando mancala. Moroni, Grande Comores (Ngazidja), Arquipélago de Comores, Oceano Índico, 18 fev. 2015.

O PÉRIPLO AFRICANO

Seguindo os passos de Gil Eanes, Nuno Tristão atingiu o Cabo Branco em 1441. A Ilha de Arguim transformou-se no principal posto comercial, onde cavalos, trigo e tecidos provenientes da Europa eram trocados por ouro, marfim e especiarias.

Em 1445, Álvaro Fernandes e Gil Eanes realizaram uma expedição encarregada de explorar a embocadura do Rio Senegal e o Arquipélago de Cabo Verde, avançando no ano seguinte até Bijagós, arquipélago da costa da Guiné.

Tecido tradicional Bakongo, em ráfia, século XVIII.

MUSEU ETNOLÓGICO, BERLIM, ALEMANHA

Os portugueses conheceram, no século XV, os belos tecidos de casca de árvore e fibra de palmeira (ráfia) fabricados no Reino do Kongo.

Estuário
Embocadura larga de um rio sujeita ao efeito das marés.

Após 1446, os comerciantes portugueses passaram a cobiçar, além das especiarias e dos metais, um artigo que se revelaria ainda mais rentável: o próprio negro da Guiné. Instalados no forte de Arguim, construído em 1449, os portugueses fizeram da Alta Guiné um importante núcleo de obtenção de seres humanos escravizados.

Os portugueses aproveitaram as rotas tradicionais africanas já estabelecidas, favorecendo sua penetração no interior do continente. Rios como o Senegal, o Cacheu e o Gâmbia, que já eram utilizados pelos africanos havia muito tempo, passaram a trazer mercadorias para o litoral. A partir do Rio Senegal, estabeleceu-se uma rede de trocas com a bacia do Níger, formando um sistema mercantil de rotas fluviais e terrestres que interligava a Senegâmbia e o Golfo da Guiné.

Entre 1445 e 1460, foi descoberto e explorado o Arquipélago de Cabo Verde. Em 1471, os portugueses chegaram a Mina, posteriormente conhecida como Costa do Ouro, atual Gana. Após uma década, já haviam erguido sua fortaleza: o castelo de São Jorge da Mina, hoje conhecido como Elmira, onde concentraram todo o negócio do ouro e de africanos escravizados. O ==estuário== do Congo foi alcançado por Diogo Cão nesse mesmo ano.

O PODEROSO REINO DO KONGO

Quando Diogo Cão aportou no estuário do Rio Congo não imaginava que iria encontrar o poderoso e muito bem organizado **Reino do Kongo**.

A capital, Mbanza Kongo, cidade que os portugueses batizaram posteriormente de São Salvador, era um grande centro comercial e de intercâmbio da população de outras cidades, onde se encontravam as principais rotas que percorriam a costa e o interior.

O reino era dividido em seis províncias e três reinos tributários (Ngoyo, Kakongo e Loango) e ainda em áreas de influência, como os reinos de Ndongo, Matamba e Benguela. O rei governava com a ajuda de um conselho, as províncias eram governadas por seus parentes e os reinos vizinhos pagavam impostos.

A economia do reino era baseada no comércio, na agricultura e na produção de sal, ferro, cobre e tecidos.

O rei do Kongo e os marinheiros portugueses logo estabeleceram relações amistosas e vantajosas para os dois lados. Com o tempo, essas relações deram lugar a disputas, e os portugueses acabariam por tomar o controle do reino nos séculos que se seguiram.

ÁFRICA CENTRAL E O REINO DO KONGO (SÉCULOS XV-XVI)

MÁRIO YOSHIDA

NDONGO - áreas de influência
Mpango - província
⊙ Capital

Fontes: Elaborado com base em JOLLY, J. *L'Afrique: atlas historique et son environnement européen et asiatique.* Paris: L'Harmattan, 2008.

Reprodução proibida. Art. 184 do Código Penal e Lei 9.610 de 19 de fevereiro de 1998

O CAMINHO PARA AS ÍNDIAS

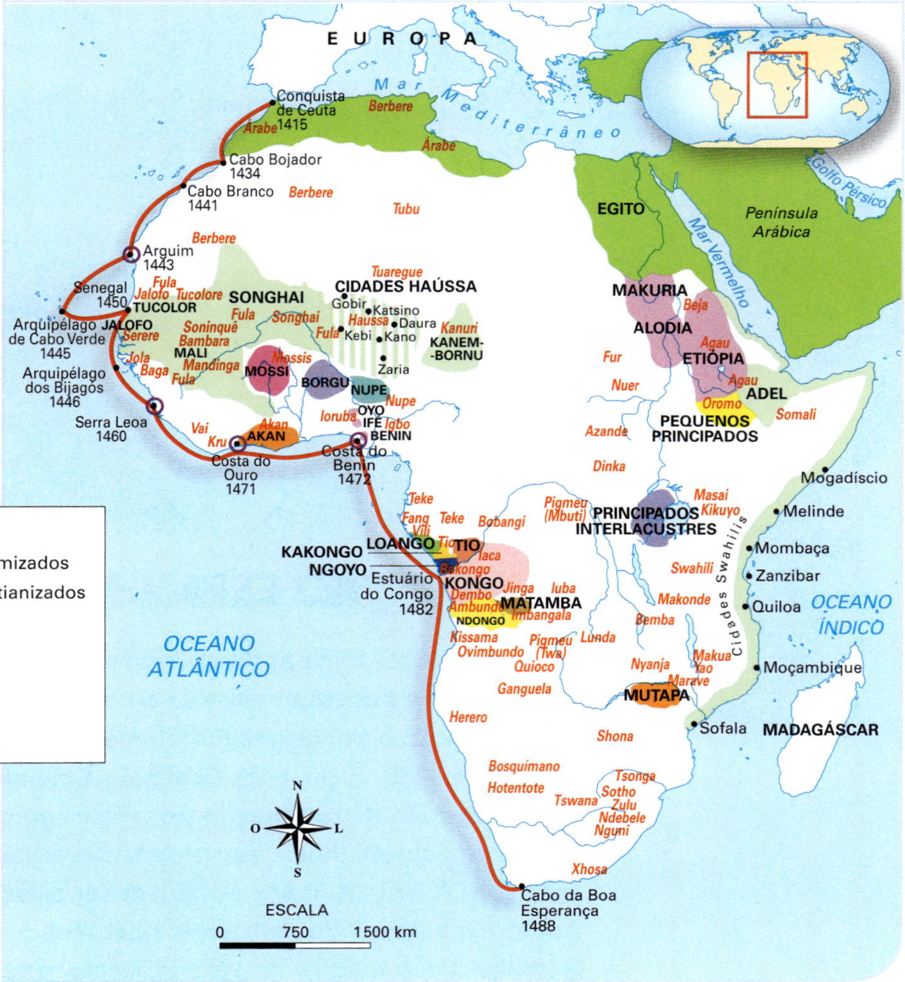

Périplo Africano
Vídeo

A travessia do Cabo Bojador realizada por Gil Eanes em 1434 e a chegada das primeiras caravelas portuguesas a pontos desconhecidos do litoral africano alteraram o sentido do comércio no continente. Até então, as atividades mercantis estiveram voltadas principalmente para o interior, e a atividade do litoral ocidental restringia-se praticamente à pesca costeira.

A partir de 1434, o Oceano Atlântico abria-se como caminho para os portugueses explorarem as riquezas africanas, e a costa ocidental tornou-se destino das rotas mercantis que cruzavam o interior da África. De certo modo, habitantes das cidades, reinos e impérios africanos passaram a incluir o litoral do Oceano Atlântico em suas rotas que percorriam o Saara, o grande mar arenoso do norte do continente.

Os portugueses passaram cerca de 60 anos explorando o litoral africano, que se tornara a primeira fonte de abastecimento de escravizados. À medida que atingiam novas regiões, criavam as feitorias, pequenas fortalezas situadas em pontos do litoral onde trocavam mercadorias europeias por produtos locais. As feitorias tinham como função básica garantir a presença portuguesa e a circulação de mercadorias. Esses seriam os primeiros estabelecimentos dos muitos que os europeus viriam a possuir na costa e no interior do continente africano nos séculos seguintes.

Após muitas viagens, em 1488 Bartolomeu Dias alcançava o extremo sul do continente e contornava o Cabo da Boa Esperança. Estava aberto o caminho para as Índias.

ÁFRICA (SÉCULO XV)

MÁRIO YOSHIDA

- Reinos islâmicos
- Reinos africanos islamizados
- Reinos africanos cristianizados
- Reinos subsaarianos
- Périplo africano
- MOSSI Reinos
- *Zulu* Povos
- Feitorias

Fontes: Elaborado com base em BLACK, Jeremy (Org.). *World History Atlas*. London: DK Book, 2008; SMITH, Stephen. *Atlas de l'Afrique*. Paris: Autrement, 2005.

OS TURCOS CHEGAM A CONSTANTINOPLA

O Império Bizantino resistiu por mais de mil anos aos ataques externos. As principais rotas de especiarias, que ligavam o Oriente à Europa, passavam por seu território. A região também foi importante para a ação dos cruzados, que, desde o século XI, combatiam os muçulmanos e tentavam conquistar Jerusalém.

Mas a presença islâmica em suas fronteiras e diversos conflitos, inclusive com reinos cristãos, foram pouco a pouco enfraquecendo o poder de Bizâncio. A partir do século XIV, a ação dos turcos muçulmanos vindos da Ásia levou ao desaparecimento do antigo Império Romano do Oriente. Após diversas conquistas territoriais, os turcos acabaram por cercar a cidade de Constantinopla e, em 1453, tomaram-na definitivamente.

Em poucos anos, o poderio turco estendeu-se pela Grécia e pelo Norte da África. O **Império Otomano**, como foi designado, passava a controlar as rotas mercantis que levavam às riquezas orientais. Além disso, avançava sobre o Mar Mediterrâneo, ameaçando o poder dos reinos cristãos.

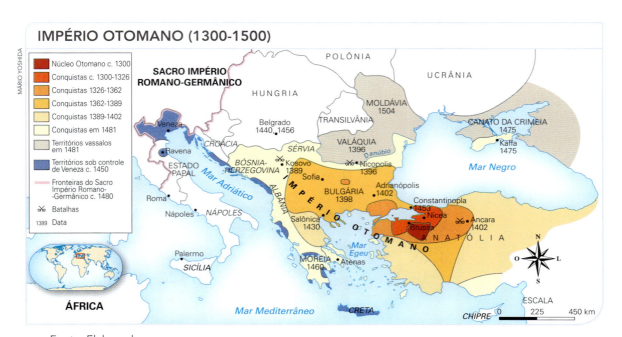

Fonte: Elaborado com base em KINDER, Hermann; HILGEMANN, Werner. *Atlas histórico mundial*. Madri: Akal, 2006.

A EXPANSÃO ESPANHOLA

A conquista turca acelerou ainda mais a necessidade de buscar outros caminhos que pudessem levar os europeus às Índias.

Enquanto o português Bartolomeu Dias dobrava o Cabo da Boa Esperança, em 1488, o genovês **Cristóvão Colombo** propunha ao rei de Portugal, Dom João II, a realização de uma viagem às Índias, navegando para o Ocidente pelo Atlântico. Seu projeto baseava-se na ideia de que a Terra era redonda. Assim, as Índias poderiam ser alcançadas sem a necessidade de contornar a África. Restava saber qual seria o caminho mais curto. Colombo acreditava que a distância pelo Ocidente seria menor.

Mas o rei português não deu apoio ao projeto de Colombo. O navegador genovês foi, então, procurar financiamento na Espanha, com os chamados "reis católicos", Fernando de Aragão e Isabel de Castela. Depois de alguma resistência, os reis resolveram aceitar a proposta de Cristóvão Colombo.

Colombo partiu do porto de Palos, no sul da Espanha, em agosto de 1492, com uma frota de apenas três caravelas, Santa Maria, Pinta e Niña, e cerca de 120 tripulantes. A Espanha entrava definitivamente na corrida pela conquista dos oceanos e de outras terras de além-mar.

TÁ LIGADO

12. Aponte os motivos do enfraquecimento do Império Bizantino no século XV.

A esfericidade da Terra

A ideia de que a Terra é esférica remonta à Antiguidade. Durante a Idade Média, no entanto, prevaleceu a noção de que a Terra era plana e seria habitada apenas na Europa, na África e na Ásia. Concebia-se, no entanto, a existência de ilhas desabitadas em meio aos oceanos.

Os estudos renascentistas retomaram as visões da Antiguidade. No século XV, difundia-se a obra do cardeal D'Ailly chamada *Imago mundi*, que sustentava ser possível viajar até as Índias pelo Atlântico. Entre os mais influentes geógrafos renascentistas estava Paulo Toscanelli.

Em 1474, Toscanelli enviou uma carta ao rei de Portugal na qual afirmava que a Terra era redonda e que, portanto, seria possível chegar ao Oriente sem contornar o continente africano. As reflexões de D'Ailly e de Toscanelli influenciaram Cristóvão Colombo e diversos outros navegadores e cartógrafos que se aventuraram pelos mares.

Mapa-múndi, Beato de Liébana. Iluminura extraída do manuscrito *A revelação de São João* (escrito em 776), cópia do século XII.

Mapa-múndi, Gerardus Mercator. Projeção cartográfica cilíndrica sobre carta plana, 1569.

BRITISH LIBRARY, LONDRES, INGLATERRA

BIBLIOTECA NACIONAL, PARIS, FRANÇA

COLOMBO DESCOBRIU, VESPÚCIO LEVOU A FAMA

VIAGENS DE COLOMBO

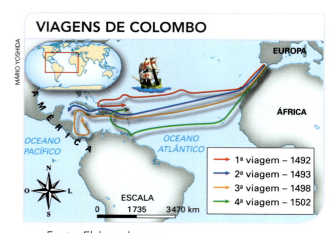

→	1ª viagem – 1492
→	2ª viagem – 1493
→	3ª viagem – 1498
→	4ª viagem – 1502

Fonte: Elaborado com base em KONSTAM, Angus. *Historical Atlas of Exploration, 1492-1600*. New York: Checkmark Books, 2000.

Em outubro de 1492, após dois meses de navegação pelo Atlântico, as embarcações comandadas por Colombo chegaram à terra firme. Foi avistada uma pequena ilha das atuais Bahamas, denominada San Salvador. Posteriormente, aportaram em uma grande ilha que os nativos chamavam de Haiti (montanha) e que foi rebatizada com o nome de Hispaniola.

Colombo acreditava ter chegado às Índias e, sem sucesso, procurou ouro, sedas, pedras preciosas, especiarias e os imperadores descritos por Marco Polo. Deixou 30 homens em Hispaniola e retornou à Espanha em 1493. Homenageado pelos reis católicos, foi encarregado de dar continuidade à busca de riquezas. Foi nomeado vice-rei das terras descobertas e partiu novamente da Espanha com 17 navios e uma enorme tripulação de 1 500 homens em direção às terras descobertas.

Outras viagens

Colombo ainda realizou mais duas viagens patrocinadas pela Coroa espanhola. No entanto, lutas com os nativos, disputas pelo poder com membros da nobreza e a demora em encontrar as riquezas esperadas fizeram que Colombo perdesse seus títulos e nomeações e fosse preso em 1500.

Em suas quatro viagens, Colombo circulou pelas ilhas do Caribe e chegou até o litoral dos atuais Honduras, Costa Rica e Panamá. Morreu em 1506, acreditando que as terras por ele descobertas faziam parte das Índias. Não imaginou que se tratasse de outro continente e que a Ásia ainda estivesse muito distante daquela região.

Fontes: Elaborado com base em KONSTAM, Angus. *Historical Atlas of Exploration, 1492-1600*. New York: Checkmark Books, 2000; NOVAIS, Fernando (org.). *Saga: a grande história do Brasil*. São Paulo: Abril Cultural, 1981. v. 1.

Vespúcio

Américo Vespúcio, navegador de Florença e companheiro de Colombo em várias expedições, começou a suspeitar e acabou provando que as terras encontradas não eram as Índias, e sim um novo continente. A esse enorme conjunto de terras foi dado o nome de **América**, em sua homenagem. E consagrou-se a ideia de que se tratava de um **Novo Mundo**.

Se Colombo não teve seu nome ligado ao novo continente, mas apenas a uma de suas regiões (Colômbia), estabeleceu a denominação para os seus habitantes. Apesar de os nativos estarem a milhas de distância das Índias, até hoje são designados como **índios**.

OUTRAS VIAGENS MARÍTIMAS

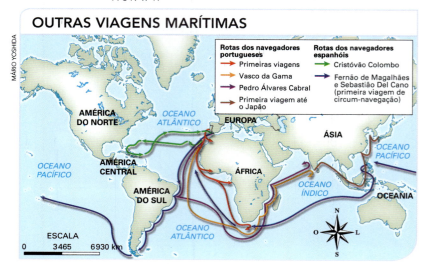

Rotas dos navegadores portugueses
- → Primeiras viagens
- → Vasco da Gama
- → Pedro Álvares Cabral
- → Primeira viagem até o Japão

Rotas dos navegadores espanhóis
- → Cristóvão Colombo
- → Fernão de Magalhães e Sebastião Del Cano (primeira viagem de circum-navegação)

A partir das descobertas de Colombo, os espanhóis deram continuidade às aventuras marítimas. Em 1513, Vasco Nunez de Balboa cruzou a América Central, alcançando o Oceano Pacífico pela primeira vez.

Em 1519, Fernão de Magalhães e Sebastião Del Cano iniciaram a primeira viagem de navegação em torno do mundo. O português Fernão de Magalhães morreu (no Arquipélago das Filipinas) em 1521, antes de terminar a viagem, completada por Del Cano em 1522. A expedição partiu de Cádiz, na Espanha, e, navegando sempre na mesma direção, voltou ao ponto de partida, comprovando que a Terra é redonda.

Aos navegadores patrocinados pela Espanha e por Portugal logo se somaram outros, a serviço de Inglaterra, França e Holanda. Os europeus não se limitaram à elaboração de mapas, rotas e à aquisição de conhecimentos geográficos. Não se limitaram a conhecer outros povos e culturas. Nos séculos seguintes impuseram sua dominação e controle sobre essas regiões.

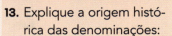

TÁ LIGADO?

13. Explique a origem histórica das denominações:
a) América.
b) Colômbia.
c) Índios.

EM DESTAQUE

 OBSERVE A IMAGEM

América

LEEMAGE/CORBIS/GETTY IMAGES

Vespúcio descobre a América, Theodor Galle e Jan van der Straet. Gravura extraída da obra *Nova Reperta*, Antuérpia, Philips Galle, 1598. (colorida posteriormente)

1. A figura masculina representa Américo Vespúcio, e a figura feminina representa a América. Identifique os símbolos utilizados pelos artistas para caracterizar cada personagem.

2. Identifique o acontecimento retratado.

3. No seu caderno, escreva um pequeno texto dando a sua opinião sobre a visão que os europeus tinham do Novo Mundo.

OS PORTUGUESES RUMO ÀS ÍNDIAS

Em 1497, o navegador português **Vasco da Gama** seguiu a mesma rota de Bartolomeu Dias, contornando o continente africano. Alcançou Sofala, seguiu para os portos de Moçambique, Quíloa e Mombaça. Passou por Melinde, ainda na costa oriental africana, e chegou ao porto das especiarias em Calicute, na costa oeste da Índia, em maio de 1498. Vasco da Gama realizava a primeira viagem marítima entre a Europa ocidental e o Oriente.

Os navios de Vasco da Gama trouxeram, em apenas uma viagem, o que comerciantes venezianos e genoveses conseguiam transportar por terra durante um ano. O principal objetivo do empreendimento, iniciado havia três quartos de século pelo infante Dom Henrique, estava ao alcance dos portugueses.

ÁFRICA ORIENTAL: AS CIDADES DE PEDRA

Vasco da Gama e os primeiros portugueses ficaram admirados com o comércio marítimo das cidades africanas da costa oriental, em que se negociavam ouro, prata, ferro, marfim, sedas e porcelanas. Encontraram navegantes que conheciam o caminho para as Índias e outras localidades ainda mais distantes e viajavam com mapas, bússolas e quadrantes até mais sofisticados do que aqueles que os europeus possuíam. As cidades africanas lhes pareciam tão sofisticadas quanto as cidades europeias.

Na cidade de Sofala, os portugueses ouviram histórias sobre um fabuloso império antigo, com montanhas de ouro. Os portugueses associaram tal reino fabuloso às lendas referentes ao reino de Preste João.

Esse império ficou conhecido como **Monomotapa** (ou **Mutapa**), título do imperador que governava a região (Mwene Mutapa – senhor dos metais). Os portugueses confundiram o título real com o nome do Império.

Os senhores dos metais

Conta-se que Mwene Mutapa e sua corte possuíam grandes edifícios e fortalezas construídos de pedras e rodeados de muralhas, chamadas *zimbabwe* (grande casa de pedra). Nos dias de hoje, a maioria das ruínas dessas construções estão nos atuais Zimbabwe, Zâmbia e Moçambique e no norte da África do Sul.

Ruínas do Grande Zimbabwe, Zimbabwe, 02 jun. 2017.

O MUNDO DIVIDIDO

Colombo regressou de sua primeira viagem em março de 1493. Punha-se em questão o direito à posse das terras encontradas. O Oceano Atlântico tornou-se o principal foco dos interesses políticos das Coroas de Portugal e Espanha.

A nova descoberta de Colombo provocou a reação do rei de Portugal, Dom João II. Segundo o monarca, a Espanha havia desrespeitado os acordos firmados anteriormente. Pelo **Tratado de Alcaçóvas**, assinado em 1479 por Portugal e Espanha, os reis católicos, Fernando de Aragão e Isabel de Castela, obrigavam-se a respeitar os direitos portugueses de navegação ao sul das Ilhas Canárias, e asseguravam a Portugal a rota das Índias pelo sul da África.

ACORDOS E TRATADOS

Em vista das novas conquistas marítimas, os reis católicos conseguiram obter do papa Alexandre VI, que estava unido ao rei da Espanha por laços de parentesco, um decreto, a Bula Inter-coetera, em 3 de maio de 1493. Essa bula fixou uma divisão do mundo ultramarino entre portugueses e espanhóis.

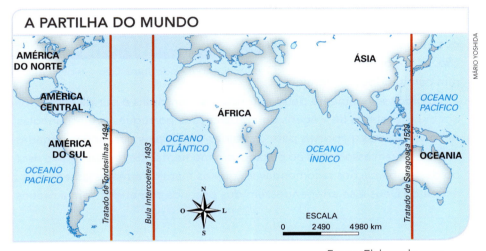

Fonte: Elaborado com base em KONSTAM, Angus. *Historical Atlas of Exploration, 1492-1600*. New York: Checkmark Books, 2000.

Nesse documento estabelecia-se uma linha divisória de norte a sul, ou seja, do polo ártico ao polo antártico. Além disso, determinava-se que todas as ilhas e terras firmes, descobertas ou por descobrir, situadas 100 léguas a oeste do Arquipélago de Cabo Verde seriam dos espanhóis.

Os portugueses não aceitaram a partilha proposta pelo papa. Deixando de lado qualquer reivindicação sobre as ilhas encontradas por Colombo, eles solicitaram que a linha divisória fosse deslocada para 370 léguas adiante, a fim de proteger seus interesses. Após vários encontros e negociações, um novo acordo foi firmado em 7 de junho de 1494 na cidade de Tordesilhas. Nesse acordo, conhecido como **Tratado de Tordesilhas**, determinava-se que a linha divisória passaria 370 léguas a oeste das ilhas de Cabo Verde.

A insistência de Portugal em modificar a bula papal tinha por objetivo ampliar as possibilidades de os portugueses encontrarem terras no Oceano Atlântico, mas também poderia ser um indício de que eles já suspeitavam da existência de terras a oeste.

Em 1529, o **Tratado de Saragoça** definia as áreas de influência luso-espanhola no continente asiático.

Provavelmente os jogos de cartas originaram-se na China e na Índia há cerca de 3 mil anos. Trazidos pelos árabes para a Península Ibérica e conhecidos como jogos de *naib* (de onde provavelmente derivou o termo "naipe"), há referências a esses jogos nas cidades europeias desde o século XIII. A partir desse momento, os jogos de baralho espalharam-se para outras regiões europeias. Associados às práticas de adivinhação, os jogos de cartas foram combatidos pela Igreja

MUSEU DO LOUVRE, PARIS, FRANÇA

O trapaceiro com Às de ouros, Georges de la Tour. Óleo sobre tela, 1636-1638.

e proibidos severamente pelas autoridades municipais e por diversos monarcas europeus. No entanto, em muitos relatos de viagens de embarcações portuguesas e espanholas, há menções a jogos de baralho vinculados a apostas para distrair as tripulações nas longas jornadas pelos oceanos. No entanto, como estavam associados ao pecado, em momentos de tempestade e risco de naufrágio, clérigos a bordo das embarcações recomendavam que os marujos arremessassem seus baralhos ao mar para aplacar a fúria de Deus e se arrependessem dos pecados cometidos com a prática desses jogos.

A REAÇÃO DE FRANÇA E INGLATERRA

O Tratado de Tordesilhas não foi bem recebido por outros Estados europeus. Todas as demais monarquias europeias foram excluídas da possibilidade de conquistas ultramarinas nas áreas de influência ibérica. França e Inglaterra passaram a contestar a validade jurídica do tratado. O rei francês Francisco I escreveu uma carta perguntando se no testamento deixado por Adão havia alguma cláusula que autorizasse a partilha do mundo entre os irmãos espanhóis e portugueses.

Inglaterra e França promoveram uma série de viagens aos domínios considerados ibéricos. E fizeram da pirataria uma forma de se apoderar dos produtos transportados para a Europa.

Um novo tipo de guerra começava a se constituir. Nos mares, os perigos já não se limitavam a monstros e lugares prodigiosos. Assaltos a caravelas e galeões eram feitos por embarcações cada vez mais ágeis. Além disso, tornavam-se mais constantes as lutas entre esquadras de bandeiras rivais.

TÁ LIGADO

14. Relacione o Tratado de Tordesilhas, de 1494, o comentário do rei francês Francisco I acerca do testamento de Adão e o aumento da pirataria nos séculos XV e XVI.

Corsários e piratas

Nos séculos XVI e XVII, os navegadores que atacavam navios obedecendo às ordens de suas respectivas monarquias eram denominados corsários. Era uma espécie de ação de guerra considerada legítima por seus praticantes. Os navegadores que agiam em causa própria, sem seguir orientações de seus governos, eram chamados de piratas. Na prática, as ações de uns e outros eram semelhantes. Atacavam e afundavam embarcações. Roubavam as mercadorias e os próprios navios. Combatiam e matavam seus oponentes.

Réplica contemporânea da bandeira de John Rackham.

O mais famoso dos corsários foi Francis Drake (1540-1596). Por suas ações em nome da monarquia inglesa, alcançou o posto de almirante e recebeu o honrado título de *sir*.

O pirata mais famoso foi o capitão inglês John Rackham (1682-1720), conhecido como Calico Jack. É lembrado por ter empregado duas mulheres piratas, Anne Bonny e Mary Read.

A VIAGEM DE CABRAL

Em 1499, Vasco da Gama retornou a Portugal com a notícia de que o novo caminho para as Índias já havia sido percorrido. O rei português Dom Manuel apressou-se para consolidar suas posições no Oriente.

Montou-se então uma expedição composta dos melhores navegantes e com navios mais resistentes, com o objetivo de aprofundar os contatos feitos e estabelecer um comércio permanente na Índia, por meio de feitorias.

O comando da expedição ficou a cargo do almirante **Pedro Álvares Cabral**, que partiu no dia 8 de março de 1500 levando consigo alguns dos mais experientes navegantes da época, como Bartolomeu Dias e Nicolau Coelho.

No caminho, ou, melhor dizendo, em um "desvio", em 22 de abril de 1500, foi avistado um monte, denominado Pascoal, por ser dia de Páscoa. Como os espanhóis, os portugueses rebatizavam as regiões por onde passavam. Chamaram o lugar a que chegaram de Terra de Vera Cruz, depois Terra de Santa Cruz e, finalmente, **Brasil**.

Cabral, após as cerimônias de posse da terra, despachou um navio para Portugal para comunicar ao rei a notícia e retomou o caminho com sua esquadra em direção às Índias.

A frota de Cabral, anônimo. Azulejaria portuguesa, século XVI.

Herdada dos árabes, a produção de azulejos em Portugal se tornou uma arte muito rica. Aqui vemos a representação da glória dos navegantes portugueses, destacando-se o papel de Pedro Álvares Cabral.

Um dos companheiros de viagem de Colombo, Vicente Yañez Pinzón, capitão da caravela Niña, explorou o litoral da América do Sul no início de 1500.

Não é possível definir o local exato onde teria desembarcado em 26 de janeiro de 1500. Mas, com certeza, Yañez chegou às terras hoje chamadas Brasil antes de Cabral.

Há indícios de que os portugueses já conheciam as terras da América desde 1498, quando o navegador e matemático Duarte Pacheco Pereira teria percorrido o mesmo trecho do litoral do continente que Pinzón.

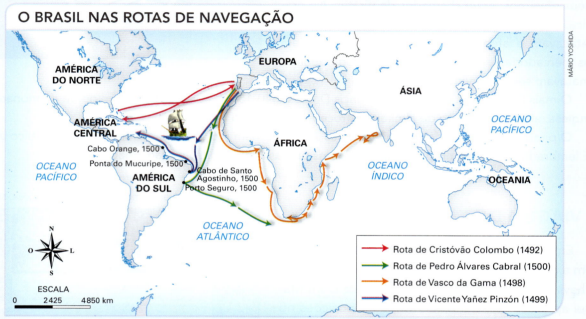

O BRASIL NAS ROTAS DE NAVEGAÇÃO

Fonte: Elaborado com base em KONSTAM, Angus. *Historical Atlas of Exploration, 1492-1600*. New York: Checkmark Books, 2000.

SIGNIFICADOS DA EXPANSÃO MARÍTIMA

Acreditamos que o correto seria denominar a ação dos europeus de **conquista** de novas terras, em lugar de **descobrimento**. A conquista permitiu a circulação de enormes quantidades de produtos e matérias-primas, até então limitada a algumas regiões. Muita riqueza material e imaterial foi levada da Ásia, da África e da América para a Europa. Nos mais diversos continentes, podiam ser encontrados produtos de outros cantos do mundo. Não era ainda o **mercado global** que conhecemos nos dias de hoje. Mas era o início do processo que levaria até ele.

Com as mercadorias, circulavam saberes e culturas de diversos povos do planeta. As histórias particulares de sociedades que viviam na América, na Europa, na África, na Ásia começaram a ser ligadas, unidas umas às outras.

O Oceano Atlântico, de barreira entre os diversos povos, passou a ser o principal caminho de comunicação e articulação. O Mar Mediterrâneo, centro em torno do qual se desenvolveram as sociedades romana, cristã e islâmica, perdia seu papel de importância para o grande Oceano Atlântico que ligava o Velho ao Novo Mundo.

QUEBRA-CABEÇA

1. Releia o quadro complementar "Etiópia e o lendário Preste João" (p. 40-41). Agora responda ao que se pede:

a) Relacione os interesses envolvidos nas Cruzadas (séculos XI-XIII) e as características do reino lendário de Preste João.

b) Explique as origens bíblicas da dinastia Salomônica do reino de Axum.

c) É possível sustentar que os reinos cristãos pareciam ilhas mais ou menos cercadas por domínios muçulmanos? Justifique.

2. Com base nos mapas das páginas 33, 43, 46 e 47, e nos produtos citados no texto da página 42, elabore um texto apresentando a diversidade das sociedades africanas e as riquezas de seu continente no século XV.

3. Defina cada um dos conceitos abaixo e organize um pequeno dicionário conceitual em seu caderno:
- périplo africano
- mansa
- corsário
- pirata
- feitoria

4. Explique o significado histórico da mudança de importância do Mar Mediterrâneo devido à expansão marítima europeia.

5. Vamos construir nossos *tags*. Siga as instruções do *Pesquisando na internet* na seção **Passo a passo** (p. 7) utilizando as palavras-chave abaixo:

Lalibela

Sundiata Keita

Mansa Musa

Mwene Mutapa

Preste João

LEITURA COMPLEMENTAR

MENSAGEM

Fernando Pessoa (1888-1935) é considerado um dos maiores poetas da literatura portuguesa. Em 1934 lançou o livro *Mensagem,* composto de poemas que retomam algumas passagens da história de Portugal. Leia com atenção dois trechos desse livro:

HORIZONTE

Ó mar anterior a nós, teus medos
Tinham coral e praias e arvoredos.
Desvendadas a noite e a cerração,
As tormentas passadas e o mistério,
Abria em flor o Longe, e o Sul sidério
'Splendia sobre as naus da iniciação.
Linha severa da longínqua costa –
Quando a nau se aproxima ergue-se
          [a encosta
Em árvores onde o Longe nada tinha;
Mais perto, abre-se a terra em sons e cores:
E, no desembarcar, há aves, flores,
Onde era só, de longe a abstrata linha
O sonho é ver as formas invisíveis
Da distância imprecisa, e, com sensíveis
Movimentos da esp'rança e da vontade,
Buscar na linha fria do horizonte
A árvore, a praia, a flor, a ave, a fonte –
Os beijos merecidos da Verdade.

MAR PORTUGUEZ

Ó mar salgado, quanto do teu sal
São lágrimas de Portugal!
Por te cruzarmos, quantas mães choraram,
Quantos filhos em vão rezaram!
Quantas noivas ficaram por casar
Para que fosses nosso, ó mar!
Valeu a pena? Tudo vale a pena
Se a alma não é pequena.
Quem quer passar além do Bojador
Tem que passar além da dor
Deus ao mar o perigo e o abismo deu,
Mas nele é que espelhou o céu.

PESSOA, F. *Mensagem.*
Rio de Janeiro: Nova Fronteira, 1981. p. 34 e 42.

1. Para a leitura dos poemas, utilize as orientações do **Passo a Passo** – *Leitura de textos* (p. 6).

2. Procure identificar nos poemas os diferentes significados do domínio dos mares para os portugueses.

① **CIRCUITOS MERCANTIS E AS PRINCIPAIS CIDADES COMERCIAIS AFRICANAS (SÉCULOS XII-XV)**

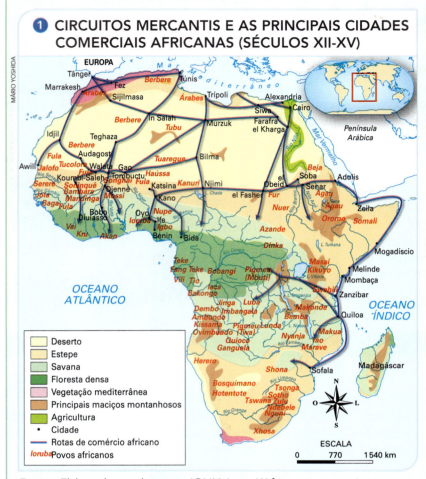

Fontes: Elaborado com base em JOLLY, Jean. *L'Afrique et son environnement européen et asiatique*. Paris: L'Harmattan, 2008; ADE AYAJI, Jacob; CROWDER, Michael. *Historical Atlas of Africa*. London: Longman, 1985.

👁 **OBSERVE AS IMAGENS**

África: séculos XII-XV

"E assim ocorre que os geógrafos, nos mapas da África, preenchem os vazios com desenhos de selvagens e, nas colinas inabitáveis, colocam elefantes na falta de cidades."

Em 1733, o escritor Jonathan Swift satirizou a falta de conhecimento dos geógrafos em relação aos Estados e povos da África. Como vimos neste capítulo, a imagem que se construiu sobre a África, diferentemente da Ásia, foi a de uma terra na qual ninguém ousava penetrar. Os europeus, baseados na superioridade de suas sociedades, acabaram por construir uma imagem negativa do continente africano que perdura até os nossos dias.

PERMANÊNCIAS E RUPTURAS

Hackers e pirataria

Hoje em dia, as pessoas navegam pela internet e conversam em tempo real a milhares de quilômetros de distância. Podem-se acessar *sites* de museus, cidades, lojas, bibliotecas, universidades, bancos, órgãos públicos, músicas, imagens, jornais de uma infinidade de outros lugares.

Há um tipo de navegação que é chamada de pirataria virtual. É praticada pelos *hackers*, os piratas da internet, que invadem *sites* e promovem transferências de dinheiro, roubo de senhas e de informações.

1. Pesquise a respeito dos *hackers* (se possível, na internet). Recolha as principais críticas feitas a eles e as principais justificativas que eles dão para suas ações. Debata com seus colegas esse tipo de ação.

2. Além dos *hackers*, há a falsificação de programas de computador, jogos, músicas, filmes e livros, igualmente chamada de pirataria. O que você pensa a respeito disso?

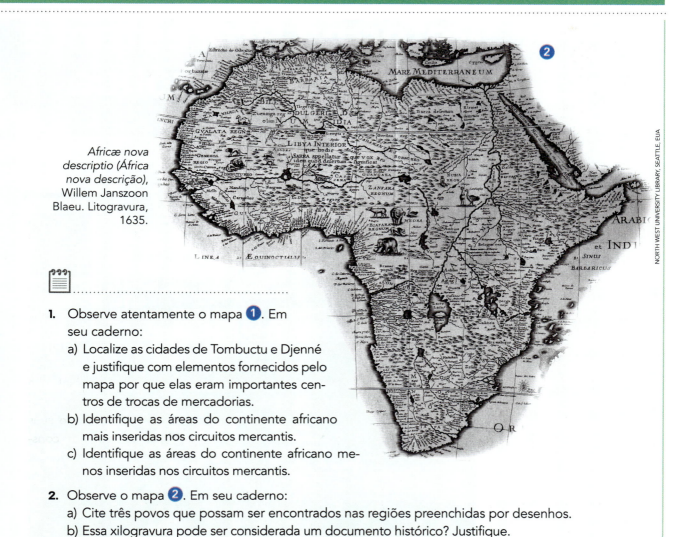

Africæ nova descriptio (África nova descrição), Willem Janszoon Blaeu. Litogravura, 1635.

1. Observe atentamente o mapa ➊. Em seu caderno:
   a) Localize as cidades de Tombuctu e Djenné e justifique com elementos fornecidos pelo mapa por que elas eram importantes centros de trocas de mercadorias.
   b) Identifique as áreas do continente africano mais inseridas nos circuitos mercantis.
   c) Identifique as áreas do continente africano menos inseridas nos circuitos mercantis.

2. Observe o mapa ➋. Em seu caderno:
   a) Cite três povos que possam ser encontrados nas regiões preenchidas por desenhos.
   b) Essa xilogravura pode ser considerada um documento histórico? Justifique.

TRÉPLICA

Filmes

Kiriku e a feiticeira
França, 1998.
Direção de Michel Ocelot.
Animação baseada em uma lenda da África Ocidental.

1492 – A conquista do paraíso
Inglaterra/França/Espanha, 1992.
Direção de Ridley Scott.
A aventura da descoberta das Américas por Cristóvão Colombo.

Livros

Sundiata, o Leão do Mali
EISNER, Will. São Paulo: Quadrinhos na Cia., 2004.

As viagens de Américo Vespúcio
AMADO, J. e FIGUEIREDO, L. C. São Paulo: Atual, 2004.

Terra à vista
AMADO, J. e FIGUEIREDO, L. C. São Paulo: Atual, 2005.

Sites

(Acessos em: 29 out. 2018)

<http://goo.gl/3tF3PX>
Centro de pesquisas e estudos sobre o continente africano. Em português.

<http://goo.gl/vdtS70>
Portal dedicado à difusão e ao apoio da arte e da cultura tradicionais africanas. Pode-se fazer a busca por povos. Há, também, sessões de fotos históricas, curiosidades, mitos e lendas e obras especiais. Em italiano.

CAPÍTULO 3

Reforma Protestante e Reforma Católica

PORTAS ABERTAS

👁 OBSERVE AS IMAGENS

As imagens desta seção apresentam diferentes tipos de culto cristão.

1. Com base em seus conhecimentos, organize uma lista no caderno com as semelhanças e as diferenças entre os rituais apresentados nas três imagens.

2. Em quais momentos históricos começaram a ocorrer diferenças no cristianismo?

LUCA ZENNARO/AFP/GLOW IMAGES

Papa Francisco durante oferenda, Basílica de Nossa Senhora Aparecida, Aparecida, São Paulo (Brasil), 24 jul. 2013.

Pastor dirige culto da Assembleia de Deus Vitória em Cristo, Rio de Janeiro, Rio de Janeiro (Brasil), 02 set. 2018.

LEO CORREA/AP PHOTO

O que se convencionou chamar de cultos evangélicos ou protestantes envolve um grande número de igrejas e práticas devocionais, como Luterana, Metodista, Assembleia de Deus, Testemunhas de Jeová, Adventista, Batista, Presbiteriana, Pentecostal e dezenas de outras organizações religiosas.

MARCIA MINILLO/OLHAR IMAGEM

Culto na Catedral Ortodoxa de São Paulo, São Paulo (Brasil), 2013.

CONTESTAÇÕES AO PODER DE ROMA

Os séculos XV e XVI foram marcados por uma série de questionamentos religiosos que abalaram o poderio da Igreja Romana. Mas as críticas não eram novas.

Ao longo da Idade Média o cristianismo afirmou-se como a principal religião europeia. Poderosa e rica, a Igreja Cristã distanciara-se em muito da Igreja Primitiva, humilde e perseguida nos seus primeiros tempos de existência.

Integrantes do clero desfrutavam uma vida confortável e participavam ativamente das questões políticas da época. Muitas vezes, os papas chegavam a estimular e a tomar parte em guerras entre monarcas e senhores feudais poderosos.

Como principal instituição medieval, a Igreja conseguiu manter certa unidade ao longo de muitos séculos. Essa unidade tinha como base alguns princípios inquestionáveis: a infalibilidade, ou seja, a Igreja e o papa não cometeriam falhas ou erros; o papel de intermediação que o clero deveria desempenhar entre os leigos e Deus: para alcançar a salvação seria necessário seguir as orientações do clero; e a aceitação de uma série de pontos doutrinais denominados **dogmas**.

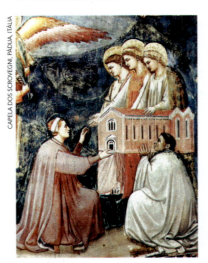

Enrico entrega um modelo da Capela dos Scrovegni à Virgem Maria, Giotto di Bondone. Afresco de parede, 1303-1305. (detalhe)

As opiniões contrárias aos dogmas da Igreja eram consideradas **heresias**, ou seja, ideias ofensivas à religião cristã e que se opunham à verdadeira fé. As heresias e os que eram considerados hereges foram duramente combatidos pelas autoridades eclesiásticas nos concílios (assembleias da Igreja nas quais se discutiam assuntos doutrinais) e por meio de investigações religiosas organizadas pelo Tribunal do Santo Ofício, criado no século XIII, conhecido como Inquisição.

O Cisma do Oriente

A principal divisão da cristandade medieval ocorreu em 1054. A divisão ficou conhecida como **Cisma do Oriente**. Àquela altura, a Igreja de Constantinopla, subordinada ao imperador bizantino (Império Romano do Oriente), rompeu com a Igreja de Roma, patriarcado do Ocidente. Na verdade, a Igreja Oriental recusava-se a aceitar o papa romano como chefe supremo de todos os cristãos. Outras divergências, acumuladas durante séculos, fortaleceram a separação. Havia diferenças com relação ao culto religioso, ao papel do clero, aos dias santificados e à língua litúrgica (no Ocidente, utilizava-se o latim; no Oriente, o grego). Como resultado, a Igreja Oriental tornou-se totalmente independente do poder de Roma e passou a ser chamada de **Igreja Ortodoxa** (em grego, ortodoxo significa "opinião reta").

Mas essa não foi a única grande crise enfrentada pelo poder do papado. No século XIV, após uma série de disputas pelo poder, estabeleceram-se dois papas, um em Roma e outro na cidade francesa de Avignon.

No início do século XV, a crise só aumentaria: eram três os chefes supremos da Igreja Cristã. A solução só seria encontrada no Concílio de Constança (1414-1418), que restabeleceria a unidade da Igreja. No entanto, para reconstituir a unidade da Igreja ocidental, as autoridades eclesiásticas tiveram de ceder algum espaço para a intervenção dos monarcas em assuntos religiosos, sobretudo para os reis de França, Inglaterra e Espanha.

A CRISE ESPIRITUAL DOS SÉCULOS XV E XVI

Ao final da Idade Média, a Igreja de Roma foi duramente condenada por seu comportamento. Os desvios de conduta do clero não eram novos, mas as condições históricas acabaram por ampliar as insatisfações. Houve uma **crise espiritual**, que se manifestou claramente no século XV e atravessou todo o século XVI.

A Igreja transformara-se, para seus críticos, em um balcão de negócios: vendiam-se cargos e funções religiosas, relíquias e até perdão pelos pecados cometidos; eram as chamadas **vendas de indulgências**. Muitos representantes do clero não cumpriam o celibato (obrigação de se manterem solteiros) e tinham mulheres e filhos.

Ao mesmo tempo, a expansão ultramarina causou irritação e descontentamento em toda a Europa. A Igreja posicionou-se ao lado dos ibéricos, sobretudo da Espanha, permitindo uma "partilha" do mundo que simplesmente ignorava os demais reinos europeus.

A tudo isso somavam-se ainda os interesses de burgueses, reis e nobres, por vezes contrários ao poderio eclesiástico. A burguesia via suas práticas econômicas limitadas pela condenação da usura. Os monarcas desejavam utilizar a religião como instrumento de centralização política, o que esbarrava no poder espiritual. Os nobres, por sua vez, confrontavam-se com os religiosos a respeito da arrecadação de tributos e pelo exercício de determinados privilégios.

O LIVRE EXAME DA BÍBLIA

O ponto principal das críticas contra a Igreja centrava-se no acesso à Bíblia. Com seu texto em latim, exemplares do livro sagrado eram produzidos nos mosteiros, a cargo dos monges copistas. A leitura e a análise das Escrituras Sagradas, à exceção de alguns letrados laicos, constituíam quase uma atividade exclusiva dos integrantes do clero, os quais controlavam o acesso à Bíblia.

O desenvolvimento da imprensa no século XV afetou o controle da Igreja sobre as Escrituras Sagradas. Em tempos nos quais os fiéis cristãos manifestavam muitas críticas ao comportamento do clero, o acesso à Bíblia podia tornar-se um refúgio e uma segurança. Assim, graças à imprensa, a Bíblia difundia-se entre o público comum. Eram edições em latim e também em línguas vulgares, como alemão, italiano, francês, castelhano, russo e etíope. Tais traduções acompanhavam a difusão das línguas vulgares desencadeada pelo Renascimento.

A Bíblia impressa dispensava a presença do padre, pois permitia uma reflexão pessoal do cristão. As traduções estimularam os fiéis a ter contato direto, sem intermediações, com os ensinamentos considerados divinos.

Indulgência
Perdão, clemência, misericórdia.

Paixão de Cristo e *O anticristo*, Lucas Cranach, o Velho. Xilogravura, 1521.

IMAGENS: BRITISH LIBRARY, LONDRES, INGLATERRA

Cranach representou Cristo em oposição ao papa Leão X (o Anticristo), que vendia indulgências, uma das principais críticas dos reformistas.

A produção de livros alterou-se significativamente por volta de 1440 com a invenção de um instrumento mecânico pelo alemão Gutenberg (1398-1468). Era uma prensa com letras feitas de madeira que formavam palavras e eram comprimidas sobre folhas de papel. Assim, em uma velocidade impressionante para a época, tornava-se possível imprimir várias vezes o mesmo texto e produzir livros em muito menos tempo do que levavam os monges, que copiavam cada uma das letras à mão. Os livros passaram a ser acessíveis a um número maior de pessoas.

Significativamente, o primeiro livro impresso por Gutenberg foi a Bíblia.

Tipografia, anônimo. Iluminura, século XVI.

BIBLIOTECA NACIONAL, PARIS, FRANÇA

O LUTERANISMO

Martinho Lutero (1483-1546) era um monge alemão inquieto com o problema da salvação. A venda das indulgências, praticada largamente pela Igreja, parecia-lhe algo inaceitável. Não acreditava que os pecados pudessem ser absolvidos pelas ações humanas. Para Lutero, as peregrinações, o culto às relíquias e aos santos e, principalmente, a compra de perdões não garantiriam a salvação das pessoas. Para ele, que era professor de Teologia da Universidade de Wittenberg, na Saxônia, atual Alemanha, apenas a bondade divina seria capaz de perdoar as falhas humanas. E só com uma fé verdadeira as pessoas poderiam salvar-se.

Em outubro de 1517, Lutero afixou na porta da igreja de Wittenberg suas 95 teses, um documento em que apresentava críticas ao comportamento da Igreja e seus desvios de conduta. Nesse documento, condenava os clérigos que vendiam indulgências, questionava o poder do papa para perdoar pecados graves em nome de Deus e afirmava que o maior tesouro da Igreja não eram suas riquezas, mas as Escrituras Sagradas.

As teses de Lutero provocaram fortes reações. O papado estabeleceu um processo para julgá-lo. Jovens monges e padres da região da atual Alemanha passaram a defender suas ideias e a reproduzir partes de seus textos em sermões e outros escritos. Convocado a comparecer a Roma, Lutero foi protegido por um príncipe alemão, Frederico, o Sábio. Nas universidades europeias, dominadas pelos teólogos, suas ideias eram intensamente debatidas.

Em 1519, em um sermão, Lutero lançou duras críticas ao poder pontifício (do pontífice, ou seja, do papa). Em outra ocasião, numa disputa teológica contra um representante de Roma, Lutero sustentou que os papas, como todos os seres humanos, estavam sujeitos a

Reprodução proibida. Art. 184 do Código Penal e Lei 9.610 de 19 de fevereiro de 1998

TÁ LIGADO?

3. Relacione o desenvolvimento da imprensa e as críticas ao clero nos séculos XV e XVI.

4. Aponte o posicionamento de Lutero com relação à venda das indulgências.

erros. Além disso, insistiu na necessidade de estabelecer um concílio cristão no qual suas questões pudessem ser debatidas. Posteriormente, passou a defender o **sacerdócio universal**, ou seja, o poder que todo o povo cristão teria, desde o início do cristianismo, de pregar as palavras de Cristo e analisar os escritos bíblicos.

Em 1520, o papa declarou que 41 das teses de Lutero eram heresia. A Igreja ordenou que o monge alemão reconhecesse seus supostos erros. Lutero queimou publicamente o documento recebido de Roma. Como resposta, foi excomungado, ou seja, expulso da Igreja.

O PENSAMENTO DE LUTERO

A partir de 1520, afastada a possibilidade de um concílio que estabelecesse uma série de mudanças para a Igreja Católica, Lutero passou a escrever as obras que serviriam de base para uma nova religião, o **luteranismo**.

Sustentava que o reino de Deus estaria dentro de cada um dos fiéis, que a espiritualidade cristã seria interior e que as instituições eclesiásticas eram puramente humanas. Defendia que os poderes civis (da nobreza em especial e também das monarquias) eram independentes dos poderes religiosos e convocava príncipes e nobres a lutar contra o que chamava de tirania de Roma. Afirmava que o batismo não tirava o pecado original das crianças, mas o mantinha como um dos sacramentos, que são os sinais sagrados ou rituais religiosos. Afirmava ainda que as missas deveriam ser rezadas em idiomas compreensíveis pelas pessoas, e não mais em latim, e que a hóstia não se transformava no corpo e no sangue de Cristo. Defendia que o cristão livre e inspirado por Deus promoveria ações solidárias e justas. Condenava o voto de obediência aos poderes eclesiásticos e às suas autoridades e afirmava que a castidade e o celibato não deveriam ser uma imposição para a vida espiritualizada.

Perseguido pelos cristãos vinculados a Roma (**católicos**, como se convencionou definir), Lutero passou o resto de sua vida em Wittenberg, protegido por integrantes da nobreza alemã. Casou-se em 1525. De lá só sairia para morrer, em 1546, em Eisleben, sua cidade natal.

TÁ LIGADO

5. Explique o posicionamento de Lutero sobre:
   a) o sacerdócio universal;
   b) as instituições eclesiásticas;
   c) a relação entre os poderes civis e religiosos;
   d) o batismo;
   e) o idioma das missas;
   f) o celibato.

Celibato
Condição daquele que é solteiro.

Martinho Lutero pregando em uma igreja na cidade de Wittenberg, Lucas Cranach, o Velho. Óleo sobre madeira, c. 1547-1553.

A DIFUSÃO DO LUTERANISMO

Diferenças entre cristãos luteranos e católicos, Lucas Cranach, o Velho. Xilogravura, século XVI.

As ideias de Lutero promoveram uma divisão na cristandade. Muitos religiosos e religiosas, nobres, letrados e burgueses seguiram sua doutrina e passaram a denominar-se cristãos luteranos. Em grande parte da região da Alemanha, o luteranismo ganhou terreno e se consolidou. Por causa de sua posição de protesto pelas medidas adotadas contra Lutero, esses cristãos passaram a ser conhecidos também como **protestantes**.

Os protestantes defenderam, então, a tradução da Bíblia do latim para as línguas vulgares, para que todas as pessoas pudessem ter acesso ao conhecimento sagrado. Na Alemanha, Lutero trabalhou em uma nova tradução da Bíblia, para torná-la ainda mais simples e acessível à população alemã. Enquanto viveu, sua Bíblia teve 84 impressões originais. Calcula-se que cerca de dois terços dos alemães tornaram-se luteranos.

O luteranismo alcançou ainda a Suécia, a Dinamarca, a Noruega, a Suíça e até mesmo a França e a Espanha. Estabelecera-se como uma religião em que a relação dos fiéis era mais pessoal e direta com Deus. Uma religião que valorizava a **palavra de Deus**, na qual os santos eram modelos a serem imitados e não mais mediadores a quem se pediria proteção. O culto aos santos e à Virgem Maria deixava de ser valorizado.

As missas eram mais participativas, e o celibato deixava de ser uma obrigatoriedade para as pessoas que prestavam serviço à comunidade. Foi o que aconteceu com os **pastores**, que ensinavam as Escrituras e dirigiam os sacramentos considerados válidos: o **batismo** e a **eucaristia**.

OS ANABATISTAS

Um dos discípulos de Lutero, **Thomas Müntzer**, reuniu sob sua liderança um pequeno grupo de religiosos mais radicais. Seus seguidores questionavam o poder dos mais ricos, acusando-os de impedir a difusão da palavra de Deus. Pregavam a formação de comunidades de "homens iluminados", completamente livres de hierarquias, guiados pelo Espírito Santo.

Pessoas que partilhariam seus bens, que deveriam promover a igualdade social e ser submetidas a um novo batismo: um batismo de adultos. Por isso, ficaram conhecidos como **anabatistas**.

Em 1524, Müntzer e seus seguidores iniciaram uma grande revolta camponesa que questionava a servidão, exigia o fim dos tributos religiosos, defendia a livre escolha dos pastores e o direito de caçar para todos. Em diversas partes da Alemanha, camponeses, artesãos, padres e monges tomavam as cidades e atacavam os domínios da nobreza e dos príncipes.

As ações dos anabatistas não apontavam apenas para uma divisão religiosa: voltavam-se contra a ordem social europeia. Diante das violências e revoltas, Lutero condenou o movimento e defendeu uma feroz repressão contra os camponeses.

As tropas anabatistas foram derrotadas pelos exércitos da nobreza após diversos combates. Seus líderes foram torturados e mortos, inclusive Thomas Müntzer.

CATÓLICOS E PROTESTANTES (SÉCULO XVI)

Fonte: Elaborado com base em GLIOZZI, Giuliano; PIZZA, Ada. *Tutto storia*. Turim: Petrini, 1997.

O CALVINISMO

João Calvino (1509-1564) é considerado o segundo patriarca da Reforma Protestante. Era francês, descendente de uma rica família burguesa suíça. Católico, estudou Humanidades e Direito e tornou-se conhecedor da língua e da literatura latinas. Ainda jovem, foi influenciado pelas obras de Lutero e tornou-se um dos mais contundentes críticos da Igreja de Roma.

Calvino vinculou-se às autoridades de Genebra, na Suíça, e estabeleceu a cidade como o centro de suas pregações e local de refúgio para os perseguidos pelos católicos. Suas ideias orientaram o comportamento e as regras da cidade. Aqueles que não concordavam com sua doutrina foram duramente combatidos e até mesmo condenados à morte.

Calvino ofereceu aos reformadores uma clara disciplina eclesiástica, que tentava afastar os riscos da radicalização social. Oferecia também um culto religioso mais ordenado e um modelo de Igreja capaz de se defender dos ataques católicos. Os pastores deveriam ser delegados dos fiéis. A Igreja, no entanto, não seria uma comunidade completamente livre, mas uma organização obrigatória, à qual todos os habitantes deveriam integrar-se.

A Igreja Calvinista organizava-se em torno de quatro tipos de chefes religiosos: pastores, anciãos, diáconos e doutores. Essa organização visava a estabelecer um rígido controle sobre a comunidade. As danças, as leituras profanas, as bebidas alcoólicas e as atitudes consideradas imorais eram duramente criticadas. Nos cultos, manteve apenas dois dos sacramentos cristãos: o batismo das crianças e a eucaristia.

TÁ LIGADO?

6. Explique a posição dos anabatistas com relação ao batismo.

7. As práticas dos anabatistas restringiram-se às questões religiosas? Justifique.

Sir Thomas Morus e sua família, Rowland Lockey. Iluminura sobre cartão, c. 1593-1594.

Thomas Morus (1478-1535) é considerado um dos grandes humanistas do século XVI. Diplomata, advogado e escritor, ocupou diversos cargos durante o reinado de Henrique VIII. Católico fervoroso, sustentava que o divórcio do rei Henrique VIII e Catarina de Aragão era assunto da esfera judicial do papado. Em 1534 recusou-se a prestar o juramento de reconhecimento do rei Henrique VIII como chefe da Igreja inglesa; um ano depois foi preso e executado por ordem do rei.

Para Calvino, o verdadeiro conhecimento de Deus só seria adquirido nos livros sagrados. No entanto, a salvação humana seria realizada exclusivamente por vontade divina, ou seja, haveria uma **predestinação**. Deus, previamente, conheceria o destino de cada pessoa. Umas seriam salvas e receberiam o Reino dos Céus. Outras seriam condenadas ao Inferno.

O único sinal da escolha de Deus seria a aceitação sincera da verdadeira doutrina que era pregada a homens e mulheres. Unido a Cristo por meio dessa Igreja reformada, o fiel não teria razão para duvidar da escolha divina.

Em um ambiente com forte presença de comerciantes e com mentalidade mercantil, as ideias de Calvino passaram a sustentar os interesses da burguesia. O sinal da graça oferecida por Deus passaria a ser identificado com a prosperidade obtida pelo trabalho. Ou seja, a riqueza material, associada a um rígido comportamento moral e controlada pela Igreja Calvinista, seria o sinal da salvação humana.

Enquanto Lutero vinculava-se aos poderes da nobreza e dos príncipes, Calvino oferecia uma doutrina que foi aproveitada pela burguesia. O esforço pessoal, o trabalho e o lucro tornavam-se ingredientes da religião calvinista, que se espalhou rapidamente pelas regiões europeias onde o comércio era mais desenvolvido, como a França, a Escócia, a Inglaterra e a Holanda.

O ANGLICANISMO

A intensa vida amorosa do rei **Henrique VIII** (1509-1547) marcou a história da Inglaterra. No contexto da Reforma Protestante iniciada por Lutero, o monarca inglês rompeu com a Igreja Católica e fundou a **Igreja Anglicana**.

Em 1527, Henrique VIII solicitara do papa a anulação de seu primeiro casamento para casar-se novamente com uma aristocrata chamada Ana Bolena. A recusa de Roma foi utilizada como pretexto para seu rompimento com o papa e o estabelecimento de uma Igreja independente na Inglaterra.

O **anglicanismo** significou a submissão da Igreja ao poder do monarca. Em 1534, foi aprovado na Inglaterra o **Ato de Supremacia**, que transformava o rei no chefe supremo da Igreja da Inglaterra, retirando do papa de Roma o controle e o poder sobre os eclesiásticos ingleses.

Ao longo do século XVI, o anglicanismo apresentou-se como uma combinação de elementos católicos e protestantes que variava de acordo com os reis e rainhas que ocupavam o trono inglês. Por fim, estabeleceu-se o celibato voluntário dos sacerdotes, a manutenção do batismo e da eucaristia como sacramentos, a supremacia das Escrituras Sagradas, a celebração das missas em inglês e a condenação da venda de indulgências e do culto às relíquias.

TÁ LIGADO ?

8. Explique o que era a predestinação da perspectiva do calvinismo.

9. Organize uma tabela comparando o catolicismo, o luteranismo, o anabatismo e o calvinismo com base em três pontos: a relação com Deus, a leitura da Bíblia e o caminho da salvação.

Católicos e protestantes seguiam firmes na repressão às mulheres nos séculos XVI e XVII. Os protestantes voltaram-se contra as peças teatrais religiosas, que praticamente desapareceram no reinado de Elizabeth I. Teatros foram fechados, festas populares e feriados sagrados foram eliminados do calendário reformador. E muitas mulheres foram acusadas de bruxaria e mandadas para a fogueira em Estados europeus de maioria protestante.

Os protestantes cobriam os corpos femininos e impunham às mulheres rígida disciplina e obediência aos homens. Em várias partes da Europa, a aristocracia retirava-se dos teatros populares e praticava "danças respeitáveis", com menor apelo sensual.

TÁ LIGADO?

10. Explique o que era o Ato de Supremacia.

Rainhas da Inglaterra

Catarina de Aragão, Ana Bolena, Jane Seymour, Ana de Clèes, Catarina Howard e Catarina Parr. Pela ordem, essas foram as seis esposas de Henrique VIII, rei da Inglaterra no início do século XVI. A sucessão do trono esteve entre os motivos de suas atitudes tão drásticas.

Como sua primeira mulher lhe deu "apenas" uma filha, Maria, ele se divorciou dela. A segunda deu-lhe outra filha, Elizabeth. A mãe foi executada. A terceira morreu logo após o parto de Eduardo, o herdeiro do trono. A quarta não lhe deu filhos e dela o rei se divorciou. A quinta foi executada por ter amantes. A sexta sobreviveu. Henrique VIII morreu antes dela, em 1547.

A sucessão do trono revelava a posição da mulher nas sociedades europeias. De preferência, a herança deveria ser masculina. Os acordos de casamento estabeleciam regras sucessórias. Em geral, vetavam o acesso de mulheres.

Ao final de sua vida, Henrique concedeu à filha Maria Tudor (filha de Catarina de Aragão) o direito de participar da linha sucessória, logo após seu irmão, Eduardo. Por ironia, a concessão veio das mãos de um rei implacável com as mulheres. Com a morte de Eduardo, em 1553, o trono inglês passou a Maria I. Casada com um católico, desagradou muitos de seus súditos.

A sucessora, Elizabeth I (1558-1603), consolidou a presença das mulheres no trono inglês. O poder monárquico foi fortalecido e estabeleceu-se a primeira possessão na América, denominada Virgínia em sua homenagem, pois ela era conhecida como a "rainha virgem".

Composição em L a partir de: *As seis esposas de Henrique VIII*, anônimo. Óleo sobre madeira, século XVI.

NATIONAL PORTRAIT, LONDRES, INGLATERRA

O teatro também foi objeto de críticas da Igreja medieval, que o associava a práticas pagãs e ao deboche. Mesmo assim, as artes dramáticas desenvolveram-se, sobretudo a partir do século XIII, e muitas das encenações passaram a ser realizadas no interior das igrejas, em datas festivas como o Natal ou a Páscoa. Havia também atores ambulantes, que circulavam em carroças pelas ruas das cidades apresentando pequenas peças cômicas e procurando divertir o público com histórias engraçadas, fábulas e situações maliciosas.

Globe Theatre. Londres (Inglaterra), 2010. (vista parcial)

Nos séculos XVI e XVII, alguns dramaturgos, como o português Gil Vicente (1465-1536?) e o espanhol Calderón de la Barca (1600-1681), definiam a vida como um grande sonho e o mundo como um vasto teatro onde seriam encenados e vividos nossos dramas, histórias e pesadelos.

A essa altura, o teatro passou a fazer parte da formação educacional dos integrantes da nobreza e da burguesia e até mesmo entre grupos religiosos.

Na Inglaterra, o teatro desenvolveu-se vinculado ao prestígio de William Shakespeare (1564-1616) durante todo o reinado de Elizabeth I, apesar das perseguições e suspeitas dos religiosos. Em 1599, foi construído o Globe Theatre, com capacidade para cerca de 2 mil pessoas e que tinha Shakespeare como um de seus sócios. O lema do teatro era: "O mundo é um palco!". Como outros teatros londrinos, localizava-se às margens do Rio Tâmisa, no subúrbio. Nesses teatros, quando uma bandeira tremulava nos telhados (branca para comédia, preta para tragédia), os barqueiros trabalhavam intensamente, transportando a população ansiosa para chegar ao local do espetáculo.

INÍCIO DA ÉPOCA MODERNA?

Alguns estudiosos costumam apontar a Reforma Protestante como o marco que separa a Idade Média da Idade Moderna. Esta última teria tido início em **1517**, com as teses de Lutero. Representaria o fim da unidade da cristandade ocidental, construída ao longo da Alta Idade Média (séculos V a X) e amadurecida ao longo da Baixa Idade Média (séculos XI a XV).

Determinar o fim da Idade Média continua sendo um problema para os historiadores. Alguns preferem destacar a **tomada de Constantinopla** (capital do Império Bizantino) pelos turcos muçulmanos, em **1453**. Outros apontam a **chegada dos europeus à América**, em **1492**, como a fronteira entre as duas épocas. O **Renascimento** cultural dos séculos XV e XVI é tomado também como referência para identificar mudanças de comportamento que significariam o fim do mundo medieval.

Há quem sustente que aspectos medievais mantiveram-se para além dessas datas. Haveria, assim, uma longa Idade Média até meados do século XVIII, quando a sociedade industrial começou a se estabelecer.

Qualquer uma dessas delimitações é válida, e todas elas oferecem elementos para pensar as mudanças que se processaram na Europa

TÁ LIGADO?

11. Defina o seu posicionamento com relação ao início da Época Moderna. Elabore uma argumentação para sustentar sua posição.

ao longo de sua história. No entanto, é importante destacar também que periodização é sempre um instrumento para a análise e a compreensão das transformações às quais as pessoas e suas sociedades estão sujeitas.

Permanências e rupturas dão sentido à história. A busca desse sentido é fundamental para que tentemos fazer das análises históricas um exercício que não se restrinja à mera memorização de acontecimentos, nomes e datas.

A última ceia, Tintoretto. Óleo sobre tela, 1590-1594.

A história se faz com datas, nomes e acontecimentos, mas se quisermos resgatar uma história viva, uma história que apresente os problemas, os sentimentos, as dúvidas, as necessidades, os interesses e as culturas de homens e mulheres, temos de ir além de datas e fatos.

EM **DESTAQUE**  OBSERVE A IMAGEM

Cultos cristãos

Além de se afirmar como uma forma específica de cristianismo, o luteranismo acabou por estimular o aparecimento de diversas outras formas de culto cristão. Desde o século XVI, a livre leitura da Bíblia e o sacerdócio universal permitiram o surgimento de inúmeros grupos protestantes em várias partes do mundo. Em muitas dessas religiões, os cultos são acompanhados por coros e até danças realizados pelos fiéis. Hoje, as religiões protestantes, também denominadas **evangélicas**, agregam milhões de seguidores.

Culto batista. St. Louis (Estados Unidos), 30 nov. 2014.

1. Procure identificar na sua localidade a existência de igrejas nas quais se realizam cultos evangélicos. Se não houver, tente acompanhar pela televisão ou pelo rádio a transmissão de um desses cultos. Aponte no seu caderno:
   a) o nome da Igreja Evangélica;
   b) as características da celebração religiosa;
   c) quem conduz essas celebrações;
   d) como os fiéis participam desses cultos.

2. Que grupos sociais atualmente participam dos cultos que você acompanhou? Compare os dados que você obteve com os resultados de seus colegas.

Reprodução proibida. Art. 184 do Código Penal e Lei 9.610 de 19 de fevereiro de 1998

BASÍLICA DE S. GIORGIO MAGGIORE, VENEZA, ITÁLIA

J.B. FORBES/GETTY IMAGES

Reprodução proibida. Art. 184 do Código Penal e Lei 9.610 de 19 de fevereiro de 1998

REFORMA CATÓLICA OU CONTRARREFORMA?

No século XVI, as críticas ao comportamento de integrantes do clero e à Igreja não ficaram restritas aos chamados protestantes. Muitos reclamavam uma profunda reforma da Igreja que trouxesse uma purificação das ações religiosas e o aperfeiçoamento da vida cristã.

Os protestantes se autodenominaram "reformados" ou "evangélicos". No início, o próprio Lutero desejava a realização de um **concílio reformador** que corrigisse os erros dos sacerdotes e dos papas e que recuperasse, em sua visão, a autêntica fé cristã.

Entre aqueles que permaneceriam ligados a Roma e aos poderes católicos, mas também manifestariam suas críticas, destaca-se o monge **Erasmo de Roterdã**. Em seu livro *Elogio da loucura*, criticava duramente os companheiros de ofício sagrado e também defendia a necessidade de mudanças de comportamento da Igreja de Roma.

A difusão das ideias protestantes e a divisão da cristandade ocidental fortaleceram a posição daqueles católicos que exigiam uma reforma interna da Igreja de Roma. Assim, além de uma reação aos protestantes, a Igreja Católica promoveu uma série de alterações em suas instituições, procurando estabelecer uma nova disciplina interna. Era uma contraofensiva às divisões da cristandade ocidental, visando recuperar o terreno perdido com a difusão das religiões evangélicas. Mas era também uma renovação religiosa.

Reação e renovação encontram-se entre as motivações católicas durante o século XVI. Por isso, os estudiosos dividem-se com relação à maneira como se devem chamar as transformações da Igreja Católica nesse período. **Contrarreforma** é o termo utilizado por aqueles que destacam a reação aos cultos evangélicos. **Reforma Católica** é a expressão mais utilizada por aqueles que entendem que se tratou de uma renovação eclesiástica e doutrinária.

Um crítico do seu tempo

Erasmo de Roterdã nasceu nos Países Baixos (atual Holanda) em 1466. Depois de uma longa viagem pela Península Itálica, o monge foi recebido na Inglaterra por Thomas Morus, que era seu amigo. Em 1509, escreveu a obra *Elogio da loucura*. Sua intenção era revelar a hipocrisia com que eram tratados os assuntos humanos e assinalar a loucura suprema das pessoas. Criticava as sociedades europeias do início do século XVI.

Humanista, Erasmo foi um dos filósofos mais importantes do Renascimento. Criticava a degradação do clero e da nobreza e defendia a retomada das práticas cristãs originais. O seu ideal de vida orientava-se pela conversão interna dos seres humanos. Além disso, valorizava as Escrituras Sagradas, mais do que as formalidades que haviam dominado os rituais cristãos.

Apesar de suas críticas, Erasmo recusou-se a romper com a Igreja Católica e travou um duro debate com Lutero. Morreu em 1536.

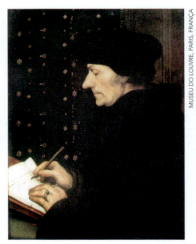

MUSEU DO LOUVRE, PARIS, FRANÇA

Erasmo de Roterdã, Hans Holbein, o Jovem. Óleo sobre tela, 1523.

O CONCÍLIO DE TRENTO

Entre 1545 e 1563, um concílio católico na cidade italiana de Trento reuniu representantes de várias regiões da Europa. O seu principal objetivo era fortalecer o poder papal e esclarecer os católicos acerca das questões levantadas pelos evangélicos.

O Concílio de Trento manteve o latim como a língua litúrgica e dos textos bíblicos e reafirmou a infalibilidade do papa, a proibição do casamento para o clero, a validade das práticas piedosas e os **sacramentos** para a salvação da alma (batismo, crisma, eucaristia, matrimônio, ordem, confissão e extrema-unção). Mantinha-se também a validade da intermediação dos santos, a presença das imagens nas igrejas e a prática das indulgências. A salvação se daria pela combinação da graça divina e do esforço humano. A fé em Deus e as obras humanas deveriam estar integradas para que resultassem na salvação dos fiéis.

Fundamentalmente, o Concílio de Trento proibia o uso do julgamento pessoal para a interpretação das Escrituras Sagradas. Reforçava, assim, o papel de intermediação da Igreja e do clero para orientar os fiéis em direção ao Reino de Deus.

Além disso, restabeleceu o Tribunal do Santo Ofício, órgão responsável por julgar atos dos católicos considerados contrários à fé. Também chamado de **Inquisição**, o tribunal elaborou listas de livros proibidos, que eram retirados de circulação e queimados, e seus autores, encaminhados a julgamento.

Completando a ação dos tribunais da Inquisição, os Estados monárquicos católicos promoveriam a punição dos culpados, com prisões, degredos e execuções. Além disso, o Concílio de Trento anunciava o desejo de restaurar a disciplina eclesiástica e corrigir a conduta do clero e dos cristãos, desaprovando também a venda de cargos eclesiásticos. Reafirmou ainda o poder do papa sobre os bispos e destes sobre os clérigos. Mantinha-se, assim, uma visão **hierárquica** da Igreja.

Outro instrumento importante da Reforma Católica foi a **Companhia de Jesus**, fundada em 1534 pelo espanhol Inácio de Loyola. Seus membros, os jesuítas, seguiam uma rígida disciplina que lembrava as organizações militares. Os jesuítas destacaram-se por seu papel missionário na América, na África e na Ásia e pela ação educativa desenvolvida em seus colégios.

TÁ LIGADO ?

13. Elabore uma lista com as decisões do Concílio de Trento.

14. Explique por que se decidiu manter o latim como língua litúrgica.

Santa Teresa (1515-1582) nasceu em Ávila, na Espanha. Fundadora de vários mosteiros, tinha visões e experiências místicas repletas de dor, emoção e fervor religioso. Nessa escultura, Bernini apresenta aos fiéis um modelo de espiritualidade. A Igreja Católica valorizava a dramatização da fé e o esforço do ser humano por meio de seus atos como um meio para a salvação. O autor fundiu escultura, pintura e arquitetura em um cenário integrado, destinado a comover o observador.

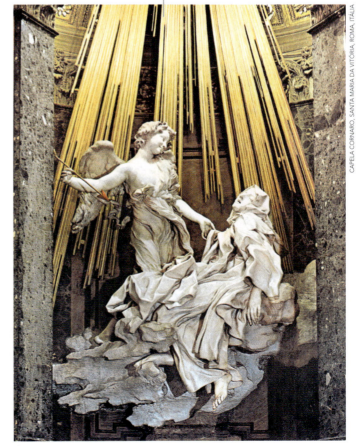

CAPELA CORNARO, SANTA MARIA DA VITÓRIA, ROMA, ITÁLIA

Êxtase de Santa Teresa, Gian Lorenzo Bernini. Mármore, 1645-1652.

No mundo greco-romano havia festas e rituais com consumo de bebidas, danças e práticas sexuais. Eram as bacanais (do deus Baco) e as saturnais (do deus Saturno).

Esse tipo de ritual aparece com muita frequência em sociedades agrárias. Eles encenam a fertilização da terra: o princípio feminino sendo fecundado pelo Céu, o princípio masculino. Da fecundação da terra, a cada ano, brotam os frutos que vão alimentar os integrantes dessas sociedades. Tais rituais simbolizam o renascimento da natureza.

O cristianismo não aboliu esses rituais de fertilidade. O Carnaval iniciava-se em 6 de janeiro, no Dia de Reis. Seu momento máximo ocorria ao final do inverno (no hemisfério norte), nos três dias gordos (domingo, segunda e terça-feira). Antes dos trabalhos de preparação da terra e semeadura, homens e mulheres participavam de folias carnavalescas.

Os foliões pareciam loucos (*fous*, em francês). Usavam máscaras e fantasias, ridicularizavam as autoridades e escolhiam outras dignidades para serem seus líderes durante os dias de festejos: abades dos loucos e reis da folia, os nossos atuais reis momos.

Durante os festejos de Carnaval praticavam-se jogos de bola. Entre os mais populares encontravam-se a *choule* (França), o *hurling* (Inglaterra) e o *calcio* (Itália). Dezenas e até centenas de pessoas participavam desses jogos, que podem ser vistos como antepassados do futebol. Uma bola feita com bexiga de animal, recheada com panos ou palha, deveria ser levada até determinado ponto do campo adversário. Tais jogos possuíam elevado nível de violência. Na verdade, tratava-se da ritualização das rivalidades entre grupos de uma cidade, de uma mesma aldeia ou de aldeias diferentes.

Depois da folia, além do plantio, seguia-se um longo período de penitências e orações, quando eram rigorosamente proibidos cantos, danças e festejos. A Quaresma encerrava-se com a Páscoa, época das primeiras colheitas do ano. Desde então o Carnaval figurou como a grande festa de inversão das sociedades ocidentais.

Jogo de calcio *na praça de Santa Maria Novella em Florença*, Jan van der Straet. Afresco, 1555.

A IGREJA E AS MONARQUIAS CATÓLICAS

TÁ LIGADO?

15. Defina o Padroado Real.

Se nas definições do Concílio de Trento os indivíduos deveriam cooperar com suas ações para alcançar a salvação divina, um papel especial era reservado às monarquias católicas. A crise da Igreja possibilitou que os reis arrancassem do papado concessões que lhes permitiam controlar nomeações e até mesmo as finanças eclesiásticas.

Em 1516, às vésperas da Reforma luterana, a Coroa francesa adquiriu o direito de nomear seus próprios bispos. A partir de 1523, os bispos espanhóis também passaram a ser nomeados pelos seus monarcas e não mais pelo Vaticano, sede da Igreja Católica. Desde o final da Idade Média, os monarcas ibéricos foram autorizados pela Santa Sé (a Igreja romana) a estimular o culto cristão nas terras tomadas dos muçulmanos, na península e em suas possessões africanas.

O PADROADO REAL

Em 1508, o papa concedeu à Coroa espanhola o direito do **Padroado Real**. Em 1551, o mesmo direito era estendido a Portugal. Por meio desse instrumento, os reis ibéricos foram autorizados, pela Santa Sé, a administrar os assuntos religiosos nas terras de além-mar.

A eles era atribuída a responsabilidade de erguer catedrais, mosteiros e igrejas, e indicar nomes para as funções eclesiásticas, desde os arcebispados e bispados até as paróquias em vilas e povoados. O Padroado envolvia não só o governo religioso, mas também o direito de cobrança e administração dos impostos eclesiásticos, importantíssima fonte de receita nas colônias. Na prática, os membros do clero colonial eram verdadeiros funcionários dos impérios.

Além disso, até mesmo as decisões do papa só teriam validade nesses territórios (da Espanha e de Portugal) após a aprovação das respectivas Coroas. Os clérigos que se insubordinassem ao controle monárquico poderiam ser afastados pelos reis. Os conflitos entre os eclesiásticos e destes com os poderes civis eram também julgados pela Coroa.

A UNIÃO IBÉRICA

Bases da Reforma Católica, donos de vastos territórios na América, os reinos ibéricos possuíam traços semelhantes que resultaram numa aproximação progressiva. Em razão das investidas de franceses e ingleses, os reinos ibéricos estabeleceram uma série de matrimônios envolvendo os membros de suas casas reais. Esses casamentos entre portugueses e espanhóis estreitaram operações militares conjuntas contra seus adversários.

Assim, consolidou-se a aproximação entre as Coroas de Portugal e de Espanha. Em 1568, **Dom Sebastião** subia ao trono português com apenas 14 anos de idade. Educado por jesuítas, o jovem monarca mantinha vivo o desejo de realizar uma nova Cruzada contra os muçulmanos no Norte da África para propagar a "verdadeira fé".

Adoração do nome de Jesus, El Greco. Têmpera sobre madeira, 1578.

NATIONAL GALLERY, LONDRES, INGLATERRA

Em 1578, o monarca desembarcou no continente africano com um exército composto da maior parte da nobreza lusitana, além de soldados de vários lugares da Europa. Sem deixar descendentes, Dom Sebastião foi derrotado e morto no maior fracasso militar do reino português, a chamada batalha de **Alcácer-Quibir**. Como resultado, em dois anos Felipe II, rei espanhol, recebeu o trono e as insígnias reais portuguesas.

Consumava-se a **União Ibérica**, que integraria toda a península sob as ordens de um único rei por 60 anos. Formou-se, então, **o império dos três oceanos**, que se estendia pelo Atlântico, pelo Pacífico e pelo Índico.

"Eu o herdei, eu o comprei, eu o conquistei." Essa frase é atribuída a Felipe II, após sua coroação como rei de Portugal. A sucessão do trono foi tumultuada pela presença de diversos postulantes e pela proclamação de Dom Antônio, prior do Crato, como rei português. As forças espanholas não precisaram de mais que dois meses para ocupar todo o reino. Neto do rei Dom Manuel, Felipe II obteve apoio a sua causa pelo poderio e a riqueza de seu Império, que despertaram o interesse dos grupos dominantes lusitanos.

O Império Espanhol

O poderio espanhol impunha-se sobre Estados, reinos e sociedades no mundo inteiro. Eram vastos domínios na Europa e na América, extraindo toneladas de metais preciosos de suas minas no México e no Peru, e em regiões da Hungria, Boêmia e Silésia. Um império "onde o Sol jamais se punha". O Império Espanhol acrescentou aos seus domínios as também vastas possessões portuguesas.

No entanto, em 1581, um ano depois da União Ibérica, o Império teve uma importante perda. A parcela **protestante** dos Países Baixos proclamou-se independente de Felipe II, denominando-se **República das Províncias Unidas**. Sob a liderança da Holanda atual, a província de maior prestígio, firmou-se uma aliança com a França e a Inglaterra contra o poderio ibérico, que seria atacado pela ação conjunta de seus rivais.

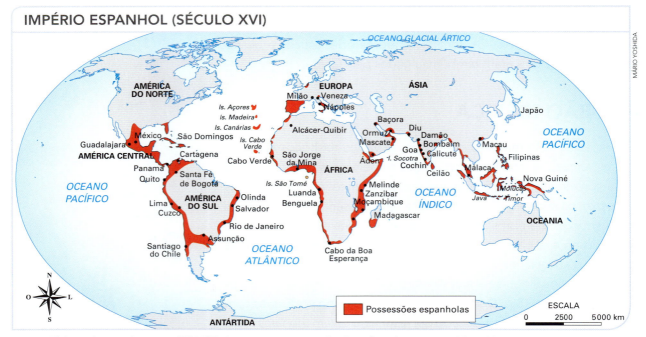

IMPÉRIO ESPANHOL (SÉCULO XVI)

Fonte: Elaborado com base em KONSTAM, Angus. *Historical Atlas of Exploration, 1492-1600.* New York: Checkmark Books, 2000.

MÁRIO YOSHIDA

AS GUERRAS DE RELIGIÃO

Nos séculos XVI e XVII, a Europa foi palco de diversos conflitos religiosos que são conhecidos como guerras de religião. A cristandade ocidental, dividida entre católicos e protestantes, transformara-se em campo de batalhas e perseguições contra seguidores de crenças diversas.

A religiosidade converteu-se em fator de ruptura social e de intranquilidade política no interior de cada reino. As quatro grandes monarquias da Europa ocidental, França, Inglaterra, Espanha e Portugal, procuraram estabelecer o controle sobre a religiosidade de seus súditos.

TÁ LIGADO

16. Explique quem eram os huguenotes.
17. Explique o que era estabelecido pelo Édito de Nantes.
18. Explique quem eram os puritanos.

FRANÇA

Na França, a monarquia acabou posicionando-se ao lado das forças católicas e encarregou-se de uma forte repressão aos protestantes. No entanto, alguns setores da nobreza, e principalmente grupos burgueses, tinham aderido ao culto calvinista, sendo conhecidos como **huguenotes**.

De 1562 a 1598, forças protestantes e católicas devastaram o território francês. Cidades tomadas pelos evangélicos escapavam ao controle da monarquia francesa e estabeleciam os cultos reformados.

Em 1572, em um dos episódios mais sangrentos desses conflitos, mais de 30 mil protestantes (huguenotes) foram massacrados em Paris e arredores por ordem da rainha Catarina de Médicis. A **Noite de São Bartolomeu**, como ficou conhecida, generalizou o ódio entre católicos e protestantes.

Em 1589, um rei protestante assumia o trono da França. Henrique IV, no entanto, diante das pressões da maioria católica, renunciou ao protestantismo. Teria afirmado: "Paris bem vale uma missa". Para estabelecer o controle sobre a população francesa, o rei proclamou o **Édito de Nantes** (1598), pelo qual concedia a liberdade das práticas religiosas protestantes com algumas restrições. Henrique IV acabou assassinado por um católico, e os conflitos religiosos na França avançaram pelo século XVII.

INGLATERRA

Após a morte de Henrique VIII, os reinados de seus sucessores foram marcados por bruscas mudanças religiosas. Eduardo VI (1547-1553) estimulou os cultos protestantes, sobretudo o anglicanismo. Maria I (1553-1558) restabeleceu o catolicismo como religião oficial da Inglaterra. Elizabeth I (1558-1603) escolheu o protestantismo como orientação religiosa da monarquia.

Noite de São Bartolomeu, François Dubois. Óleo sobre tela, c. 1576.

A moda feminina da Inglaterra puritana, Wenceslaus Hollar. Desenho, c. 1645.

Elizabeth I manteve uma política cautelosa no início de seu reinado. Como chefe suprema da Igreja da Inglaterra, fortalecendo o anglicanismo, mantinha elementos do culto católico na capela real. Procurava não estimular a oposição dos bispos católicos que haviam sido nomeados por Maria I.

As críticas à política de Elizabeth I partiram de grupos calvinistas ingleses, denominados **puritanos** porque pretendiam purificar a Igreja Anglicana dos desvios do catolicismo e torná-la mais próxima do calvinismo.

Alguns, conhecidos como **presbiterianos**, tinham a intenção de modificar a estrutura eclesiástica, com a abolição dos bispados e da hierarquia sacerdotal. Além disso, queriam estabelecer uma organização com a participação dos leigos com base nas paróquias (presbitérios).

Presbiterianos e puritanos foram controlados pelo poder monárquico por meio de repreensões, perseguições e prisões, que visavam defender as posições da Igreja Anglicana.

A oposição católica não cessava. Os chamados **recusantes** opunham-se a aceitar o controle da monarquia sobre a Igreja. Com a ajuda de tropas espanholas, os recusantes rebelaram-se na Irlanda entre 1579 e 1581.

Diante disso, a perseguição aos católicos aumentou. As penalidades contra aqueles que se recusavam a seguir os cultos anglicanos intensificaram-se. O culto católico passava a ser considerado uma traição à monarquia. Assim, o catolicismo só poderia ser praticado de forma oculta e reservada.

Em 1587, a rainha escocesa Maria Stuart, católica e que contava com o apoio da Espanha, foi executada com outros católicos mais exaltados que desafiavam as decisões da rainha inglesa. As tensões religiosas se manteriam ao longo do século XVII, gerando novos conflitos na Inglaterra.

ESPANHA E PORTUGAL

Na Península Ibérica a presença de protestantes foi pequena. Na Espanha, as perseguições religiosas voltaram-se contra os muçulmanos desde o final do século XV. A conquista de Granada, em 1492, último reduto islâmico na península, não pôs fim às hostilidades contra os muçulmanos.

Perseguições, conversões forçadas ao cristianismo e expulsões do território espanhol acabaram por desencadear a reação dos muçulmanos de Granada entre 1568 e 1570. A **Guerra de Granada** foi vencida pelas tropas espanholas, e a resistência muçulmana foi esmagada pelo poderio católico.

Mas o principal alvo das investidas ibéricas foram os **judeus**. Em 1492, tornou-se obrigatória a conversão dos judeus ao cristianismo na Espanha. Isso levou milhares deles a fugir para outras regiões europeias, principalmente Portugal e França. Pouco tempo depois, a onda de perseguições culminou na imposição da fé cristã às comunidades judaicas portuguesas.

Criavam-se, na Península Ibérica, duas novas categorias sociais: o **cristão-velho**, que havia gerações seguia a religião cristã, e o **cristão-novo**, judeu convertido ou com algum parente judaico entre seus avós e bisavós. Entre os cristãos-novos, duas outras diferenciações: o **converso**, de quem sempre se suspeitava de judaísmo, e o **marrano** (em espanhol, "suíno"), judeu que mantinha sua fé original, mas praticava exteriormente a religião cristã apenas para sobreviver.

1. Releia o quadro complementar "Rainhas da Inglaterra" (p. 69). Agora responda ao que se pede:
   a) Aponte o principal motivo para as execuções das esposas de Henrique VIII.
   b) Elabore um comentário crítico acerca da questão do poder masculino e do controle político nas sociedades ocidentais.

2. Nos séculos XV e XVI, uma série de questionamentos abalou o poder da Igreja Católica sobre o mundo cristão. Essa crise espiritual deve ser compreendida em vários aspectos. Organize, no seu caderno, os diferentes aspectos que nos permitem compreender esses questionamentos.

3. Defina cada um dos conceitos abaixo e organize um pequeno dicionário conceitual em seu caderno:
   - dogma
   - heresia
   - sacerdócio universal
   - luteranismo
   - anabatista
   - calvinismo
   - anglicanismo
   - Padroado Real
   - huguenotes
   - puritanos
   - presbiterianos
   - recusantes
   - cristão-novo
   - converso
   - marrano

4. No seu caderno, elabore uma linha de tempo com as datas abaixo e crie um título para ela:
   - 1517 – 95 teses de Martinho Lutero
   - 1525 – Revolta dos anabatistas
   - 1534 – Ato de Supremacia/Fundação da Companhia de Jesus
   - 1563 – Encerramento do Concílio de Trento
   - 1572 – Noite de São Bartolomeu
   - 1578 – Morte de Dom Sebastião em Alcácer-Quibir
   - 1580 – União Ibérica
   - 1598 – Édito de Nantes

5. Estabeleça as relações entre a União Ibérica e os conflitos com França, Inglaterra e Holanda.

6. Vamos construir nossos *tags*. Siga as instruções do *Pesquisando na internet* na seção **Passo a passo** (p. 7) utilizando as palavras-chave abaixo:

   Igreja Ortodoxa

   luteranismo

   anabatistas

   anglicanismo

   calvinismo

Este texto de Lutero foi publicado em 1519 e depois traduzido para diversas línguas. Leia-o com atenção e responda às questões propostas.

[A ORAÇÃO]

Na sua essência e natureza, a oração é apenas uma elevação dos sentimentos do coração para Deus. Ora, se no seu gênero e natureza, a oração é uma elevação do coração, segue-se que tudo o mais que não for elevação do coração não é oração. Eis porque o canto, os discursos, o pulsar do órgão quando aí não há elevação do coração são tanto orações como as larvas nos jardins são seres humanos. Não se depara com a essência, mas apenas com a aparência e o nome.

LUTERO. *A explicação do Pai Nosso.* Lisboa: Edições 70, 1996. p. 20.

1. Para Lutero, o que é uma oração?

2. O que significa, para Lutero, "elevação do coração"?

3. Esclareça a articulação entre "a elevação do coração" e a doutrina religiosa da salvação de Lutero.

4. Explique o significado do trecho:

   "Eis porque o canto, os discursos, o pulsar do órgão quando aí não há elevação do coração são tanto orações como as larvas nos jardins são seres humanos."

O combate entre o Carnaval e a Quaresma

 OBSERVE A IMAGEM

1. Siga as instruções da *Análise de documentos visuais* na seção **Passo a passo** (p. 6) para analisar o quadro *O combate entre o Carnaval e a Quaresma*, de Pieter Bruegel (1559). Escolha quatro situações entre as várias que aparecem representadas e descreva-as em seu caderno.

2. Elabore um pequeno texto discutindo o ambiente de moralidade religiosa difundido na Europa ao longo dos séculos XVI e XVII e sua relação com os festejos de Carnaval e suas características de liberação moral.

O combate entre o Carnaval e a Quaresma, Pieter Bruegel. Óleo sobre madeira, 1559.

MUSEU DE HISTÓRIA DA ARTE, VIENA, ÁUSTRIA

A obra representa a ambiguidade dos cristãos, divididos entre as tentações dos prazeres mundanos e o compromisso com a moderação e a austeridade.

PERMANÊNCIAS E RUPTURAS

Liturgia católica

Em 1962, o Concílio Vaticano II promoveu algumas mudanças na liturgia e na relação com a Bíblia defendidas pelo Concílio de Trento (1545-1563).

Faça uma investigação para descobrir quais foram essas mudanças. Siga as instruções:

1. No seu caderno, organize as propostas do Concílio de Trento explicadas na página 73.

2. Você pode seguir três caminhos de investigação: pesquisar na internet, assistir a uma missa católica ou conversar com um sacerdote católico.

3. Registre os resultados da pesquisa no seu caderno.

4. Socialize as respostas com a turma.

TRÉPLICA

 Filmes

Lutero
Alemanha/EUA, 2003. Direção de Eric Till.

Biografia de Martinho Lutero que apresenta seu processo de rompimento com a Igreja Católica no século XVI.

Elizabeth
Reino Unido, 1998. Direção de Shekhar Kapur.

Intrigas palacianas e disputas religiosas envolvem o reinado de Elizabeth I da Inglaterra, ameaçada pelo monarca espanhol Felipe II. Apesar da instauração do anglicanismo, as disputas religiosas mantêm uma situação de instabilidade política no reino inglês.

 Livros

A Contra-Reforma
DAVIDSON, N. S. São Paulo: Martins Fontes, 1991.

Inquisição ibérica
SANTANA, S. R.; FRANCO, S. C. São Paulo: Ática, 1999.

 Site

(Acesso em: 20 ago. 2018)

<http://bit.ly/2NaTHLD>

O *site* oferece uma série de cronologias dos movimentos reformadores protestantes e católicos.

CAPÍTULO

4

A sociedade do Antigo Regime

PORTAS ABERTAS

OBSERVE AS IMAGENS

1. Siga as instruções da *Análise de documentos visuais* na seção **Passo a passo** (p. 6) para analisar a reprodução dessa pintura do século XVI. Registre no caderno suas observações.

2. Identifique os símbolos religiosos na pintura.

3. Identifique os grupos sociais das pessoas representadas na pintura.

4. Quais grupos sociais não foram retratados na imagem?

5. Que hipótese podemos elaborar para explicar sua ausência?

6. No seu caderno, elabore um desenho com os grupos das sociedades europeias nos séculos XVI e XVII ausentes nessa representação.

Enterro do conde de Orgaz, El Greco. Óleo sobre tela, 1586-1588. (detalhe)

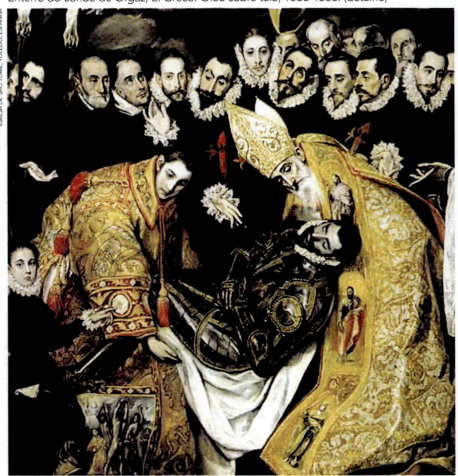

IGREJA DE SÃO TOMÉ, TOLEDO, ESPANHA.

No detalhe, pode-se observar Santo Estevão, à esquerda, e Santo Agostinho, à direita, carregando o corpo do conde de Orgaz, no centro da pintura. Segundo lendas medievais, os dois santos teriam aparecido no momento de seu sepultamento. Santo Agostinho é um dos principais representantes da história do cristianismo. Santo Estevão é considerado o primeiro mártir do cristianismo, morto no século I. A criança em primeiro plano, à esquerda, é Jorge Manuel, filho do pintor El Greco.

Enterro do conde de Orgaz, El Greco. Óleo sobre tela, 1586-1588.

A obra *Enterro do conde de Orgaz*, pintada entre 1586 e 1588, é considerada uma das principais pinturas de Doménikos Theotokópoulos (1541-1614), conhecido na corte espanhola como "El Greco". O grande quadro ocupa uma parede inteira (4,80 × 3,60 m) em uma sala da sacristia da Catedral de Toledo, onde se encontra a sepultura do conde de Orgaz, morto no início do século XIV. Na pintura, El Greco representou diversos integrantes do clero e da aristocracia, oferecendo, assim, um interessante registro da sociedade e da religiosidade espanholas naquele período.

DIDIER MORAES/MARCELLO ARAUJO

Pirâmide social

NOBREZA	CLERO
• Nobreza de estirpe	• Alto clero
• Nobreza provincial	• Baixo clero
• Fidalgo de província (togada)	

TERCEIRO ESTADO

CIDADE

• Alta burguesia	• Profissionais liberais
• Burguesia de cargos	• Mestres de ofício
	• Comerciantes e lojistas

CAMPO

• Trabalhadores	• Operários urbanos
• Pequenos proprietários e camponeses	• Empregados domésticos e população flutuante das cidades
• Trabalhadores rurais e jornaleiros	

→ A ascensão social é importante

→ A ascensão social é possível, mas pouco frequente

- - - Vínculos, sobretudo por meio de casamentos

—I— Barreira social

Esquema de uma pirâmide social, representando os três estados do Antigo Regime: o clero, a nobreza e o terceiro estado, que incluía o restante da população (burguesia, camponeses, todos aqueles que não se encaixavam nas duas outras classificações). Preste atenção nas relações que o esquema indica pelas setas.

Fonte do infográfico: Elaborado com base em FRANCO JR., H.; ANDRADE FILHO, R. *Atlas de História Geral*. São Paulo: Scipione, 1993.

A SOCIEDADE DO ANTIGO REGIME

As caravelas que cruzavam os mares e oceanos nos séculos XVI e XVII eram verdadeiros castelos flutuantes. Durante as viagens, abrigavam centenas de pessoas. Como em uma pequena sociedade, cada pessoa era responsável por algumas tarefas e funções. Havia uma **hierarquia**, ou seja, uma organização com vários níveis de poder. Cada indivíduo era classificado de acordo com um certo grau de importância social.

O comando do navio era entregue a um **capitão**, um nobre que recebia do rei a autoridade para comandar a tripulação. Junto dele havia outros fidalgos que lhe deviam obediência. A função dessa nobreza era conquistar novas terras e riquezas por meio da guerra ou de negociações diplomáticas.

Nas caravelas portuguesas e espanholas era muito comum a presença de padres e monges. Rezavam as missas, faziam orações, distribuíam bênçãos. Os membros do **clero** tinham funções espirituais. Acreditavam ser soldados de Cristo e desejavam expandir as fronteiras de sua fé. Também eram conquistadores. Queriam conquistar almas para a religião cristã.

A nobreza e o clero não executavam trabalhos braçais. Isso ficava a cargo dos **trabalhadores**. Serviçais, artesãos e marinheiros ocupavam-se das tarefas manuais, tais como: içar âncoras, recolher velas, limpar o convés, consertar o casco do navio, distribuir as rações de água e alimentos e até mesmo dirigir a embarcação. Entre esses plebeus havia um pequeno número de pessoas que se destacavam. Eram os **burgueses** (comerciantes) e os **letrados**.

Os burgueses conseguiam autorização dos reis para participar das viagens. Muitas vezes, haviam até mesmo emprestado dinheiro aos monarcas para construir embarcações e custear a tripulação. Tinham interesse em realizar transações mercantis com outros povos.

Os letrados eram pessoas que sabiam ler e escrever algumas línguas (por exemplo, o latim, o português, o espanhol, o inglês). Podiam também possuir algum conhecimento de matemática e geografia. Alguns eram físicos, como se chamavam os médicos da época.

OS TRÊS ESTADOS

Durante toda a Idade Moderna, entre os séculos XV e XVIII, os europeus viveram em um tipo de sociedade chamado **Antigo Regime**, dividido em três grupos sociais, também denominados estados: clero (**primeiro estado**), nobreza (**segundo estado**) e trabalhadores (**terceiro estado**). De forma semelhante à organização da caravela descrita acima, a sociedade do Antigo Regime estabelecia privilégios e direitos de acordo com a posição social de seus membros.

Reprodução proibida. Art. 184 do Código Penal e Lei 9.610 de 19 de fevereiro de 1998

SOCIEDADE ESTAMENTAL

No Antigo Regime, a **sociedade era estamental**, na qual a situação social dos indivíduos era definida pelo nascimento e organizada de acordo com o princípio da **desigualdade**. A tripulação das caravelas refletia, de certo modo, essa sociedade, em que as pessoas não tinham os mesmos direitos. Um mesmo crime cometido por um marinheiro e por um fidalgo teria punições diferentes. O marinheiro, com certeza, seria punido com muito mais rigor. Trabalhadores e nobres eram desiguais perante as leis, e o clero possuía jurisdição especial, definida pelo direito eclesiástico.

A desigualdade jurídica fazia que os impostos fossem cobrados apenas dos integrantes do terceiro estado. Burgueses, artesãos, camponeses e pequenos proprietários pagavam os impostos nas sociedades do Antigo Regime.

Além da isenção, os setores aristocráticos ainda tinham outras fontes de rendimentos. Os camponeses e servos mantinham a obrigação de trabalhar alguns dias da semana nas terras dos senhores ou repassar a eles parte de sua produção, em gêneros agrícolas ou em dinheiro.

TÁ LIGADO ?

1. Apresente uma definição para sociedade estamental.

2. Explique como funcionava o princípio da desigualdade.

EM DESTAQUE

OBSERVE A IMAGEM

Moda e ostentação

A exploração das colônias permitiu uma imensa acumulação de riquezas e sustentou o luxo das cortes europeias. Palácios, quintas, igrejas, fortalezas, mosteiros e universidades puderam ser erguidos graças à lucratividade dos negócios do ultramar.

A nobreza cobria-se de joias e ricas vestimentas. O clero ornamentou suas igrejas com pinturas e esculturas. O ouro da América ficou gravado nos símbolos da fé cristã. A ostentação passou a ser regra. Exibir-se tornou-se fundamental para a aristocracia, um jogo de aparências.

A burguesia enriquecida procurava imitar a nobreza. Vestia-se com os mesmos tecidos, com as mesmas cores. Comportava-se da mesma maneira. Tentava frequentar os mesmos salões e as mesmas festas. Comprava títulos da pequena nobreza a preço de ouro.

A aristocracia procurava reagir, diferenciar-se dos plebeus. Inventava modas que em pouco tempo entravam em desuso. Quando os burgueses conseguiam acompanhar, a moda já havia mudado. Caíam no ridículo. Perdiam o jogo das representações.

Jovem dama com vestido e penteado, anônimo. Gravura colorida extraída do *Journal de la Mode et du Gôut*, c. 1780.

1. Nos dias de hoje, que grupo social dita a moda e quem procura segui-la?

2. Você segue a moda? Você se considera uma pessoa consumista?

3. Identifique a marca de roupa ou calçado que a maior parte de seus colegas usa.

4. Identifique a principal forma de convencimento para que as pessoas sigam as modas.

Ao clero era devido o **dízimo**, ou seja, um décimo de toda a produção da sociedade. Luxo, ostentação e gastos excessivos compunham a prática corrente entre os setores dominantes das sociedades do Antigo Regime.

Sobretudo no ambiente católico, o trabalho manual era o inverso da virtude e da honra. O **ócio**, ou seja, a falta de ocupação, era concebível apenas para as pessoas honradas. À nobreza eram destinados os postos de comando da administração e das atividades ultramarinas patrocinadas pelos poderes monárquicos.

Os burgueses mais ricos e os letrados com maior prestígio desejavam subir na vida. Sonhavam tornar-se nobres. Os monarcas recompensavam alguns plebeus com títulos de nobreza por serviços prestados. Muitas vezes, como precisavam de dinheiro para pagar funcionários, montar esquadras de navios e sustentar exércitos, os reis vendiam títulos de nobreza àqueles que pudessem pagar.

Além do prestígio social, burgueses e letrados que conseguiam tornar-se nobres deixavam de ser obrigados a pagar impostos. Na sociedade do Antigo Regime havia, portanto, uma certa **mobilidade social**.

Jogos da corte

O luxo e a ostentação faziam parte da sociedade do Antigo Regime. Um nobre deveria "representar" bem o seu papel. Ou seja, deveria portar-se à altura de sua condição social. Deveria cuidar da roupa, dos gestos, da fala. Deveria procurar um bom lugar nas reuniões das ricas cortes europeias. E deveria evitar escândalos.

O comportamento era regido por normas, uma pequena ética de boas maneiras: a etiqueta.

Entre os séculos XVI e XVIII, as cortes europeias elaboraram um complexo e detalhado cerimonial, com regras para o convívio entre os nobres. Uma verdadeira **sociedade teatral**.

Ao final do século XVI, na Península Ibérica, os torneios e as justas perderam seus atrativos entre os nobres, que passaram a dedicar-se ao chamado **jogo de _cañas_**, uma corrida de cavaleiros que se golpeavam com lanças. Ao mesmo tempo, popularizaram-se as corridas de touros, tanto entre a nobreza quanto entre os setores populares, prática ainda presente na Espanha nos dias de hoje, apesar dos inúmeros protestos de grupos de proteção aos animais.

Jogo de cañas na Plaza Mayor, Juan de la Corte. Óleo sobre tela, século XVII.

O ESTADO ABSOLUTISTA

A partir do século XV, muitos reinos lançaram suas caravelas no Atlântico. Primeiro, os portugueses. Logo depois, os espanhóis. A seguir, ingleses e franceses. Em cada mastro principal tremulava a bandeira de um desses reinos.

As cores e os símbolos representavam **Estados**. Nessa época, o poder estava concentrado nas mãos dos monarcas. Acreditava-se que a autoridade havia sido concedida a eles por Deus para que comandassem todos os seus súditos.

O conjunto de transformações vividas na Europa desde o final da Idade Média permitira o fortalecimento desses Estados monárquicos e o aparecimento do chamado **Estado absolutista**.

A nobreza, apesar de se manter como o grupo social dominante, perdera muito do seu poder econômico em virtude da crise econômica do século XIV e de duas guerras prolongadas: a **Guerra dos Cem Anos** (1337-1453), entre Inglaterra e França, e a **Guerra das Duas Rosas** (1455-1489), entre grupos da nobreza inglesa.

Maquiavel

Em meio ao processo de fortalecimento das monarquias europeias, ganhavam espaço as ideias do florentino Nicolau Maquiavel (1469-1527). Seu nome, no senso comum, deu origem à palavra **maquiavélico**, que significa alguém que age de má-fé e com astúcia. Por mais que os professores de História e Filosofia provem que o adjetivo é inadequado ao pensador, seu uso é constante no dia a dia.

O equívoco provém de uma leitura apressada de sua obra *O príncipe*. O livro foi visto como uma série de conselhos aos governantes, para quem "os fins justificariam os meios" (essa frase, aliás, não é dele). Maquiavel não criou uma receita maldosa do que fazer para governar. Sua obra discute como tomar o poder e manter-se no governo, com um alerta de que o governante não teria garantia de sucesso.

Uma forte convicção de sua época era a de que o governante deveria seguir a moral cristã para bem governar.

Retrato de Maquiavel, Santi di Tito.
Óleo sobre tela, século XVI.

Maquiavel, no entanto, discordava dessa premissa. Afirmava que os governantes de sucesso pensaram mais no êxito que na moral ou na salvação da alma. Nem por isso, segundo ele, os poderosos deveriam ser cruéis de propósito. Ele recomendava praticar o bem sempre que possível e o mal apenas quando necessário.

Rompia assim com a orientação moral cristã para os reis. A religião não deveria servir de base para a ação dos monarcas, mas como instrumento para a formação dos poderes monárquicos.

Por suas ideias, o livro de Maquiavel foi incluído na relação de livros proibidos pela Igreja, e seus seguidores foram perseguidos pelos tribunais da Inquisição. Embora suas ideias estejam intimamente relacionadas com a Itália do século XVI, ainda hoje sua leitura é fundamental para a compreensão do universo da política.

O FORTALECIMENTO DO PODER MONÁRQUICO

Na Península Ibérica, a nobreza sentiu também o peso da crise econômica do século XIV. Além disso, presenciou o fortalecimento do poder monárquico desde os séculos XI e XII, quando teve início a Reconquista.

O enfraquecimento do poder papal nos séculos XV e XVI e as divisões do clero cristão com a Reforma Protestante também contribuíram para o crescimento dos poderes monárquicos. Como resultado, a centralização política permitiu o fortalecimento das monarquias de Portugal, Espanha, Inglaterra e França. Os reis afirmavam-se representantes do poder terreno de Deus e origem das leis e da justiça entre os seres humanos.

Nas monarquias católicas, o poder espiritual era atribuído ao papa, mas muitas das funções religiosas passaram a ser exercidas pelos monarcas, como a escolha de bispos e clérigos, o recolhimento dos dízimos e até mesmo o direito do Padroado Real, no caso das monarquias ibéricas.

CONCENTRAÇÃO DE PODERES

Assim, os monarcas passaram a concentrar poderes religiosos, legislativos, administrativos e judiciários. Os reis escolhiam seus colaboradores. Distribuíam rendas e privilégios. Concediam títulos de nobreza. Definiam sentenças judiciais. Formulavam leis. Declaravam guerra a outros reinos. Detinham um poder quase absoluto sobre os seus súditos, fossem eles nobres, clérigos ou trabalhadores. Daí o termo **Estados absolutistas**.

A centralização política ocorreu conjuntamente à padronização de pesos e medidas e ao estabelecimento de moedas nacionais, que facilitavam as transações econômicas – processo longo iniciado na Baixa Idade Média (séculos XI a XV). As monarquias também procuravam padronizar os idiomas nacionais e estabelecer as suas primeiras regras gramaticais. Por meio de leis e decretos, os Estados tornavam comum uma fala e uma escrita que serviriam para demarcar seu poderio.

LETRADOS E O PODER

Foram criados também mitos e heróis desses Estados, de modo que fosse reconhecido um mesmo passado a todos os súditos. Cronistas reais foram encarregados de escrever a memória dos reinos, descrever as grandes batalhas e registrar os principais atos administrativos e legislativos desses monarcas.

Um conjunto numeroso de letrados, pintores, escultores e conselheiros encarregava-se da propaganda de seus monarcas. Além dos poderes concretos, os monarcas eram investidos de poderes simbólicos cuja função era reforçar sua superioridade sobre todos os demais seres humanos.

Dom Sebastião, rei de Portugal, Cristóvão de Morais. Óleo sobre tela, 1571.

Luís XIV, rei da França, Hyacinthe Rigaud. Óleo sobre tela, 1694.

Felipe II, rei da Espanha, Ticiano. Óleo sobre tela, 1551.

A importância da cavalaria medieval declinara a partir do século XIV. A pólvora, trazida da China, começou a ser utilizada nas batalhas travadas pelos europeus. Com o desenvolvimento de canhões, pistolas e arcabuzes, podia-se acertar o inimigo a distância, tornando os cavaleiros alvos fáceis de serem atingidos. As antigas habilidades guerreiras tornaram-se ultrapassadas. Pouco a pouco, os europeus trocaram as pesadas armaduras por coletes mais leves. A velocidade para o deslocamento das tropas tornava-se fundamental para escapar às balas de canhões e de outras armas de fogo.

Os exércitos eram formados por grandes companhias militares, compostas por tropas de milhares de mercenários, comandadas por membros da nobreza. Mercenários são pessoas que se alistam em exércitos de outras nações em troca de dinheiro, e que podem trocar de lado de acordo com as melhores ofertas.

As batalhas já não dependiam exclusivamente do movimento de poucos cavaleiros, como no período medieval. Os exércitos tornavam-se muito mais numerosos, compostos de imensas cavalarias. O poder de destruição também aumentava. Acabada a guerra em uma região, as companhias militares punham-se a esperar por nova oportunidade de entrar em ação, a favor de quem pagasse melhor.

Cavalaria marchando para a guerra, anônimo. Iluminura extraída do manuscrito *History of Cyrus of Persia*, 1470-1480.

BRITISH LIBRARY, LONDRES, INGLATERRA.

A vitória de Fleurus, Vicenzo Carducci. Óleo sobre tela, 1634-1635.

MUSEU DO PRADO, MADRID, ESPANHA.

A obra foi encomendada para homenagear a vitória do exército espanhol sobre as tropas protestantes alemãs, em 1622, em Fleurus (Bélgica).

EXÉRCITOS PERMANENTES

Os Estados absolutistas também desenvolveram **exércitos permanentes**, tornando-se verdadeiras máquinas de guerra. Governados pelos reis e controlados pela nobreza e pelo clero, esses Estados organizaram esquadras e exércitos para conquistar e dominar terras na Europa, América, África e Ásia. A guerra era uma importante atividade econômica.

A DOMINAÇÃO SOCIAL DA NOBREZA E DO CLERO

O aparecimento dos Estados absolutistas não significou o fim da dominação da nobreza e do clero. Ao contrário. Enfraquecidos pelas crises sucessivas, esses grupos sociais foram subordinados pelo poder monárquico, mas mantiveram sua posição de destaque e dominação na sociedade do Antigo Regime.

Os Estados absolutistas tornaram-se palco de uma tensa luta política entre nobreza, clero e burguesia, luta que era arbitrada e, às vezes, até mesmo estimulada pelos próprios monarcas.

O PODERIO IBÉRICO

A incorporação de Portugal aos domínios espanhóis, na chamada União Ibérica, a partir de 1580, provocou grandes alterações nos destinos do Império Lusitano. Madri tornou-se a sede das monarquias ibéricas, apesar dos insistentes pedidos da aristocracia portuguesa para que Lisboa se firmasse como centro do poder imperial.

O governo de Portugal passou a ser exercido por portugueses escolhidos pelo monarca espanhol, em sua maioria clérigos e representantes do Tribunal do Santo Ofício. A ação inquisitorial tornou-se mais intensa na metrópole portuguesa, aumentando a fuga de judeus e cristãos-novos para outros Estados europeus e para a América.

Com a União Ibérica, os comerciantes portugueses obtiveram acesso às terras espanholas e à concessão para o fornecimento de escravizados em suas colônias americanas, denominada *asiento*.

No entanto, o grupo social mercantil, em boa parte formado por cristãos-novos, esteve sempre na mira da Inquisição. Muitos comerciantes foram acusados de judaísmo e tiveram seus bens confiscados pelo Tribunal, dirigido por membros do clero.

A perseguição aos judeus e cristãos-novos era também uma forma de reação da nobreza e do clero ao fortalecimento econômico da bur-

A batalha de Alcácer-Quibir foi travada entre o exército português, liderado por Dom Sebastião, e as tropas muçulmanas, no norte do Marrocos, perto da cidade de Ksar-el-Kibir, entre Tânger e Fez, em 4 de agosto de 1578. Essa batalha foi fundamental para a história de Portugal: durante a luta, desaparece Dom Sebastião. Sem saber o que aconteceu com o corpo, os portugueses ficaram à espera de seu retorno. Em redor dele criou-se um mito denominado sebastianismo.

MUSEU DO FORTE DA BANDEIRA, LAGOS, PORTUGAL.

A batalha de Alcácer-Quibir (1578), anônimo. Gravura extraída do manuscrito *Miscelânea*, Miguel Leitão de Andrade, 1629.

guesia, uma maneira de manter o Estado sob o controle aristocrático e preservar a dominação social desses setores.

A nobreza recebeu auxílio para resgatar os prisioneiros mantidos pelos muçulmanos após a derrota de Alcácer-Quibir. Além disso, pôde manter sua participação nos principais postos da burocracia imperial lusitana. Para os grupos dominantes portugueses, a união das Coroas foi, sem dúvida, um ótimo negócio.

Em 1580, o poderio ibérico chegou ao seu ponto máximo. As minas de prata da América espanhola abasteciam seus mercados, possibilitando um intenso desenvolvimento das atividades mercantis.

O Império Espanhol estendia-se pela Europa, América, África e Ásia. Em nome da fé católica, o monarca Felipe II combatia protestantes e muçulmanos. O castelhano firmava-se como a língua mais prestigiada, à semelhança do papel desempenhado pelo inglês nos dias atuais.

TÁ LIGADO?

5. Aponte duas medidas centralizadoras implementadas pelo cardeal Richelieu.

O ABSOLUTISMO FRANCÊS

A monarquia francesa indicava os nomes para todos os cargos da Igreja, de maneira a garantir que os sermões confirmassem o direito divino dos reis. De seus púlpitos, a Igreja controlava uma população analfabeta, dizendo-lhe aquilo que seus líderes achavam que deviam saber em questões de fé e de obediência à autoridade civil.

Na França, após o Édito de Nantes (1598), que concedia liberdade às práticas religiosas protestantes com algumas restrições, o absolutismo se consolidou. No início do século XVII, o cardeal **Richelieu**, primeiro-ministro de **Luís XIII**, de 1624 a 1642, foi o grande arquiteto do Estado. Sua atuação baseava-se no princípio de que as necessidades do Estado e a autoridade absoluta do rei eram sinônimas. Isso significava o máximo controle sobre a sociedade.

O cardeal Richelieu foi uma figura central na história da França. Seu imenso poder fez que ficasse conhecido como "eminência parda". O apelido equivalia a dizer que, por trás do rei, quem dava as ordens era o cardeal.

MEDIDAS CENTRALIZADORAS

O cardeal-ministro ampliou a força dos funcionários reais e atacou os poderes locais de nobres e burgueses. Limitou decisivamente o poder dos grandes nobres, proibindo privilégios tradicionais, como o duelo, praticado na época em lugar de recorrer aos tribunais para solucionar disputas. Para recolher tributos e pôr em prática as políticas reais, nomeou funcionários com amplos poderes de decisão, excluindo dessas funções as aristocracias locais.

Ao morrer, em 1642, Richelieu havia estabelecido práticas políticas que marcariam a trajetória do absolutismo francês. **Luís XIV** (1643-1715) deu continuidade à sua obra. Seu reinado representou o ápice de um processo de crescente autoridade monárquica. Sem consultar os Estados Gerais (lugar de representação política dos três estados), buscou a reafirmação do absolutismo.

Cardeal Richelieu, Phillipe de Champaigne. Óleo sobre tela, 1637.

UNIVERSIDADE SORBONNE (PARIS I), PARIS, FRANÇA

O teórico do Estado moderno **Jacques Bossuet**, defensor da teoria do direito divino do monarca, afirmou, a respeito de Luís XIV: "Todo o Estado está nele". Luís XIV não concedeu a nenhum ministro o poder que seu pai dera a Richelieu. Aos aristocratas ofertava pensões, festas, desfiles, exposições e banquetes, enquanto lhes diminuía a influência política. Nas finanças, utilizou os serviços de Jean-Baptiste Colbert, administrador que melhorou os métodos de coleta de impostos, promoveu novas manufaturas e estimulou o comércio internacional, vendendo ao mundo o luxo francês. Era o **colbertismo**, modelo mercantilista francês em curso.

O rei Luís XIV, denominado **Rei Sol**, estava em toda parte. Seus funcionários o "representavam", no sentido mais teatral do termo; as moedas traziam sua imagem e, por vezes, seu nome; seus retratos, em poses milimetricamente estudadas, eram tratados como substitutos do rei e, nas províncias, "presidiam" festividades. Um retrato seu, colocado na sala do trono do palácio de Versalhes, substituía o monarca em sua ausência. Dar as costas a ele era considerado tão desrespeitoso quanto dar as costas ao próprio monarca.

O PALÁCIO DE VERSALHES

O palácio de Versalhes tornou-se o símbolo da realeza francesa. Ali uma nobreza sustentada e controlada pelo monarca cultuava a etiqueta e o estilo. Seu interior luxuoso proporcionava um quadro adequado à imagem do rei e sua corte. Em Versalhes, arquitetura, escultura e pintura estavam subordinadas à glorificação de Luís XIV.

No palácio havia gente especializada em organizar festas. A meta era produzir um tipo de situação, de privilégio, que os simples mortais não poderiam sequer imaginar que existisse. Ali o rei divino e sua corte de notáveis substituiriam os deuses do Monte Olimpo (da antiga mitologia grega) na imaginação dos súditos. Em meio aos jardins, às fontes, às salas de jogos e aos salões de baile, produziam-se situações muito diferentes da vida dos considerados "simples mortais".

Populares apinhavam-se nos portões, atrás das grades, assistindo à chegada dos convidados, em uma atitude não muito diferente do público que, nos dias atuais, corre à entrada do local da cerimônia do Oscar, prêmio que contempla os melhores do cinema. Realizado anualmente nos Estados Unidos, nesse evento os artistas, endeusados por muitos, desfilam em tapete vermelho antes de ir ocupar seus assentos no auditório.

Para os gregos antigos, Zeus era o deus dos deuses, o senhor do céu. Em sua homenagem eram realizados, a cada quatro anos, os jogos olímpicos. Essa metáfora agradava a Luís XIV. Nesta pintura de Jean Nocret, Luís XIV é retratado como Zeus, assistindo a festas, comemorações e espetáculos em sua homenagem.

Luís XIV e sua família, Jean Nocret. Óleo sobre tela, 1670.

CASTELO DE VERSALHES, FRANÇA

O ABSOLUTISMO INGLÊS

Desde a época medieval, nas monarquias europeias, a nobreza e, às vezes, também o clero participavam de assembleias convocadas pelos monarcas para discutirem determinados assuntos do reino. O estabelecimento de novos tributos, a declaração de guerras e problemas referentes à sucessão dinástica eram os temas discutidos com mais frequência.

Essas assembleias eram denominadas **cortes** ou **parlamentos**, dependendo de cada monarquia. Seu poder de reação ao avanço da centralização monárquica também variava em cada localidade. Por exemplo, em Castela, na Espanha, as cortes eram controladas pelo rei. Em Aragão, ainda na Espanha, as cortes tinham maior poder de intervenção e limitavam as ações dos reis espanhóis. Foi em razão da posição do Parlamento de Paris que Henrique IV renunciou ao protestantismo e adotou o catolicismo, em 1589.

Na Inglaterra, o monarca não poderia dar as costas ao Parlamento. Desde o século XIII, os nobres ingleses conseguiram a aprovação da chamada **Magna Carta**, pela qual nenhum tributo poderia ser aplicado pela monarquia sem a aceitação do Parlamento.

No século XVI, o Parlamento inglês era composto de representantes dos condados, cavaleiros e burgueses, escolhidos entre os membros dos respectivos grupos sociais. O direito de voto dependia das propriedades de que a pessoa dispunha, e não de sua condição de nobre.

O Parlamento continuava a ser um poder submetido à Coroa, mas com direito de questionar as decisões reais. Não se tratava de poderes rivais, mas formas complementares de um governo centralizado. Ao longo da trajetória da monarquia inglesa, manteve-se a tradição de o monarca consultar o Parlamento sobre as questões mais importantes.

As decisões religiosas tomadas pelos reis da Inglaterra ao longo do século XVI foram apreciadas pelo Parlamento. No entanto, durante os reinados de **Henrique VIII** (1509-1547) e **Elizabeth I** (1558-1603), o poder monárquico prevaleceu sobre o Parlamento inglês.

O absolutismo inglês atingiu seu apogeu com Elizabeth I. A rainha

TÁ LIGADO ?

7. Aponte as diferenças entre as assembleias da Inglaterra, de Castela e de Aragão.

8. Aponte as deliberações da chamada Magna Carta.

Edifício do Parlamento Inglês. Londres (Inglaterra), 02 jul. 2017.

PABLOPICASSO/SHUTTERSTOCK

consolidou as práticas religiosas do anglicanismo e conseguiu impor-se frente à oposição católica e puritana. Durante seu reinado, resgatou-se a antiga ideia medieval de que os monarcas ingleses possuíam dois corpos: um mortal, como de qualquer outro ser humano, e um imortal, que era a própria expressão da monarquia, transmitida a cada sucessão.

O absolutismo inglês possuía uma característica bem peculiar. No lugar de um exército permanente, desenvolveu uma poderosa **marinha de guerra**, que, pouco a pouco, foi se apoderando das principais rotas marítimas do período.

Quando era necessária alguma mobilização de exércitos, a Coroa inglesa mobilizava seus nobres, porém dependia muito da contratação de tropas de mercenários.

Logo após o reinado de Elizabeth I, conflitos políticos marcaram as relações entre o Parlamento e a Coroa. Tensões sociais contribuíram para estimular rebeliões contra os monarcas **Jaime I** (1603-1625) e seu filho **Carlos I** (1625-1649). Esses reis procuraram governar sem o apoio parlamentar, o que desencadearia uma forte reação em setores da nobreza, do clero e da burguesia inglesa.

LUTAS ENTRE OS ESTADOS ABSOLUTISTAS

Os conflitos entre os diversos Estados absolutistas foram constantes nos séculos XVI e XVII. Além das disputas por territórios, as guerras tinham como pano de fundo as divergências religiosas que dividiam a cristandade europeia.

Incorporada ao império de Felipe II, a monarquia portuguesa tomara parte na tentativa frustrada de conquista da Inglaterra em 1588, quando os espanhóis montaram uma poderosa esquadra denominada **Invencível Armada**. O desastre foi quase completo nos vários combates que se desenrolaram no Canal da Mancha, ao norte da Europa, e que contaram com a presença dos holandeses ao lado da marinha inglesa.

Para Portugal, as vantagens da participação no poderoso Império Espanhol se transformaram em problemas em virtude da ação

A *Invencível Armada*, anônimo. Óleo sobre tela, século XVI.

dos Estados rivais à Espanha. Os franceses frequentavam a costa do nordeste da América do Sul, sendo desalojados seguidamente pelas forças luso-espanholas. Em 1612, no entanto, conseguiram estabelecer a França Equinocial, em torno do Forte de São Luís, por eles erguido na região do Maranhão, sendo posteriormente expulsos em 1615. Ingleses e franceses procuravam minar o poderio ibérico aproveitando-se da imensidão de seu império.

Mas as maiores dificuldades residiam nas relações com a Holanda, parceira nos negócios do açúcar dos lusitanos e em luta com os espanhóis. A situação embaraçosa não tardou em transformar-se em conflito aberto. Ataques ao Recife, em 1595, e à Bahia, em 1599, antecipavam o que estaria por vir.

A proibição de relações mercantis entre Holanda e Portugal, por ordem da monarquia espanhola, em 1605, aprofundou as desavenças. Em 1618, uma grande guerra envolveu a maior parte da Europa Ocidental. Ficou conhecida como a **Guerra dos Trinta Anos** (1618-1648), considerada a última guerra de religião da Época Moderna.

Em nome da fé católica, os espanhóis tentavam retomar a Holanda calvinista pela força militar. Inglaterra, Suécia, Dinamarca e França posicionaram-se contra a Espanha. Além das batalhas no continente europeu, as lutas estenderam-se para os domínios coloniais. Ingleses, franceses e holandeses conquistaram diversas ilhas e possessões espanholas na América. Enfraquecido, o Império Espanhol lutava em diversas frentes.

> **No tempo dos reis absolutistas**
> Jogo

QUEBRA-CABEÇA

1. Releia o quadro complementar "O declínio da cavalaria medieval" (p. 89). Agora responda ao que se pede:
   a) Identifique as alterações ocorridas nas técnicas e práticas de guerra a partir do século XIV.
   b) Relacione tais mudanças ao processo de formação dos exércitos dos Estados absolutistas.

2. Aponte as características da sociedade do Antigo Regime.

3. Defina cada um dos conceitos abaixo e organize um pequeno dicionário conceitual em seu caderno:
   - Sociedade do Antigo Regime
   - Sociedade estamental
   - Mobilidade social
   - Estado absolutista
   - Cortes
   - Parlamento

4. Em que medida a sociedade do Antigo Regime se diferencia da sociedade feudal?

5. Compare o poder do rei na sociedade feudal com o poder do rei absolutista.

6. No seu caderno, elabore uma linha de tempo com os seguintes elementos:
   - Guerra dos Cem Anos
   - Guerra das Duas Rosas
   - Guerra dos Trinta Anos
   - Restauração portuguesa
   - Batalha de Alcácer-Quibir

7. Vamos construir nossos *tags*. Siga as instruções do *Pesquisando na internet* na seção **Passo a passo** (p. 7) utilizando as palavras-chave abaixo:

   absolutismo
   sociedade estamental

Uma das obras-primas da literatura universal é *Dom Quixote de La Mancha*, escrita pelo espanhol Miguel de Cervantes (1547-1616). Nesta obra, uma forte ironia é lançada sobre o comportamento da nobreza espanhola.

Leia com atenção alguns trechos de *Dom Quixote* e depois responda às questões propostas.

DOM QUIXOTE

Num lugar da Mancha, cujo nome não quero lembrar, vivia, não faz muito tempo, um fidalgo, desses de lança guardada em cabide, adaga antiga, rocim frouxo e galgo corredor [...]

Cumpre saber que o sobredito fidalgo, em seus momentos de ócio (ou seja, na maior parte do ano), entregava-se a devorar livros de cavalaria, com tanta paixão e gosto, que de esquecer-se por completo do exercício da caça, e até mesmo da administração da fazenda; e a tanto chegaram sua curiosidade e desatino, que vendeu muitos alqueires de terras de plantio para comprar livros de cavalaria, levando para casa todos os que pôde encontrar [...]

Daí para frente, foi ficando tão obcecado com a leitura, que a ler passava as noites de claro em claro e os dias de turvo em turvo. E, assim, o pouco dormir e o muito ler se lhe secaram de tal maneira o cérebro, que acabou por perder o juízo [...]

Dom Quixote em sua biblioteca, Gustave Doré. Gravura, c. 1868.

Por fim, perdido o resto de juízo que ainda conservava, ocorreu-lhe o mais estranho pensamento que jamais passara pela cabeça de outro louco neste mundo: pareceu-lhe conveniente e necessário, tanto para o engrandecimento de sua honra como para o proveito da república, fazer-se cavaleiro andante, e sair pelo mundo com armas e cavalo, em busca de aventuras, e a exercitar-se em tudo o que havia lido acerca das práticas dos cavaleiros andantes, desfazendo todo gênero de agravos, enfrentando agruras e perigos, a fim de que, vencendo, pudesse granjear fama e nomes eternos.

CERVANTES, Miguel de. *O engenhoso fidalgo Dom Quixote de La Mancha.*
Belo Horizonte/São Paulo: Itatiaia/Edusp, 1983. p. 27-29.

1. Identifique as atividades do fidalgo descrito por Cervantes.

2. Como os livros de cavalaria influenciaram as ações do fidalgo?

3. Que aspectos descritos no texto revelam características da nobreza do Antigo Regime?

4. Quais são as críticas que Cervantes lança à nobreza espanhola por meio de *Dom Quixote*?

PONTO DE VISTA

Sociedade estamental

Releia o item "A sociedade do Antigo Regime" (p. 84). Tendo por base a ideia da caravela como um espaço de observação das diferenças sociais no Antigo Regime, elabore no seu caderno o desenho de uma caravela com pessoas pertencentes às diferentes ordens estamentais do período.

Os homens invisíveis

Fernando Braga da Costa nasceu em Votuporanga, em 1975 [...] Terminada a graduação, [em Psicologia] Fernando fez mestrado na mesma área e agora cursa o doutorado.

Moisés Francisco da Silva nasceu em Alagoas [...] Veio para São Paulo aos 20 anos. [...] foi trabalhar na construção civil, onde se manteve até conseguir o emprego de jardineiro na USP, há mais de vinte anos.

Moisés e Fernando tornaram-se grandes amigos; uma amizade que nasceu dentro da Cidade Universitária [...] os alunos da disciplina Psicologia Social II assumiriam, por um dia, uma profissão reservada às classes pobres. Fernando escolheu ser gari na própria universidade. [...]

Para começar, extraiu da experiência a sua dissertação de mestrado: a invisibilidade pública, isto é, a tese de que os trabalhadores subalternos não são "vistos" pela sociedade. "É como se a pessoa passasse por um poste, por uma árvore", diz Fernando. [...] a invisibilidade pública é uma "cegueira psicossocial" [...] enxerga-se apenas a função, e não a pessoa. [...] Como conta seu Moisés: "Você tá varrendo e o camarada passa em cima da pessoa sem nem olhar, capaz até de machucar". Fernando é mais contundente: "Desde a hora em que você chega para trabalhar até a hora em que você vai embora, é humilhação o tempo todo. Você é carregado em uma caçamba de caminhonete junto com as ferramentas, como se fosse uma delas (hoje, na USP, após três jardineiros terem caído da caçamba, os garis utilizam os ônibus circulares do campus para chegar aos locais de trabalho). Aí, você começa a trabalhar, os carros quase passam por cima de você, tem gente que estaciona em cima do lixo que você está varrendo, tem gente que pisoteia o lixo e até quem peça para você parar de varrer porque está incomodando. Eu, que estava habituado com o ambiente da USP – onde você, passando por uma pessoa, mesmo que ela não seja sua conhecida, os olhares se cruzam, e às vezes há até um cumprimento leve com a cabeça –, fiquei muito surpreso: com os garis isso não tem chance de acontecer. Quando você passa por um estudante e não o cumprimenta, existe uma opção clara nisso. Quando você passa por um gari e não o cumprimenta, você não se deu ao trabalho de pensar se ia cumprimentar ou não. Você nem chegou a olhar no rosto aquela pessoa, é como se ela não estivesse ali". Professores que davam aula para Fernando e o cumprimentavam mesmo fora da universidade chegaram a esbarrar nele quando estava com o uniforme de gari, e não o "viram", passaram direto.

AMARAL, Sofia. Os homens invisíveis.
Caros Amigos, nov. 2003.

1. No seu caderno, esclareça com suas palavras o conceito de "invisibilidade pública".

2. Cite dois exemplos de situações de "cegueira social" apresentados na reportagem.

3. Você poderia relatar outros exemplos de cegueira social?

TRÉPLICA

 Filme

Maria Antonieta
EUA/França, 2006.
Direção de Sofia Coppola.
A história da rainha Maria Antonieta, morta durante a Revolução Francesa, é utilizada para descrever o luxo da corte e a vida fútil em Versalhes.

 Livro

Um passeio pela África
SILVA, Alberto da Costa e. Rio de Janeiro: Nova Fronteira, 2006.

 Site

(Acesso em: 22 ago. 2018)
<http://goo.gl/DUxVgi>
Tour virtual pelo palácio de Versalhes, símbolo do absolutismo francês.

CAPÍTULO 5

A América

PORTAS ABERTAS

OBSERVE AS IMAGENS

1. No seu caderno, identifique os elementos pertencentes a cada uma delas.

2. Em que época poderíamos localizar a construção de Machu Picchu e dos monumentos?

3. Que hipóteses poderíamos levantar, baseados nessas construções, sobre os conhecimentos arquitetônicos desses povos e sobre sua relação com a religião?

Vista Geral das ruínas do complexo arqueológico da cidade sagrada de Machu Picchu, construída no século XV, Cuzco (Peru), 29 jun. 2018.

Complexo cerimonial do Templo do Grande Jaguar com a Grande Praça. Ruínas do complexo arqueológico de Tikal, construído no século IV, Guatemala, 13 jul. 2017.

Centro cerimonial da Pirâmide do Sol. Ruínas do complexo arqueológico de Teotihuacán, construída no século I, Cidade do México (México), 13 jan. 2018.

Vista Geral das ruínas do complexo arqueológico de Copán, construída no século V, Honduras, 15 jun. 2017.

1. Diferencie período pré-colonial e período colonial para a história americana.

DESCOBERTA DA AMÉRICA?

Precisamos tomar muito cuidado com a expressão "descoberta da América". Ela revela o ponto de vista dos europeus. É como se a América não existisse antes da chegada das caravelas, a partir do final do século XV. Como se a América fosse uma espécie de construção europeia. Melhor seria pensarmos em dois momentos da ocupação do continente americano.

O primeiro momento corresponde às origens do homem americano, podendo ser denominado **período pré-colonial**. O segundo compreende a chegada dos navegadores e conquistadores europeus e seu contato com os nativos, marcando o início do **período colonial**.

A primeira ocupação do continente foi encerrada há cerca de 12 mil anos. Ela teria se desdobrado em uma série de deslocamentos posteriores e culminaria no aparecimento de diversos povos. Entre eles: **olmecas**, **maias**, **mexicas** (que também denominamos **astecas**) e **incas**.

As migrações e viagens à América

Os primeiros seres humanos não seriam originários da América. Segundo pesquisas arqueológicas, eles chegaram ao continente há milhares de anos. Haveria duas rotas principais desses deslocamentos: a primeira, partindo da Ásia e atravessando o Estreito de Bering; a segunda, partindo das ilhas da Polinésia e atravessando o Oceano Pacífico em pequenas embarcações. Essas travessias teriam ocorrido há cerca de 35 mil anos. Observe o mapa abaixo.

MOVIMENTOS MIGRATÓRIOS PARA A AMÉRICA (HÁ CERCA DE 35 MIL ANOS)

Prováveis rotas do ser humano para a América

ESCALA
0   2500   5000 km

Fonte: Elaborado com base em BLACK, Jeremy (Org.). *World History Atlas*. London: DK Books, 2008.

Durante a Idade Média, outro conjunto de viagens articulou a Europa à América. Em torno do ano 1000, bem antes de o continente americano ser chamado de América, os *vikings* navegaram pelo Oceano Atlântico, conforme tentamos representar no mapa "Viagens dos *vikings* à América (século X)".

Os *vikings* viviam no norte da Europa, lugar de origem de diversos outros povos germânicos. Eram conhecidos como *north men*, homens do norte, ou seja, os normandos. Comandadas por Leif Eriksson, embarcações *vikings* passaram pela Groenlândia (*green land*: terra verde) e chegaram às terras que hoje pertencem ao Canadá. Lá fundaram Vinland (terra das vinhas), uma pequena povoação que não durou mais que três anos. Talvez, estes tenham sido os primeiros europeus a desembarcar no continente. A partir de 1500, a Groenlândia passou por um processo de resfriamento. Hoje, com exceção de pequenos trechos de sua costa e de áreas montanhosas, todo o seu território é coberto por uma camada de gelo.

Na mitologia nórdica, Yggdrasill era a árvore da vida, que ficava no centro do Universo. Ela ligava o Céu, a Terra e o Inferno. Em suas raízes ficava Niflheim, o mundo subterrâneo. No tronco, situava-se Midgard, o mundo dos homens, e na parte mais alta situava-se Asgard, a terra dos deuses. Valhala era o local onde os guerreiros *vikings* eram recebidos após a morte.

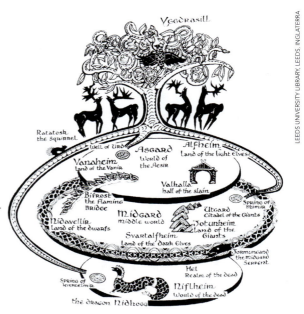

Mapa com representação da cosmologia viking, *Kevin Crossley-Holland. Gravura, s/d.*

VIAGENS DOS *VIKINGS* À AMÉRICA (SÉCULO X)

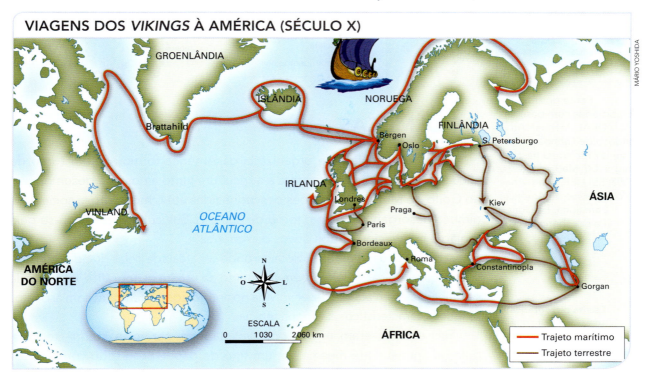

Fonte: Elaborado com base em DUBY, Georges. *Grand Atlas Historique*. Paris: Larousse, 2007.

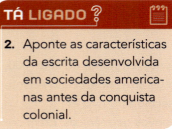

2. Aponte as características da escrita desenvolvida em sociedades americanas antes da conquista colonial.

POVOS AMERICANOS

POVOS CHAVÍN

Fonte dos mapas: Elaborados com base em SALMORAL, Manuel. *Atlas Histórico de Latinoamérica: de la prehistoria hasta el siglo XXI*. Madri: Síntesis, 2003; SELLIER, Jean. *Atlas de los pueblos de América*. Barcelona: Ediciones Paidós Ibérica, 2007.

Escrita pictográfica
Sistema de escrita que utiliza símbolos e desenhos.

Escrita fonética
Sistema de escrita que representa sons da fala por meio de letras e sílabas.

OS OLMECAS

A primeira sociedade organizada da América formou-se em torno de 1200 a.C. Os olmecas praticaram a agricultura junto a rios que desembocam no Golfo do México. Por razões desconhecidas até o momento, a sociedade olmeca desorganizou-se em torno de 350 a.C. Sua cultura espalhou-se pela região e influenciou outros povos da América.

A complexidade dessa sociedade pode ser atestada pelas grandes construções arquitetônicas e pelo desenvolvimento da **escrita pictográfica**, que guarda semelhanças com aquela desenvolvida no antigo Egito e também com aspectos fonéticos característicos da língua fenícia.

Tais escritos eram registrados em madeira, cerâmica, pedra, tecidos, pele de animal e até mesmo em um tipo de papel, produzido com a casca de árvores, fibras e palmas. Neles eram guardados conhecimentos astronômicos, crenças religiosas, histórias de guerras e representações sociais.

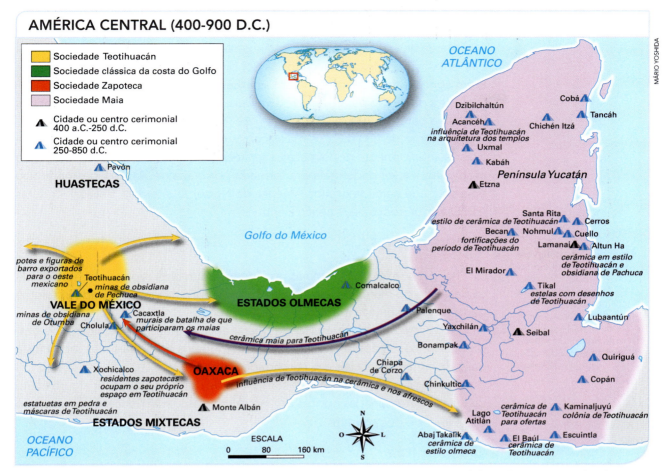

AMÉRICA CENTRAL (400-900 D.C.)

Legenda:
- Sociedade Teotihuacán
- Sociedade clássica da costa do Golfo
- Sociedade Zapoteca
- Sociedade Maia
- ▲ Cidade ou centro cerimonial 400 a.C.-250 d.C.
- ▲ Cidade ou centro cerimonial 250-850 d.C.

OCEANO ATLÂNTICO

HUASTECAS

Pavón

potes e figuras de barro exportados para o oeste mexicano

Teotihuacán
minas de obsidiana de Pechuca

VALE DO MÉXICO

minas de obsidiana de Otumba

Cholula
Cacaxtla
murais de batalha de que participaram os maias

Golfo do México

ESTADOS OLMECAS

Comalcalco

cerâmica maia para Teotihuacán

Xochicalco
residentes zapotecas ocupam o seu próprio espaço em Teotihuacán

OAXACA

influência de Teotihuacán na cerâmica e nos afrescos

estatuetas em pedra e máscaras de Teotihuacán

Monte Albán

ESTADOS MIXTECAS

OCEANO PACÍFICO

Dzibilchaltún
Acancéh
influência de Teotihuacán na arquitetura dos templos
Uxmal
Kabáh

Cobá
Tancáh
Chichén Itzá

Península Yucatán

Etzna

Santa Rita
estilo de cerâmica de Teotihuacán
Becan
fortificações do período de Teotihuacán
El Mirador
Nohmul
Cerros
Cuello
Lamanai
Altun Ha
cerâmica em estilo de Teotihuacán e obsidiana de Pachuca

Tikal
estelas com desenhos de Teotihuacán

Palenque
Yaxchilán
Bonampak
Seibal
Lubaantún

Chiapa de Corzo
Chinkultic

Quiriguá
Copán

Lago Atitlán
Abaj Takalik
cerâmica de estilo olmeca
El Baúl
cerâmica de Teotihuacán

cerâmica de Teotihuacán para ofertas
Kaminaljuyú
colônia de Teotihuacán
Escuintla

ESCALA
0   80   160 km

Fonte: Elaborado com base em SALMORAL, Manuel. *Atlas Histórico de Latinoamérica: de la prehistoria hasta el siglo XXI*. Madri: Síntesis, 2003.

SOCIEDADE CHAVÍN

A cultura Chavín se difundiu entre 850 e 400 a.C. Essa sociedade desenvolveu uma agricultura avançada, com obras de irrigação e sistema de drenagem que canalizava a água de lagos e rios das montanhas até os terrenos mais áridos. Os chavín dedicaram-se ao cultivo de milho, algodão, batata, cereais. Produziram uma cerâmica sofisticada, tecidos coloridos e desenhos elaborados, confeccionados com algodão ou lã de animais como a alpaca.

As diversas comunidades agrícolas se organizaram em torno do centro cerimonial Chavín de Huantar, entre os rios Mosna e Wacheksa, ao norte da atual cidade de Lima. A grande edificação de pedra, chamada de **huaca** (templo-túmulo), além de ter funções religiosas, funcionava como ponto de encontro e centro de distribuição de alimentos e artesanato.

No templo residia uma classe de sacerdotes que desempenhava ao mesmo tempo atividades político-religiosas e administrativas, controlando a redistribuição das reservas de alimentos. Tal centro tornou-se importante local de peregrinação.

TÁ LIGADO ?

3. Explique as técnicas agrícolas utilizadas na cultura Chavín.

4. Explique o que era *huaca*.

OS MAIAS

A área que se estende entre o Vale do México e a Península de Yucatán (região sul do atual México) foi ocupada por diversos povos em torno de 7000 a.C. Eram agricultores que aproveitaram as excelentes condições climáticas e os solos férteis da região para estabelecer aldeias que se transformaram em grandes cidades a partir de 1000 a.C.

Em torno de 200 d.C., os maias conseguiram submeter toda a região controlada anteriormente por olmecas, zapotecas, mixtecas e teotihuacanos. Nesse momento, a sociedade maia era formada por cerca de 200 cidades na região hoje ocupada pelo México (na América do Norte), Guatemala, Belize, Honduras e El Salvador (todos na América Central).

AS PIRÂMIDES

Na visão religiosa dos maias, as cidades eram uma representação simbólica da vida e do mundo. A parte norte simbolizava a morte e o mundo inferior. A parte sul representava a vida e o mundo superior.

No centro das principais cidades maias encontravam-se pirâmides. Localizadas na interseção dos dois mundos, eram os lugares dos rituais, dos sacrifícios e das proclamações oficiais das autoridades maias.

Em geral, estavam alinhadas com astros de maneira a produzir algum efeito de luz em determinadas épocas do ano. Além disso, eram locais de observação das estrelas e dos planetas.

Chichén Itzá

Chichén Itzá é um parque de preservação das ruínas da sociedade maia, a 200 km de Cancun, no México. Em nossos dias, durante o equinócio de primavera, quando o dia e a noite têm a mesma duração, milhares de pessoas comparecem ao local para assistir ao "movimento" de uma cobra. Ali, nos degraus da pirâmide dedicada a Kukulcán, divindade maia, por um jogo de luz e sombra, percebe-se o sinuoso rastejar de uma serpente conforme o movimento do Sol, durante o equinócio de primavera no hemisfério norte (19 a 21 de março).

Tal efeito só foi possível pelo conhecimento que os maias tinham sobre os movimentos dos astros. Eles calcularam em 365 dias o ciclo anual do Sol, o que representa uma diferença de poucos segundos em relação aos cálculos da astronomia de hoje.

A pirâmide de Chichén Itzá possui 30 m de altura e quatro faces. Em cada uma delas há 91 degraus. Somados, são 364, apenas uma unidade a menos que o total de dias de um ano. O último degrau da pirâmide seria o último dia do ano, comum a todos os lados da construção.

A pirâmide e os jogos

Próximo à pirâmide está o local onde se realizava outra cerimônia sagrada: o Pok-Ta-Pok. Era uma partida disputada por sete pessoas de cada lado com uma bola. O objetivo era fazer a bola passar por dois aros sem ser tocada com mãos, pés ou cabeça, apenas com outras partes do corpo.

As partidas representavam lutas de opostos: Sol contra Lua, dia contra noite ou vida contra morte. Apenas um líder de cada equipe podia tentar passar a bola pelo arco.

Equinócio de primavera
Época em que o Sol incide com maior intensidade sobre as regiões da linha do Equador e marca o início da primavera. Nesse momento, dia e noite têm a mesma duração, ou seja, 12 horas.

Fachada da Pirâmide de Kukulcán. Ruínas do complexo arqueológico maia de Chichén Itza, Península de Yucatán (México), jan. 2018.

JAKUB ZAJIC/SHUTTERSTOCK

Chichén Itzá foi um importante centro econômico e político, exemplo da sofisticação da cultura maia. O templo foi construído para homenagear o deus maia Kukulkán (serpente emplumada).

Calendário maia. Extraído do manuscrito pictórico *Códice de Dresden* (pré-hispânico). Papel amate, século XII. (detalhe)

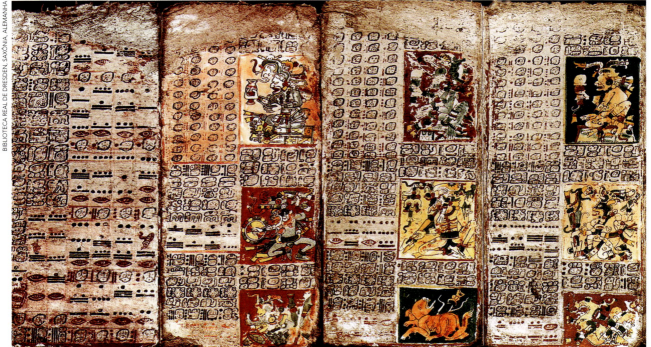

Neste manuscrito encontram-se várias anotações sobre o ciclo do planeta que os europeus chamaram de Vênus. Esse planeta é visível a olho nu, geralmente ao final da madrugada, antes do nascer do Sol.

A SOCIEDADE MAIA

As cidades maias eram a base de sua organização político-religiosa. Nelas habitavam a **família real**, **sacerdotes**, **governantes** e **servidores do Estado**, principalmente os cobradores de impostos. A seguir, na escala social, encontravam-se os **comerciantes** e **artesãos**. Cada cidade apresentava-se como um centro cerimonial, independente das demais. Cada núcleo urbano constituía-se em uma cidade-Estado autônoma com leis e governo próprios. Ou seja, o poder político era descentralizado e os maias não chegaram a constituir um império.

A economia estava baseada na agricultura e no comércio. Os **agricultores** e **trabalhadores braçais**, submetidos ao Estado, moravam na zona rural e só se deslocavam até as cidades para celebrar rituais religiosos e fazer negócios.

Os sacerdotes eram muito poderosos. Eles controlavam o saber relativo à evolução das estações do ano e à astronomia, conhecimentos fundamentais para uma vida econômica baseada na agricultura. Os principais produtos cultivados eram, em primeiro lugar, o milho, e também o feijão, a abóbora, o cacau, o mamão, o abacate, o algodão e o tabaco.

Na matemática, os maias criaram um número equivalente a zero, conceito até então desenvolvido apenas pela cultura hindu. Seu sistema de numeração de base 20 era simbolizado por pontos e barras. Além da matemática, os maias desenvolveram a cerâmica, a escultura e técnicas sofisticadas de arquitetura. Construíram templos, palácios e pirâmides colossais. A religião dos maias era politeísta, ou seja, admitia a existência de vários deuses.

TÁ LIGADO?

5. Com base no mapa da página 103, identifique e localize no seu caderno:
   a) o Vale do México;
   b) a Península de Yucatán;
   c) Chichén Itzá.

6. Havia um poder organizado que centralizava as ações das diversas cidades maias? Justifique.

7. Aponte as funções dos sacerdotes maias.

O IMPÉRIO MAIA-TOLTECA

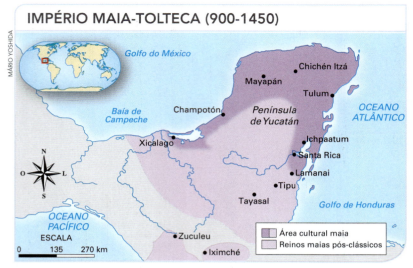

IMPÉRIO MAIA-TOLTECA (900-1450)

Golfo do México
Chichén Itzá
Mayapán
Tulum
Baía de Campeche
Champotón
Península de Yucatán
OCEANO ATLÂNTICO
Xicalago
Ichpaatum
Santa Rica
Lamanai
Tipu
Tayasal
Golfo de Honduras
OCEANO PACÍFICO
ESCALA
0   135   270 km
Zuculeu
Iximché

Área cultural maia
Reinos maias pós-clássicos

Fonte: Elaborado com base em SALMORAL, Manuel. *Atlas Histórico de Latinoamérica: de la prehistoria hasta el siglo XXI.* Madri: Síntesis, 2003.

Em torno do século X, os **toltecas**, que habitavam a parte norte do Vale do México, conquistaram a região e se fundiram com os maias. Teve início uma segunda fase da história maia, na qual se formou o **Império Maia-Tolteca**. A sede principal desse império situava-se em Tula, no Vale do México.

A partir de então, ali floresceria uma sociedade que incorporava diversos elementos culturais dos demais povos conquistados. Os toltecas cultuavam o deus Quetzalcoatl, uma serpente emplumada que depois seria incorporada aos cultos maias de Kukulcán.

EM DESTAQUE

 OBSERVE A IMAGEM

Sobre os campos de jogos mesoamericanos e seus simbolismos

Este simbolismo dos jogos e dos campos talvez possa ser interpretado em termos arquitetônicos. A própria morfologia dos campos, em contraposição às pirâmides, torna-os uma abertura na terra que é uma espécie de entrada para o mundo inferior. Além disso, a localização de muitos dos campos confirma essa hipótese, pois se encontram nas partes mais baixas de lugares como Uxmal (Yucatán) ou Nankum (Guatemala). Em alguns casos, o campo se encontra abaixo do nível de outros edifícios, como em Toniná (Chiapas). O campo seria, então, o lugar onde o rei enfrenta as forças do mundo inferior para, no final da estação de estiagem, assegurar a vida com o renascimento da vegetação. Rito de fertilidade, o jogo seria, portanto, uma responsabilidade política do rei, dentro de uma perspectiva de tempo cíclico.

TALADOIRE, Eric. "El juego de pelota mesoamericano: origen y desarrollo". In: *Arqueología Mexicana.* México, v. 8, n. 44, jul./ago. de 2000, p. 27. Traduzido pelos autores.

Morfologia
Estudo da forma.

Estiagem
Período de seca, sem chuvas.

Vista do campo de jogo Pok-Ta-Pok. Ruínas do complexo arqueológico maia de Chichén Itza, Península de Yucatán (México), 2012.

O campo de Chichén Itzá é o maior da Mesoamérica, com 160 m × 70 m. O número sete era sagrado para os maias. Eram sete os jogadores, os aros estavam a 7 m de altura e conta-se que se os espectadores batessem palmas ou gritassem o som ecoaria exatamente sete vezes. O jogador que fizesse o primeiro "gol" seria decapitado em homenagem ao deus Kukulkán, que, em retribuição, faria sair sete serpentes do pescoço do decapitado.

1. Identifique as hipóteses levantadas pelo arqueólogo sobre o simbolismo desse jogo.

2. Explique a relação entre o tempo cíclico e os rituais durante os quais se praticavam os jogos.

3. Quais semelhanças e diferenças poderíamos identificar ao comparar esse jogo com o futebol contemporâneo?

MÁRIO YOSHIDA

CHANTLADZE/SHUTTERSTOCK

ANÁLISE DE IMAGEM 🔍

Fundação de Tenochtitlán

Material: gravura colorida em papel amate, extraída do manuscrito *História das Índias da Nova Espanha e Ilhas de terra firme.*

Datação: c. 1581.

Manuscrito preservado na Biblioteca Nacional, Madri, Espanha.

BIBLIOTECA NACIONAL, MADRI, ESPANHA

Diego Durán (1537-1588), frade dominicano espanhol, foi um religioso que trabalhou junto aos indígenas e produziu vários tratados sobre a história, os ritos e os costumes desses povos. Familiarizou-se desde muito cedo com a língua (*náhuatl*) e a cultura dos mexicas e de outros povos nahuas. Sua obra *História das Índias da Nova Espanha e Ilhas de terra firme* trata de maneira minuciosa desde a chegada dos mexicas ao vale do México até a conquista. Dos ritos e calendários até as vestimentas e práticas funerárias. A crônica é composta de três tratados, que foram elaborados em diferentes períodos: o *Livro dos ritos*, possivelmente concluído em 1570, aborda os principais deuses e as festividades e rituais atribuídos a cada divindade; o *Calendário antigo*, concluído em 1579, procura explicar como funcionavam os sistemas de registro do tempo dos indígenas, bem como as cerimônias específicas relacionadas às datas mais importantes; por fim, sua *História*, terminada em 1581, resultado basicamente da tradução de um documento náhuatl, narra a migração dos mexicas desde Aztlan-Chicomoztoc, suposto local originário dos povos nahuas no norte do México, até a conquista espanhola.

1 **Primeiro olhar**:

Diz a lenda que os mexicas, fugindo de seus inimigos, foram guiados até o Vale do México por um sacerdote chamado Tenoch. O sacerdote levou-os até uma pequena ilha no centro de um lago salgado chamado Texcoco. Lá teriam encontrado uma águia comendo uma serpente. Nesse local, os mexicas ergueram o seu centro cerimonial, denominado **Tenochtitlán** em homenagem ao sacerdote. A partir daí, teriam iniciado a conquista do Vale do México. A águia, um dos seus símbolos, engolia a serpente, símbolo dos maias e toltecas.

Sacerdote Mextzin, auxiliar do sacerdote.

No alto do cacto nopal, a águia devora a serpente.

Lago salgado Texcoco.

O cacto nopal florido cresce a partir de uma rocha no meio do lago.

Sacerdote Tenoch, identificado pelo glifo de um cacto florido, lidera os quatro sacerdotes.

BIBLIOTECA NACIONAL, MADRI, ESPANHA

IMPÉRIO ASTECA (SÉCULO XVI)

MÁRIO YOSHIDA

OCEANO ATLÂNTICO

MÉXICO

Golfo do México

Trópico de Câncer

Cidade do México • Tenochtitlán

OCEANO PACÍFICO

N
O L
S

ESCALA

0   205   410 km

Área de dominação asteca até 1519
Área do atual México

Fonte: Elaborado com base em SALMORAL, Manuel. *Atlas Histórico de Latinoamérica: de la prehistoria hasta el siglo XXI.* Madri: Síntesis, 2003.

OS ASTECAS

Por volta do início do século XIII, os mexicas, ou astecas (vindos de Astlán, lugar das garças), combateram e submeteram os maias e toltecas, estabelecendo-se no Vale do México. A parte central do Império Maia-Tolteca havia sido conquistada. Restavam ainda áreas isoladas e a Península de Yucatán sob o controle desse Império.

No decorrer do século XV, os astecas estabeleceram um poderoso **Império** na região, incorporando também as culturas que ali haviam se desenvolvido e controlando diversas cidades.

Em seu apogeu, dominaram uma enorme área que se estendia por grande parte da Mesoamérica (área que compreendia parte do México e da América Central).

Quando os espanhóis desembarcaram na América, seu império era comandado por **Montezuma II**. Estendia-se por uma superfície de mais de 200 mil km² e possuía uma população de 5 milhões a 6 milhões de habitantes. A capital, Tenochtitlán, atual Cidade do México, foi fundada em 1325. Na época, era uma das maiores cidades do mundo.

A SOCIEDADE ASTECA

No topo da sociedade asteca encontrava-se o **Imperador**, chefe supremo do exército e da sociedade. Abaixo dele encontrava-se a **nobreza**, composta de guerreiros e altos funcionários da administração do império.

Ao lado dessa nobreza havia um grupo de **sacerdotes**, encarregados dos cultos religiosos. Havia ainda **agricultores**, **comerciantes**, **artesãos** e **camponeses** que prestavam serviços obrigatórios na construção de obras públicas e em campanhas militares.

O *calpulli*

A cidade de Tenochtitlán era dividida em quatro partes. Cada uma delas era denominada *calpulli*. Cada *calpulli* tinha um governo quase autônomo dirigido por um conselho composto pelos chefes das respectivas famílias.

Cada *calpulli* constituía-se em uma unidade social complexa com diversas funções, como organizar o trabalho agrícola, promover a arrecadação de impostos, supervisionar o culto religioso, cuidar da educação e do recrutamento de guerreiros em cada parte da cidade. Do conselho de cada *calpulli* era escolhido um indivíduo encarregado de representar seu *calpulli* no governo central. Cada um desses indivíduos exercia uma função junto ao imperador: relações exteriores, guerra e paz, cultos religiosos e assuntos internos.

Acima dos *calpulli* estava a estrutura estatal, centrada no **impera-dor**. O funcionamento do Estado baseava-se numa ampla rede buro-crática formada por funcionários profissionais, tais como os **sacerdo-tes**, os **inspetores** do comércio e os **coletores** de impostos.

CONSTRUÇÕES ASTECAS

Os astecas foram excelentes construtores de pirâmides. Também erigiram aquedutos, canais de irrigação e ilhas artificiais em lagos, as chamadas ***chinampas***, que permitiam o cultivo de flores e hortaliças. Ar-tesãos, produziam peças de ouro e prata. Também conheciam a matemática e a astronomia. Chegaram a criar um calendário com mais de 3 m de diâmetro e esculpido na pedra, chamado de Pedra do Sol. O calendário foi enterrado pelos espanhóis, mas descoberto ao final do século XVIII, na Cidade do México.

A RELIGIÃO ASTECA

Para os astecas, a religião desempe-nhava um papel central nas relações en-tre o Estado e a sociedade. A guerra era considerada sagrada. Por meio dela se obtinham escravizados para o sacrifício humano, elemento central na ligação en-tre a comunidade e o Estado. Os mortos em sacrifícios, como os que morriam em combate, tinham sua entrada garantida no Império do Sol, uma espécie de paraí-so asteca. Sorte semelhante estava reser-vada às mulheres que morriam durante o parto. Alguns teóricos consideram que seria uma forma de diminuir os temores das mulheres e aumentar a reprodução. Os mortos comuns iam para um lugar subterrâneo chamado Mictlan.

Os astecas consideravam o mundo um lugar instável, onde as colheitas, os seres humanos e até os deuses estavam ameaçados por catástrofes naturais. A religiosidade seria o caminho seguro.

Assim como os maias, os astecas também eram politeístas.

BIBLIOTECA NACIONAL, PARIS, FRANÇA

Deus-serpente Quetzalcoatl. Escultura de madeira coberta de mosaico de turquesa e madrepérola, século XV.

A Cosmogonia Asteca
Vídeo

SÍNTESE RELIGIOSA

A religião asteca é o resultado de aspectos de práticas religiosas dos diver-sos povos da Mesoamérica. Os astecas criaram uma síntese, uma reunião de di-versos elementos, transformando-os em um conjunto único.

Dos olmecas, incorporaram a ideia de uma divindade representada pelo jaguar, animal que dominava a selva e simbolizava, ao mesmo tempo, o belo e o terrível, a vida e a morte. Dos teotihuacanos, incorporaram o culto a Quet-zalcoatl (a serpente emplumada), divindade do saber, identificada com o Sol.

A figura de Quetzalcoatl acabou sendo associada a um mito tolteca que afirmava que o protetor do seu povo era um deus branco e barbado, justo e bom. Esse deus teria desaparecido misteriosamente nas águas do Golfo do Mé-xico, mas teria prometido retornar e estabelecer a sua ordem. Esse mito desem-penharia papel decisivo no momento do contato dos astecas com os espanhóis.

A representação de um deus

Na sua origem, Quetzalcoatl, a serpente emplumada dos astecas, teria disputado os favores e a atenção dos seres humanos com outra divindade. Venceu, mas, como vingança, a divindade derrotada exterminou toda a humanidade.

A serpente resgatou os seres humanos do mundo dos mortos e lhes restituiu a vida com seu próprio sangue. O deus derrotado, inconformado, embriagou Quetzalcoatl, o que era considerado uma desonra. As bebidas alcoólicas só podiam ser tomadas durante os rituais. Envergonhada, a serpente lançou-se num mar de fogo e desapareceu. Antes, porém, prometeu retornar.

Para que não se rompesse o compromisso entre a humanidade e Quetzalcoatl, e para assegurar seu retorno, faziam-se sacrifícios humanos, oferecendo sangue à divindade, da mesma maneira como Quetzalcoatl havia dado o seu sangue para os seres humanos.

Serpente emplumada de Quetzalcoatl. Extraído do manuscrito pictórico *Códice Borbonicus*, papel amate, século XVI. (detalhe)

BRITISH MUSEUM, LONDRES, INGLATERRA

À direita, pode-se ver a representação da serpente engolindo um corpo humano.

EXPANSÃO DO IMPÉRIO INCA (SÉCULOS XIV-XVI)

MARIO YOSHIDA

Quito
Latacunga
Ambato
Ribamba
Ingapirca
Guayaquil
Tomebamba
Tumbes
Saraguro
Suilana
Huancabamba
Piura
Chiquitoy
Cajamarca
Chan Chan
Huaylas
Huanuco
Huarás
Pumpo
Paramonga
Vitcos
Incawas
Cusco
Tambo Colorado
Ica
Huaitará
Abancay Andaluaylas
Nasca
Hatuncolla
Chucuito
Atico
Chuquiabo (La Paz)
Tiahuanaco
Pana
Pica
Tupiza
Catarpe
Tilcara
Mt. Acay
La Paya
Copiapo
Pucara de
Andalgala
Chilecito
Ranchillos
Santiago
Talca

OCEANO
PACÍFICO

Extensão do Império Inca

- Yahuar Huacac - 1400
- Pachacutec - 1438 a 1463
- Pachacutec e Tupac Yupanqui - 1463 a 1471
- Tupac Yupanqui - 1471 a 1493
- Huayna Capac - 1493 a 1525
- Limite do Império Inca em 1525
- Estradas incas
- • Cidades incas
- Vitcos Capital de província

N O L S

ESCALA
0   455   910 km

Fonte: Elaborado com base em SALMORAL, Manuel. *Atlas Histórico de Latinoamérica: de la prehistoria hasta el siglo XXI.* Madri: Síntesis, 2003.

OS INCAS

Inca era o Filho do Sol. Era assim designado o soberano que reinava sobre o povo quíchua no Peru. A denominação estendia-se a toda a dinastia e também aos indivíduos submetidos à dominação dessa mesma dinastia. Em torno do século XII, os incas fundaram um poderoso Império, abrangendo não só o Peru como também o Equador, a Bolívia, parte do Chile e da Colômbia.

O **Império Inca** era chamado de *Tahuantinsuyu*, que quer dizer "o mundo dos quatro cantos", pois era dividido em quatro partes. Sua capital, **Cuzco**, significava "o umbigo do mundo". Cada um dos cantos do Império era dividido em províncias de diversos tamanhos, com uma capital ou centro. Os governadores de cada canto viviam em Cuzco.

A SOCIEDADE INCA

A sociedade inca apresentava-se bastante diferenciada. O soberano (**inca**) e seus descendentes ocupavam o topo da escala social. Em torno do rei havia uma **aristocracia** formada por sacerdotes e militares. Uma **nobreza inferior** era formada pelos chefes regionais (*kuracas*) e funcionários qualificados. Em seguida, a massa da população, composta de

Reprodução proibida. Art. 184 do Código Penal e Lei 9.610 de 19 de fevereiro de 1998

comerciantes e **artesãos**, **agricultores** e, por último, os **escravizados**, obtidos nas guerras e conquistas.

A população vivia em pequenas comunidades agropastoris, os **ayllu**, localizadas em aldeias, cada uma habitada por um conjunto de famílias. O *ayllu* era o grande grupo familiar. Formava uma unidade econômica, militar e religiosa, com território próprio e que obedecia à chefia de um *kuraca*. Sobre o *ayllu* erguiam-se os fundamentos econômicos da sociedade.

Os membros do *ayllu* eram obrigados a prestar serviços para as obras públicas e executar outras tarefas impostas pelo inca. Os nativos, apesar de proprietários de bens imóveis e móveis, ficavam sob a dependência das decisões do monarca, responsável direto por seu sustento e proteção. Também do soberano dependia grande parte da vida de cada um, pois era ele quem fixava a idade de casamento, a data dos cultos religiosos e até mesmo a época das viagens e a mudança de domicílio.

Vista Geral das ruínas do complexo arqueológico da cidade sagrada de Machu Picchu, construída no século XV, Cuzco (Peru), 12 fev. 2018.

A arquitetura inca

A monumental arquitetura inca é o registro da capacidade desse povo de superar as dificuldades impostas pela natureza. O Império Inca estendeu-se por áreas que compõem hoje Peru, Equador, Bolívia, partes do Chile e Colômbia. A região é marcada por terremotos, grandes montanhas e cordilheiras.

A pedra foi o elemento básico das construções incas. A fortaleza de Sacsayhuaman é uma construção edificada com blocos de pedra de até 100 toneladas. Os incas realizavam, nesse local, ritos sagrados, e ainda o utilizavam como abrigo em caso de emergência.

A cidade de Cuzco, situada no Vale Sagrado, era o

Cuzco, cidade Puma, anônimo. Ilustração extraída do livro *El valle sagrado de los incas: mitos y símbolos*. Cuzco: Sociedade Pacarintanpu (Peru), 1996.

mais importante centro administrativo e cultural do Império Inca. Ela foi construída na forma de um puma, animal que simbolizava poder e força. A fortaleza de Sacsayhuaman delineava a cabeça do animal, e a confluência dos dois rios que atravessam a cidade formava sua cauda.

As estradas eram estreitas e por elas circulavam homens e lhamas com carregamentos. Para construí-las em terrenos com grandes declives, usavam o desenho em zigue-zague, o que facilitava a circulação, ou escadas em partes dos trajetos. Além disso, erguiam muros de arrimo em lugares perigosos para evitar desabamentos.

As estradas desempenhavam uma função mais vinculada ao controle do Império do que ao comércio. Ao todo, calcula-se mais de 4 mil km de estradas cortando o Império. Ao longo delas, havia construções que serviam para soldados ou funcionários passarem a noite.

Obras de irrigação das montanhas em direção aos vales desertos, pontes elevadiças em grandes precipícios e aterros em pântanos são também testemunhos do alto nível de conhecimento técnico dos incas.

Fachada das ruínas do complexo arqueológico inca de Sacsayhuaman, Cuzco (Peru), 23 maio 2018.

UMA CONQUISTA SANGRENTA

Fontes: Elaborado com base em *Atlas histórico mundial*. S. Paulo/ Londres: Folha de S.Paulo/ Times, 1995; SALMORAL, Manuel. *Atlas Histórico de Latinoamérica*: de la prehistoria hasta el siglo XXI. Madri: Síntesis, 2003.

Cabeças decepadas. Membros mutilados. Corpos esquartejados. Povos dizimados. Um verdadeiro massacre. Esse foi o resultado da passagem de tropas espanholas e portuguesas pelos vários cantos do novo continente batizado de América.

A partir do século XV, a história dos povos ameríndios foi escrita com brutal violência. As inúmeras caravelas europeias que atravessaram o Oceano Atlântico trouxeram para a América centenas de aventureiros e conquistadores em busca de riquezas, poder e honras.

POVOS AMERICANOS ÀS VÉSPERAS DA CONQUISTA EUROPEIA

Ao longo do século XVI, a atração exercida pelas Índias foi aos poucos substituída pelo Novo Mundo recém-descoberto. As potências europeias passaram a se interessar pelas terras americanas, iniciando uma verdadeira corrida colonial para o continente encontrado.

Depois dos primeiros contatos com a terra feitos por Colombo, os espanhóis iniciaram a colonização ocupando a ilha de Hispaniola, atuais Haiti e República Dominicana. Entre 1496 e 1516, milhares de espanhóis chegaram à ilha com o intuito de explorar e conquistar essas terras. O sonho do ouro levou-os à conquista das terras continentais.

Para dominar os diferentes povos e percorrer longas distâncias, os espanhóis trouxeram cavalos, animais até então desconhecidos pelos habitantes da América. Além disso, possuíam armas de fogo e espadas de aço, também desconhecidas por esses povos.

Tudo isso causou forte espanto entre os integrantes desses impérios, que chegaram a associar os espanhóis montados a cavalo e com reluzentes armaduras a guerreiros enviados pelos deuses.

TÁ LIGADO ?

12. Explique o impacto causado nos habitantes da América pelas armas e os cavalos trazidos pelos espanhóis.

A CONQUISTA DO IMPÉRIO ASTECA

Quando o comandante espanhol Hernan Cortez apareceu nas atuais terras mexicanas, em 1519, muitos dos nativos acreditaram tratar-se do deus Quetzalcoatl que havia retornado. Alguns chegaram a pensar que o cavalo e seu montador formavam um único ser.

Cortez foi recebido pelo próprio imperador Montezuma, que lhe ofereceu um grande banquete. Além da comida, Cortez provou o chocolate, bebida considerada sagrada. Segundo a tradição, as sementes do cacau, que serviam de base para a bebida, haviam sido deixadas pelo deus Quetzalcoatl e tinham poderes mágicos.

INVASÃO E CONQUISTA DO IMPÉRIO ASTECA (1519-1521)

MÁRIO YOSHIDA

Fonte: Elaborado com base em SALMORAL, Manuel. *Atlas Histórico de Latinoamerica*: de la prehistoria hasta el siglo XXI. Madrid: Síntesis, 2003.

TÁ LIGADO ?

13. Explique como os mitos mexicas e incas contribuíram para a conquista espanhola.

Os espanhóis ficaram impressionados com a grandiosidade da capital Tenochtitlán, uma das maiores cidades do mundo na ocasião, com jardins, palácios, templos e mercados. A cidade havia sido ordenada sobre uma base quadrangular e possuía pequenas ruas para a circulação de pessoas e canais para o trânsito de canoas. As amplas avenidas dispunham de pontes elevadiças, feitas de grandes pranchas de madeira que podiam ser removidas com certa facilidade em caso de perigo.

Além dos cavalos e das armas de fogo, outro elemento foi decisivo para a dominação espanhola: as rivalidades entre os diversos povos e impérios da América. Por meio de informações e do conhecimento sobre a cultura local, os espanhóis conseguiram aliados entre as populações americanas inimigas dos astecas.

Assim, com 600 soldados, 16 cavalos, dez canhões e o apoio das populações aliadas, as tropas espanholas arrasaram Tenochtitlán. O imperador foi assassinado, e milhares de astecas, massacrados. Após a tomada da capital, para consolidar o domínio sobre a região, os espanhóis continuaram a saquear o tesouro asteca. Toneladas de ouro foram enviadas para a monarquia espanhola e tornaram a Espanha o reino europeu mais rico e poderoso até a metade do século XVII.

O DEUS VIRACOCHA E A CONQUISTA ESPANHOLA

De acordo com a mitologia inca, Viracocha, um deus alto, branco e barbado, foi o criador de todas as coisas. No princípio, Viracocha criou um mundo escuro. Depois de criar o céu e a Terra, o deus inca formou uma primeira geração de homens gigantes. Ordenou-lhes que vivessem em harmonia, que o servissem e o honrassem. Como não foi obedecido, resolveu transformá-los em pedra. Logo depois enviou um dilúvio para cobrir toda a Terra.

Passado o dilúvio, já com a Terra seca, resolveu que a povoaria uma segunda vez. Antes disso, decidiu criar também o Sol, a Lua e as estrelas para que pudessem dar claridade à Terra. Para isso, foi até o Lago Titicaca e ordenou que os astros surgissem dali e subissem ao céu para dar luz ao mundo.

No momento em que o Sol subia ao céu, Viracocha tomou a forma humana luminosa e criou o primeiro inca. Após muitas aventuras e feitos, quando considerou ter terminado sua obra, saiu caminhando de costas sobre o mar e desapareceu no horizonte.

Homens como Hernan Cortez e Francisco Pizarro foram relativamente bem recebidos pelos soberanos do Novo Mundo, pois sua chegada coincidia com esse mito. Segundo as tradições religiosas inca e asteca, um deus voltaria para restaurar a ordem e a paz entre todos. Para

Hernan Cortez montado em seu cavalo com armadura, Miguel e Juan González. Óleo sobre tela, século XVII. (detalhe)

MUSEU DE AMÉRICA, MADRI, ESPANHA

os mexicas (astecas), era Quetzalcoatl (a serpente emplumada); para os incas, Viracocha.

Cortez, homem branco e barbado, vinha do mar, montado sobre um monstro desconhecido (seu cavalo) e com serpentes de fogo nas mãos (suas armas de fogo). Aos olhos dos astecas era uma aparição divina.

No caso dos incas, Pizarro e seus homens seriam os mensageiros (homens brancos e barbados) de Viracocha, o criador de todas as coisas, que chegavam para anunciar a sua vinda.

Esses mitos ajudam a entender como algumas centenas de conquistadores dominaram impérios compostos de milhares de guerreiros.

Deus Viracocha, monólito. Complexo arqueológico de Tiahuanaco, construído em 630-650, Bolívia, 27 jul. 2017.

Tenochtitlán descrita por Hernan Cortez

"É tão grande a cidade como Sevilha e Córdoba. São as suas ruas, digo, as principais, muito largas [...], há pontes muito amplas e de muito grandes vigas, juntas sólidas e bem lavradas, e tais, que por muitas delas podem passar dez a cavalo, lado a lado. [...] Tem muitas praças, onde há contínuo mercado e comércio de compra e venda. Tem outra praça tão grande como duas vezes a cidade de Salamanca [...] onde há diariamente acima de 60 mil pessoas comprando e vendendo [...]. Tinha dentro da cidade suas casas de hospedagem, tais e tão maravilhosas, que me parecia quase impossível poder dizer da beleza e tamanho delas, nada mais podendo expressar a não ser que em Espanha não há casas semelhantes."

BELLOTTO, M. L.; CORRÊA, A. M. M. *América Latina de colonização espanhola*: antologia de textos históricos. São Paulo: Hucitec/Edusp, 1979. p. 87-88.

Planta da cidade de Tenochtitlán, anônimo. Litogravura colorida extraída do manuscrito *Praeclara Ferdinadi Cortesi de Nova Maris Oceani Hyspania Narratio*, Hernan Cortez, 1524.

Planta da Cidade do México, anônimo. Litogravura colorida extraída do manuscrito *Regia et Celebris Hispaniae Novae Civitas*, Georg Braun e Frans Hogenberg, 1572.

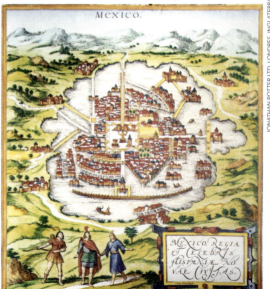

A planta da capital asteca foi elaborada com base nas informações de Hernan Cortez.

Grande parte da capital asteca foi destruída na invasão de 1521, e a Cidade do México espanhola foi construída sobre as ruínas da antiga capital.

FRANCISCO PIZARRO E A CONQUISTA DO IMPÉRIO INCA

Em 1513, o comandante espanhol Francisco Pizarro recebeu as primeiras informações sobre um reino onde se comia e bebia em vasilhas de ouro. Depois de várias tentativas fracassadas, Pizarro chegou aos territórios incas trazendo consigo 168 soldados, 62 cavalos e uns poucos canhões. Por onde passaram, cidades foram incendiadas e saqueadas. Homens, mulheres e crianças foram massacrados sem piedade. Sua chegada ao coração do Império Inca, localizado na Cordilheira dos Andes, foi facilitada pelas excelentes condições de suas estradas.

Em 1532, Francisco Pizarro chegou a Cajamarca, deixando seus soldados fora da cidade. Aceitou o convite do imperador Atahualpa para um encontro reservado. Na primeira oportunidade, assassinou a pequena guarda de honra e aprisionou o imperador.

UMA SALA DE OURO

Atahualpa, percebendo que os espanhóis queriam ouro, ofereceu a eles uma sala (com cerca de 35 m²), lotada até 2 m de altura de ouro puro, em troca de sua liberdade. Pizarro aceitou a proposta. Imediatamente Atahualpa enviou seus mensageiros aos quatro cantos de seu Império com a ordem de trazerem tanto ouro quanto fosse possível.

Em cinco meses, os súditos de Atahualpa encheram a sala com o ouro prometido. Pizarro ordenou a fundição de toda aquela riqueza em barras, que foram enviadas para a Espanha. E mandou executar o imperador inca. A conquista de Pizarro deu aos espanhóis o controle do imenso Império que se estendia do atual Equador à Argentina e muitas barras de ouro.

Essas riquezas, em um volume nunca visto pelos europeus até então, deram origem à lenda do Eldorado. Haveria um rei na América do Sul que anualmente cobriria todo o corpo com pó de ouro e depois se banharia em um lago brilhante, devido ao ouro acumulado. Nesse reino, as habitações seriam feitas de ouro. As ruas, de metais e pedras preciosas. E haveria ainda uma enorme montanha, toda ela dourada.

Em 1546, foram descobertas as minas de prata de Potosí, consideradas as maiores do mundo. Uma enorme montanha recheada de prata, onde os conquistadores ergueram uma cidade que reunia mais de 100 mil habitantes em 1573. De lá foram retiradas milhares de toneladas de prata, à custa do trabalho indígena.

Nos dias de hoje, Potosí é um lugarejo miserável, com um imenso buraco de onde foi extraída toda a prata.

Execução do imperador Atahualpa em Cajamarca em 1533 por ordem de Francisco Pizarro, anônimo. Gravura extraída de *Nova crônica e bom governo*, Felipe Guamán Poma de Ayala, c. 1615.

A DOMINAÇÃO ESPANHOLA

As tropas dirigidas por Cortez conquistaram o Planalto Mexicano, sede do Império Asteca, em 1521. A região, centro do poder espanhol, tornou-se conhecida como **Nova Espanha**. Dali partiram outras expedições. O Peru foi ocupado entre 1513 e 1533 e serviu de base para a exploração das áreas hoje pertencentes à Bolívia, ao Chile e ao Equador. Entre 1536 e 1580, foi a vez da região da bacia do Rio da Prata. Em 1536, foi fundada a cidade de Buenos Aires, na atual Argentina, e, no ano seguinte, Assunção, no Paraguai.

A chegada dos europeus mudou completamente a vida dos nativos que conseguiram sobreviver à matança dos espanhóis. Estabeleceu-se um sistema de organização administrativa que visava ao controle direto da Espanha sobre sua colônia na América. No século XVI, a administração da colônia espanhola foi dividida em dois grandes vice-reinos: o **Vice-Reinado da Nova Espanha** (que corresponderia, aproximadamente, às áreas atuais do México, Flórida, América Central, ilhas do Caribe e Venezuela) e o **Vice-Reinado do Peru** (que equivaleria, aproximadamente, aos territórios atuais da Colômbia, Equador, Bolívia, Peru, Chile, Argentina Paraguai e Uruguai).

Também foram constituídas **Audiências**, encarregadas da administração da justiça e que assumiam funções de governo nesse vasto território. Muitas vezes as Audiências eram presididas pelo vice-rei.

A nomeação dos vice-reis cabia ao **Conselho das Índias**. Tratava-se do órgão mais importante da administração colonial, encarregado da nomeação dos funcionários para as Audiências e demais cargos administrativos.

As únicas instituições coloniais com autonomia em relação ao Conselho das Índias eram os *cabildos*, espécie de câmaras municipais responsáveis pela administração nas vilas e cidades. Os *cabildos* eram formados pelos grandes proprietários, comerciantes e mineradores.

TÁ LIGADO?

14. Aponte as duas grandes divisões coloniais estabelecidas pela Espanha.

15. Aponte as funções das Audiências.

16. Aponte as atribuições do Conselho das Índias.

17. Explique o que eram os *cabildos*.

Fonte: Elaborado com base em SALMORAL, Manuel. *Atlas Histórico de Latinoamérica:* de la prehistoria hasta el siglo XXI. Madri: Síntesis, 2003.

DIVISÃO POLÍTICO-ADMINISTRATIVA DA AMÉRICA ESPANHOLA (SÉCULO XVI)

MÁRIO YOSHIDA

- ● Vice-Reinado da Nova Espanha
- ■ Vice-Reinado do Peru
- **Audiências**
- Audiência de Guadalajara, fundada em 1548
- Audiência de México, fundada em 1527
- Audiência de Guatemala, fundada em 1542
- Audiência de Santo Domingo, fundada em 1511
- Audiência de Panamá, fundada em 1538
- Audiência de Santafé, fundada em 1548
- Audiência de Quito, fundada em 1563
- Audiência de Lima, fundada em 1542
- Audiência de Charcas, fundada em 1559
- Audiência de Chile, fundada em 1563
- Audiência de Buenos Aires, fundada em 1661

ESCALA
0   750   1 500 km

REPARTIMIENTOS, ENCOMIENDA E MITA

As terras das aldeias conquistadas eram divididas em pequenos lotes, denominados **repartimientos**. Esses lotes eram distribuídos entre os conquistadores pelas autoridades espanholas. Cada lote vinha acompanhado de certo número de nativos que iriam trabalhar para os espanhóis. Em troca do trabalho, os europeus se comprometiam a cristianizar os indígenas. Suas almas eram "encomendadas" ao dono do lote de terra. Por isso, esse tipo de trabalho era denominado **encomienda**, e os donos dos lotes, **encomenderos**.

A *encomienda* consistia em uma forma de trabalho obrigatório. Os nativos não tinham liberdade. Eram obrigados a trabalhar para os conquistadores e não recebiam salários. Além disso, eram duramente castigados de acordo com a vontade de seus senhores.

Outra forma de trabalho obrigatório era a **mita**, que não foi criada pelos espanhóis: já era praticada no interior do Império Inca. Os povos dominados eram obrigados a fornecer determinado número de trabalhadores para as atividades que sustentavam o Império: agricultura, obras de irrigação, grandes construções.

Frei Bartolomé e os massacres dos espanhóis

O frei dominicano Bartolomé de Las Casas (1474-1566) chegou à América em 1502. Como muitos outros religiosos espanhóis, veio pregar a palavra cristã aos nativos. Indignado, Las Casas denunciou em seus escritos os massacres cometidos no Novo Mundo. A seguir, reproduzimos um trecho de seu relato lançado em 1552.

Os espanhóis com seus cavalos, suas espadas e lanças começaram a praticar crueldades estranhas; entravam nas vilas, burgos e aldeias, não poupando nem as crianças e os homens velhos, nem as mulheres grávidas e parturientes, e lhes abriam o ventre e as faziam em pedaços como se estivessem golpeando cordeiros.

Faziam apostas sobre quem, de um só golpe de espada, fenderia e abriria um homem pela metade, ou quem, mais habilmente e mais destramente, de um só golpe lhe cortaria a cabeça, ou ainda sobre quem abriria as entranhas de um homem de um só golpe. Arrancavam os filhos dos seios da mãe e lhes esfregavam a cabeça contra os rochedos [...] Faziam certas forcas longas e baixas, de modo que os pés tocavam quase a terra, um para cada treze, em honra e reverência de Nosso Senhor e de seus doze Apóstolos (como diziam)

Cães da expedição de Vasco Nuñez Balboa, Theodore de Bry. Litogravura, c. 1594.

e deitando-lhes fogo, queimavam vivos todos os que ali estavam presos. [...]

Eu vi as cousas acima referidas e um número infinito de outras; e pois que os que podiam fugir ocultavam-se nas montanhas a fim de escapar a esses homens desumanos, despojados de qualquer piedade, [que] ensinavam cães a fazer em pedaços um índio à primeira vista. Esses cães faziam grandes matanças e como por vezes os índios matavam algum, os espanhóis fizeram uma lei entre eles, segundo a qual por um espanhol morto faziam morrer cem índios.

LAS CASAS, Bartolomé de. Brevíssima relação da destruição das Índias. In: *O Paraíso destruído*: a sangrenta história da conquista da América espanhola. Porto Alegre: L&PM, 1984. p. 32-33.

Os espanhóis substituíram os senhores incas. Submeteram milhões de indígenas ao trabalho em suas **haciendas** (fazendas), onde eram plantados fumo, cana-de-açúcar, cacau e outros gêneros agrícolas. Também obrigaram os nativos a trabalharem em suas estâncias de gado e cavalos. Formavam-se as grandes propriedades rurais, os **latifúndios**, uma das características da exploração colonial.

Mas foram as minas de ouro e prata que concentraram o maior número de indígenas. Os espanhóis retiraram milhões de toneladas de metais preciosos das entranhas da América e mataram milhões de nativos. As caravelas espanholas passaram a ser substituídas por enormes galeões, que cruzavam o Atlântico lotadas de ouro e prata.

Trabalhos exaustivos, violências de todo tipo e doenças como varíola e malária dizimaram os indígenas. Os nativos foram proibidos de possuir cavalos até o século XIX. Mesmo assim, membros de alguns povos conseguiram obter o precioso animal de guerra por meio de assaltos a *haciendas* e do contrabando em troca de metais preciosos.

Com cavalos, os ataques às terras ocupadas pelos senhores brancos tornaram-se mais frequentes. Inúmeros animais foram levados para as aldeias indígenas. Milhares se perderam pelas planícies da América, formando bandos selvagens. O cavalo aparecia nas paisagens americanas para alegria dos Cherokee, Sioux, Apache, Cheyenne, Comanche e outros povos indígenas que se tornaram excelentes montadores.

TÁ LIGADO ?

18. Defina cada um dos conceitos abaixo, relacionados à exploração do trabalho dos povos conquistados pelos espanhóis:
a) *repartimientos*;
b) *encomienda*;
c) *mita*.

Fonte: Elaborado com base em pesquisa realizada em 2010. Documento elaborado em 2015 pela Comissão Econômica para a América Latina e Caribe (CEPAL) e Centro Latino--Americano e Caribenho de Demografia (CELADE).

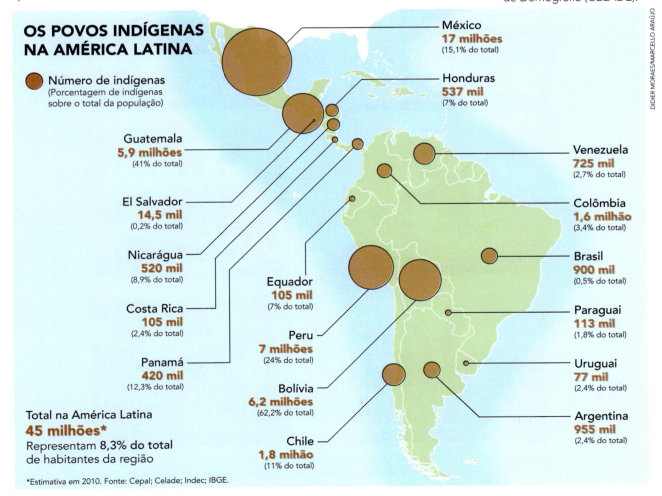

OS POVOS INDÍGENAS NA AMÉRICA LATINA

Número de indígenas
(Porcentagem de indígenas sobre o total da população)

México
17 milhões
(15,1% do total)

Honduras
537 mil
(7% do total)

Guatemala
5,9 milhões
(41% do total)

El Salvador
14,5 mil
(0,2% do total)

Nicarágua
520 mil
(8,9% do total)

Costa Rica
105 mil
(2,4% do total)

Panamá
420 mil
(12,3% do total)

Equador
105 mil
(7% do total)

Peru
7 milhões
(24% do total)

Bolívia
6,2 milhões
(62,2% do total)

Chile
1,8 mihão
(11% do total)

Venezuela
725 mil
(2,7% do total)

Colômbia
1,6 milhão
(3,4% do total)

Brasil
900 mil
(0,5% do total)

Paraguai
113 mil
(1,8% do total)

Uruguai
77 mil
(2,4% do total)

Argentina
955 mil
(2,4% do total)

Total na América Latina
45 milhões*
Representam 8,3% do total de habitantes da região

*Estimativa em 2010. Fonte: Cepal; Celade; Indec; IBGE.

DIDIER MORAES/MARCELLO ARAÚJO

A guerra, o cavalo e a equitação

O historiador holandês Johan Huizinga (1872-1945) destacou que mesmo a guerra possui elementos lúdicos, ou seja, vinculados aos jogos. No entanto, Huizinga afirmou que só seria correto pensar na guerra como jogo na medida em que os oponentes se considerem como iguais ou com direitos iguais. Não foi o caso durante a conquista da América pelos europeus.

Mas a importância do cavalo como instrumento de guerra e dominação não foi uma característica particular da conquista espanhola. O cavalo foi utilizado como uma das principais armas de combate até a Primeira Guerra Mundial (1914-1918). Domesticado há mais de 6 mil anos, o cavalo tornou-se fundamental para a constituição dos exércitos dos povos assírios, persas, gregos, romanos, chineses, mongóis, cristãos, medievais e islâmicos.

Os movimentos rápidos da cavalaria decidiram batalhas até o início do século XX, quando começou a desenvolver-se a guerra motorizada, com tanques, aviões e outros veículos militares. A partir de então, o uso do cavalo ficou mais restrito às atividades agrícolas e aos esportes.

Os primeiros tratados europeus sobre a montaria e a arte de cavalgar datam do século XV, vinculados à formação da nobreza e às práticas de guerra. As competições modernas de equitação, com circuitos compostos por obstáculos, surgiram, no entanto, apenas no século XIX. E a equitação tornou-se esporte olímpico nos Jogos de Estocolmo, na Suécia, em 1912.

BIBLIOTECA NACIONAL, PARIS, FRANÇA

Aulas de equitação, anônimo. Litografias aquareladas extraídas de *L'Encyclopédie. Dictionnaire Raisonné des Sciences, des Arts et des Métiers*, Jean le Rond D'Alembert e Denis Diderot, 1769.

1. Releia o quadro complementar "A arquitetura inca" (p. 111). Aponte o formato que a cidade de Cuzco possui e qual é o seu simbolismo.

2. Com base no roteiro *Leitura de mapas* da seção **Passo a passo** (p. 7), analise o mapa "Povos americanos" (p. 102). Quais foram os tipos de sociedade encontrados pelos europeus na América?

3. Uma semelhança fundamental entre maias, astecas e incas é a existência de uma rígida hierarquia social.
   a) No seu caderno, faça três esquemas para representar a hierarquia social de cada um desses povos.
   b) Ao comparar os três esquemas, podemos dizer que há mais semelhanças ou diferenças entre eles? Justifique sua resposta.

4. Explique o papel da religião na sociedade maia.

5. Esclareça a motivação religiosa para os astecas realizarem sacrifícios humanos.

6. Em seu caderno, elabore uma linha de tempo com as datas relativas a:
   a) origem e desenvolvimento da sociedade maia;
   b) origem e desenvolvimento do Império Asteca;
   c) origem e desenvolvimento do Império Inca.

7. Em seu caderno, elabore uma lista com os fatores que contribuíram para a vitória dos espanhóis sobre os astecas, em 1521, e sobre os incas, em 1533.

8. Em seu caderno, elabore um pequeno texto com as palavras-chave seguintes, demonstrando como os conquistadores espanhóis organizaram o trabalho indígena em suas colônias da América.
   • *repartimiento*
   • *encomienda*
   • *mita*

9. "Os espanhóis retiraram milhões de toneladas de metais preciosos das entranhas da América e mataram milhões de nativos" (p. 119).
   Com base nesse trecho, esclareça a relação entre as conquistas na América e o fortalecimento da Espanha.

10. Trace uma linha do tempo com os principais acontecimentos relacionados à conquista e colonização espanhola.

11. Defina cada um dos conceitos abaixo e organize um pequeno dicionário conceitual em seu caderno:
   • *huaca*
   • *calpulli*
   • *chinampas*
   • *ayllu*
   • Audiências
   • Conselho das Índias
   • *cabildo*
   • *repartimiento*
   • *encomienda*
   • *mita*

12. Com base no roteiro *Leitura de mapas* da seção **Passo a passo** (p. 7), analise o mapa "Divisão político-administrativa da América espanhola (século XVI)" (p. 117). Identifique e explique as preocupações e os interesses da Coroa espanhola com essa divisão política.

13. Explique por que os confrontos entre espanhóis e indígenas não se deram em bases iguais.

14. Explique a relação entre o cavalo e a guerra.

15. Vamos construir nossos *tags*. Siga as instruções do *Pesquisando na internet* na seção **Passo a passo** (p. 7) utilizando as palavras-chave abaixo:

   Chichén Itzá

   Machu Picchu

   Cuzco

   Tenochtitlán

   Quetzalcoatl

   Viracocha

Entre 1550 e 1555, Juan Ginés de Sepúlveda e Bartolomé de Las Casas travaram uma áspera polêmica sobre a legalidade das conquistas espanholas no Novo Mundo. Abaixo, há fragmentos de textos desses autores. Leia-os com atenção e, em seguida, responda às questões propostas:

PONTOS DE VISTA

Os que ultrapassam os outros pela prudência e pela razão [...] são, pela própria natureza, os senhores; por outro lado, os preguiçosos, os espíritos lentos [...] são, por natureza, servos. E é justo que sejam servos [...]. Assim são as nações bárbaras e desumanas, estranhas à vida civil e aos costumes pacíficos. E será sempre justo e conforme o direito natural que essas pessoas sejam submetidas ao império de príncipes e de nações mais cultivadas e humanas [...]. E se recusam esse império, é permissível impô-lo pelo meio das armas e tal guerra será justa, assim como declara o direito natural.

SEPÚLVEDA, Juan Ginés de. Apud LAS CASAS, Bartolomé de. Brevíssima relação da destruição das Índias. In: *O Paraíso destruído*: a sangrenta história da conquista da América espanhola. Porto Alegre: L&PM, 1984. p. 23.

Para servir unicamente a seus interesses temporais, os espanhóis denegriram os índios, cobrindo-os da mais infame de todas as infâmias que se possam lançar sobre o homem, e pela mais odiosa e mais malvada das infâmias quiseram colocá-los fora da espécie humana.

LAS CASAS, Bartolomé de. Brevíssima relação da destruição das Índias. In: *O Paraíso destruído*: a sangrenta história da conquista da América espanhola. Porto Alegre: L&PM, 1984. p. 130.

1. Identifique os argumentos de Sepúlveda para justificar a dominação da população indígena do continente americano.

2. Esclareça a crítica do frei Bartolomé de Las Casas aos espanhóis.

PONTO DE VISTA

OBSERVE AS IMAGENS

A violência da conquista colonial

Além dos relatos da conquista espanhola registrados por escrito, há também uma série de imagens que procuram representar o contato entre espanhóis e os povos americanos. Observe atentamente as imagens e responda às questões propostas:

Atrocidades cometidas pelos espanhóis contra os indígenas, Theodore de Bry. Gravura, c. 1594.

A matança de Cholula. Extraído do manuscrito pictórico *Códice Lienzo de Tlaxcala*, papel amate, século XVI.

TÁ NA REDE! 🛜

CÓDICE LIENZO DE TLAXCALA

Digite o endereço abaixo na barra do navegador de internet: *<https://goo.gl/GbE7ZH>*. Você pode também tirar uma foto com um aplicativo de *QrCode* para saber mais sobre o assunto. Acesso em: 25 ago. 2018. Em português.

O site apresenta fragmentos do códice Lienzo de Tlaxcala.

Conquista de Colhuacan. Extraído do manuscrito pictórico *Códice Lienzo de Tlaxcala*, papel amate, século XVI.

1. Descreva cada uma das imagens apresentadas e identifique o suporte material delas.

2. Compare as representações de espanhóis e dos povos originários nas três imagens.

3. Elabore um pequeno texto crítico a respeito da conquista colonial espanhola.

O chocolate é americano

Achados arqueológicos comprovam que tanto os maias quanto os astecas já utilizavam o cacau como bebida, conhecida como "bebida dos deuses". Entre os astecas houve épocas em que as sementes de cacau, de tão valorizadas, eram usadas como moeda (entre os séculos XIII e XVI). Com o cacau preparava-se uma bebida: *xocolatl* (*xoco*: cacau; *latl*: água). Adicionavam mel para torná-la mais doce.

Os espanhóis levaram o cacau para a Europa no início do século XVI. Com o tempo, os europeus começaram a misturar açúcar e leite à bebida e a servi-la quente. O chocolate começava a ganhar o mundo.

Nos dias de hoje, o consumo do chocolate movimenta no mundo uma economia de 60 bilhões de dólares/ano. Entretanto, menos de 5% da renda gerada acaba nas mãos dos produtores de cacau.

Países produtores de cacau no mundo (2014)

Costa do Marfim 39%
Equador 4%
Brasil 5%
Outros 9%
Gana 29%
Nigéria 6%
Camarões 5%
Malásia 5%
Indonésia 10%

Fonte: Elaborado com base em <http://goo.gl/e9Q5m>; <http://goo.gl/cNIKMG>; <http://goo.gl/hbBuHg>; <http://goo.gl/b1RBCH>; <https://abr.ai/2x9QC4l>; <http://bit.ly/2NFDRb3>. Acessos em: 25 ago. 2018.

1. Observe o infográfico sobre os produtores de cacau e chocolate e responda:
   a) Quais são os seis principais países produtores de cacau do mundo?
   b) Onde estão localizadas as sedes dos cinco maiores fabricantes de chocolate do mundo?
   c) Quem ganha mais com o comércio do chocolate: as indústrias ou os produtores de cacau?
   d) Com base nos dados levantados e no texto desta atividade, registre no seu caderno as conclusões que podem ser tiradas dessa situação.

2. Analise a imagem de propaganda à página 125.
   a) Quem é o público-alvo desse produto?
   b) Que mensagens podemos identificar na propaganda?

Maiores empresas produtoras de chocolate e seu país de origem

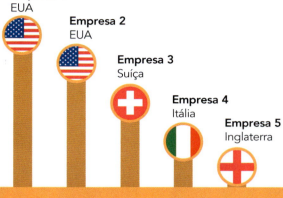

Empresa 1
EUA

Empresa 2
EUA

Empresa 3
Suíça

Empresa 4
Itália

Empresa 5
Inglaterra

MÁRIO KANNO

PATAO

Anúncio de Páscoa. Cartaz de propaganda de supermercado. Pato Branco, Paraná, 2011.

TRÉPLICA

 Filmes

A nova onda do imperador
EUA, 2000. Direção de Mark Dindal.

Nessa animação, o imperador inca Kuzko decide construir um novo palácio, mas não se preocupa com os camponeses que moram no lugar.

Apocalypto
EUA, 2006. Direção de Mel Gibson.

Durante o declínio do Império Maia, na América Central, pouco antes da conquista europeia, um pequeno grupo é capturado. O filme conta a história de Jaguar Paw e sua luta para defender sua família.

 Livros

Como seria sua vida no Império Asteca?
MACDONALD, F. São Paulo: Scipione, 2006.

A filha de Tupac Amaru
SALES, S. São Paulo: Ibep, 2006.

Cidades pré-hispânicas do México e da América Central
SANTOS, E. N. dos. São Paulo: Atual, 2007.

Contos, mitos e lendas, para crianças da América Latina
CIERRA, I. M. A. São Paulo: Ática, 1983.

Mitos, contos e lendas da América Latina e do Caribe
Coedição Latino-Americana (Org.). São Paulo: Melhoramentos, 2008.

 Sites

(Acessos em: 25 ago. 2018)

<http://bit.ly/2QrblZn>

Visita virtual à famosa cidade inca Machu Picchu. Em inglês ou espanhol, o *site* é de fácil navegação.

<http://goo.gl/gNVl9N>

O museu disponibiliza em seu acervo mapas, infográficos, imagens, linhas do tempo sobre história pré-colombiana.

CAPÍTULO 6

O Brasil antes de Cabral

PORTAS ABERTAS

OBSERVE AS IMAGENS

1. No seu caderno, identifique a data e os elementos pertencentes a cada imagem.

2. Quais são as semelhanças entre as duas fotos?

3. Os espanhóis e os indígenas brasileiros retratados nas imagens vivem da mesma maneira? Explique.

Ritual do Kwarup. Parque Indígena do Xingu, Mato Grosso (Brasil), 2007. (imagem e detalhe)

Copa do Mundo. França, 1998. (imagem e detalhe)

Torcedores espanhóis pintados com as cores da bandeira de seu país.

QUEM INVENTOU O BRASIL?

O Brasil é conhecido por ser o país das belas praias e da exuberante e imensa Floresta Amazônica. Nosso país tem muitas outras belezas naturais, como o Pantanal Mato-Grossense, as Cataratas do Iguaçu, os Lençóis Maranhenses, a Chapada Diamantina, o Arquipélago de Fernando de Noronha.

É bom lembrar que o Brasil possui, além da diversidade natural, universidades, museus, indústrias, fazendas, usinas hidrelétricas e grandes cidades. Existe no país uma variedade impressionante de culturas, de modos de vida e de tipos de pessoas. Tal diversidade cultural talvez seja a principal característica do Brasil. A tal ponto que seria impossível escolher uma única imagem ou um único rosto que pudesse simbolizá-lo completamente.

Muito antes de haver cidades, indústrias, Carnaval e futebol, as terras que hoje chamamos de Brasil eram habitadas por muitos povos indígenas.

Pode-se estudar a História do Brasil a partir da chegada de Pedro Álvares Cabral e dos portugueses em 1500. Isso não está errado. Mas tem consequências. Nossa História não é apenas um capítulo da História da Europa.

Nossa história começa com os primeiros habitantes destas terras. Apresentá-la a partir da sua origem é uma forma de assumirmos um posicionamento crítico com relação à dominação, à escravização e às mortes às quais os povos indígenas foram submetidos nesses mais de 500 anos. E de buscarmos outras faces, outros rostos que muitas vezes não aparecem claramente como característicos de nossa sociedade.

A **arte plumária** representada na ilustração foi feita baseada no portal da Funai (<http://goo.gl/eDQYqg>). Acesso em: 26 ago. 2018) e no livro de DORTA, Sonia F. e CURY, Marília X. *A arte plumária brasileira no Museu de Arqueologia e Etnologia da USP*. São Paulo: Edusp, 2001.

Seleção indígena

Essa poderia ser a escalação de uma seleção indígena de futebol. No gol, um representante dos **Aruak**. Na defesa, quatro zagueiros **Caribe**. No meio de campo, três jogadores **Tupi**. Na linha de frente, três atacantes **Jê**.

LÍNGUAS ARUAKS

Línguas aruaks

WAPIXANA
TARIANO
PALIKER
DENI
YAMAMADI
KULINA
PAUMARI
APURINÃ
WAURÁ
PARÉCIS
TERENA

OCEANO PACÍFICO

OCEANO ATLÂNTICO

ESCALA
0   1075   2150 km

LÍNGUAS CARIBES

Línguas Caribes

MAKUXI
SALUMÃ
WAIMIRI
APALAI
WARIKYANA
JUMÁ
PALMELA
BAKAIRI
NAHUKWÁ
TXIKÃO
PIMENTEIRA

OCEANO PACÍFICO

OCEANO ATLÂNTICO

+ Línguas extintas ou quase extintas

ESCALA
0   1075   2150 km

MAPAS: MÁRIO YOSHIDA

POVOS INDÍGENAS

Pindorama, terra das palmeiras, era o nome dado pelos Tupi às terras que hoje conhecemos por Brasil. Os milhões de indígenas que viviam nestas terras não falavam a mesma língua. Além dos quatro grupos principais: **Tupi**, **Aruak**, **Caribe** e **Jê**, havia outros menores. A população indígena era formada por muitos povos, muitas famílias, muitas aldeias. Cada um dos povos indígenas tinha sua própria cultura. Havia, no entanto, alguns elementos comuns a todos eles.

Antes da chegada dos portugueses, existiam cerca de 1 300 línguas nativas, ou seja, línguas das populações locais. Hoje restam menos de 200. Muitos grupos indígenas só falam sua língua materna. Outros, no entanto, só conhecem a língua portuguesa, pois perderam muitos elementos de sua cultura original ao entrarem em contato com os não indígenas no decorrer do tempo.

TÁ LIGADO?

1. Escreva o significado do termo Pindorama.

A CULTURA INDÍGENA

Como todos os seres humanos, os povos indígenas transformaram a natureza de acordo com seus hábitos e necessidades. Desenvolveram técnicas, remédios, línguas, rituais e mitos. Fabricavam armas, ferramentas, casas, canoas, redes, cestos, instrumentos musicais e outros utensílios.

Observaram os fenômenos da natureza e criaram interpretações sobre eles. Produziram saberes. Produziram **culturas** diversas e complexas.

Fonte dos mapas: Elaborados com base em CUNHA, Manuela Carneiro da. *História dos índios no Brasil*. São Paulo: Cia. das Letras, 1992.

MAPAS: MÁRIO YOSHIDA

A arte plumária

Algumas das características da cultura indígena são a pintura corporal e a **arte plumária**. São registrados no Brasil pelo menos trinta grupos étnicos indígenas que possuem marcantes tradições culturais expressas pela arte plumária, entre eles os Xavante, Kayapó, Apalai, Guarani, Tupinambá, Salumã, mas são raros os povos que não possuem nenhuma tradição desse tipo.

Entre os Apalai, a arte plumária é vista como uma extensão do próprio corpo de quem usa. Os Guarani consideram mágicas as penas do topete do pica-pau, que usam nas testeiras para rituais religiosos. Para os Kayapó, a plumária é usada principalmente nos grandes rituais coletivos.

As coifas (tipo de chapéu) usadas pelos Kayapó (*Mekrãgnoti*) são feitas com a pena colorida da arara-canga, considerada sagrada, e os adornos com penas brancas para não ofendê-la. A posse desse adorno constitui um privilégio de poucos homens ou meninos que o envergam em danças rituais. Já o cocar circular chamado *Krokrok ti* representa a aldeia.

Diadema masculino da etnia Kayapó, feito com plumas de arara-canga, papagaio-campeiro e curica, cordão e fios de algodão. 95 cm × 36 cm. 2011.

Mané Garrincha

Jogador do Botafogo (RJ) entre 1953 e 1965, Manuel dos Santos, conhecido como Mané Garrincha, foi um dos maiores craques do futebol brasileiro. Seus dribles sensacionais, sua ginga imprevisível e suas brincadeiras contagiantes contribuíram para que fosse conhecido como "a alegria do povo". Na foto à esquerda, Garrincha aparece enganchado na rede após marcar um dos gols na goleada de 7 a 3 contra o América (RJ). Descendente dos Fulniô, um dos muitos povos indígenas do Brasil, na foto à direita ele parece deitar-se na rede como os seus antepassados faziam há muitos séculos e como os indígenas ainda fazem nos dias de hoje. Aliás, a rede é um dos elementos da cultura brasileira cuja origem remonta aos indígenas.

Garrincha balançando na rede depois de fazer um gol, em 1958.

Garoto yanomami. Amazonas, 2008.

NÔMADES E SEMINÔMADES

A maior parte desses grupos era **nômade**, ou seja, não tinha moradia fixa. Viviam da pesca, da caça e da coleta de frutos e raízes. Percorriam as florestas caçando animais, navegavam pelos rios tentando pegar peixes, aprendiam a reconhecer ervas medicinais, buscavam regiões onde se fixavam enquanto houvesse alimento. Quando não conseguiam mais garantir a sobrevivência, mudavam o lugar da aldeia. Desmontavam suas ocas e deslocavam-se até encontrar outro local onde pudessem ficar.

Outros povos indígenas, além da caça, pesca e coleta, também praticavam a agricultura. Plantavam mandioca, milho, feijão e batata-doce. Quando o solo já não era mais fértil, e os recursos se tornavam escassos, mudavam-se para outras regiões. Eram grupos **seminômades**, ou seja, mantinham residência fixa por mais tempo e desenvolviam técnicas de cultivo do solo.

A mandioca era um dos seus principais alimentos. Dela faziam farinhas, bebidas, caldos e mingaus. Suas raízes eram plantadas e colhidas pelas mulheres, que também preparavam os alimentos. As técnicas para o plantio, colheita e preparo da mandioca eram passadas de mãe para filha em todas as aldeias.

TÁ LIGADO?

2. Aponte significados para a arte plumária dos povos indígenas.

3. Explique o nomadismo e o seminomadismo indígena.

Sociedade Marajoara

No território brasileiro, há vestígios arqueológicos de comunidades estáveis ao longo do Rio Amazonas, especialmente no chamado arquipélago do Marajó, vivendo da caça, pesca, coleta e agricultura itinerante desde 3500 a.C. O arquipélago do Marajó teve sucessivas ocupações, ao longo do tempo, entre elas a dos povos Marajoara.

As comunidades se organizavam em torno da figura do cacique, cuja autoridade se baseava em sua relação com os antepassados reais e míticos e seu poder, pela capacidade de garantir fertilidade e abundância.

Para se proteger das constantes inundações da ilha, os Marajoara construíram suas aldeias sobre imensas plataformas de terra, chamadas de **tesos**, nas margens dos rios e lagos. Cada uma delas servia como base para a construção de moradias e a realização de sepultamentos, culto aos antepassados, festas e defesa contra invasores. Os tesos cerimoniais eram, geralmente, localizados nos pontos de exploração da pesca.

A tecnologia agrícola no Marajó era limitada devido às inundações. As aldeias viviam da coleta de sementes e frutos, da pesca e do cultivo da mandioca.

Uma das características da sociedade Marajoara é sua produção ceramista. Além de objetos para fins religiosos, produziam vasos, potes, frascos, tangas (usadas pelas mulheres), bancos, pingentes, apitos, brinquedos e adereços para lábios e orelhas. A cerâmica era praticada predominantemente pelas mulheres e a pesca era reservada aos homens. Ambas as atividades ocorriam nos períodos de seca.

A produção da cerâmica marajoara deu destaque para as mulheres, retratadas como criadoras e guerreiras e também como fundadoras de linhagens, sugerindo que a sociedade era organizada em torno da linhagem materna. Eram, ainda, retratadas como ancestrais míticos e com poderes xamânicos.

Xamânico
Em referência a práticas mágicas e contato com espíritos.

TESOS: ATERROS ARTIFICIAIS (ENTRE 1.000 E 300 A.C.)

Fonte: SELLIER, Jean. *Atlas de los pueblos de América*. Barcelona: Ediciones Paidós Ibérica, 2007.

Os Kayapó consideram-se integrantes de um mundo onde predominam figuras circulares: o céu, o Sol, a Lua. Suas aldeias são construídas em forma de círculo. No centro do pátio os homens se reúnem e celebram-se as festas. As casas ficam ao redor, de modo que se pode observar todo o movimento da aldeia. Cada casa abriga uma única família.

Os Kayapó dançam ao som do **maracá**, um instrumento musical redondo que simboliza o centro do mundo. Essas danças procuram acompanhar a trajetória solar, desde o pôr do sol até o amanhecer. Dançando, os Kayapó acreditam que recriam a energia da vida e os recursos naturais necessários à sua comunidade.

Os Yanomami habitam as **shabono**, casas-aldeia que podem reunir até 180 pessoas. As famílias utilizam as paredes da casa para pendurar suas redes, ferramentas, armas e outros utensílios. O centro é reservado para as reuniões, festas e rituais.

As aldeias Xavante têm a forma de uma ferradura com 20 ou 30 choupanas. Cada casa reúne cinco ou seis pessoas de uma mesma família. No centro há um pátio para a celebração das festas, rituais e reuniões do conselho da aldeia. O círculo é um dos símbolos mais importantes, presente em todas as sociedades indígenas. Não tem começo nem fim. Ele representa a perfeição e a eternidade.

O extermínio dos povos indígenas foi a marca dos últimos 500 e poucos anos da nossa história. Antes de 1500, calcula-se que havia cerca de 5 milhões de indígenas nas terras que hoje chamamos de Brasil. Destes, atualmente, cerca de 900 mil pessoas declararam-se índios no Censo de 2010. Para se ter uma ideia comparativa, o público somado da Arena da Amazônia (45 mil), da Arena Pantanal (45 mil) e do Mineirão (60 mil) equivale a 150 mil torcedores. Os povos indígenas somam hoje apenas seis vezes o público nesses estádios lotados. A população brasileira é estimada em mais de 190 milhões de habitantes. Os povos indígenas não chegam a 1 milhão.

Vista aérea de aldeia Kayapó. Xingu, 2006.

Vista aérea de aldeia Yanomami. Amazonas, 1999.

Vista aérea de aldeia Xavante. Mato Grosso, 1999.

Arena Amazônia. Manaus, Amazônia (Brasil), 14 jun. 2014.

AS COMUNIDADES INDÍGENAS

Os costumes indígenas eram muito particulares. Viviam nus. Faziam bebidas alcoólicas de raízes. Cada tribo tinha seus rituais, suas festas, seus cantos, suas brincadeiras.

Nas tribos, toda a produção era dividida entre os seus integrantes. Não havia ricos nem pobres. A posse da terra era coletiva e também os instrumentos de trabalho. Não havia **propriedade privada**, ou seja, ninguém era dono sozinho da terra, dos instrumentos de trabalho ou dos alimentos. A posse era **coletiva**.

Todos pertenciam a uma **comunidade**, todos trabalhavam, todos brincavam, todos festejavam suas vitórias. Um guerreiro que se destacasse por sua habilidade de caçar ou guerrear tornava-se um ídolo da tribo. As mulheres sentiam-se honradas com sua presença. Os mais novos queriam seguir os seus passos. Os mais velhos ficavam orgulhosos de seu desempenho. Era como um craque de futebol. Um artilheiro que traz alegria a sua torcida.

A noção de trabalho era também muito particular. Quando os recursos naturais eram abundantes, trabalhavam poucas horas por dia. Se houvesse necessidade, trabalhavam um pouco mais: apenas o necessário para a sobrevivência da tribo. Viviam sob uma economia de subsistência. Não se produzia com o objetivo de fazer comércio. Não havia dinheiro. No máximo, alguns instrumentos, armas e ferramentas pessoais poderiam ser trocados por outros.

Nas aldeias, todos trabalhavam. Aos homens cabia a guerra, a caça, a produção de armas e ferramentas. Às mulheres, em geral, eram reservadas a responsabilidade pelo cuidado dos filhos, a produção de cerâmica e as atividades agrícolas. Havia, portanto, uma **divisão sexual do trabalho**.

Desde criança, o indígena aprendia a fazer seus instrumentos: arcos, flechas, lanças, enfeites, utensílios de cerâmica, chocalhos, ocas e fogueiras. Como todas as crianças, os pequenos imitavam a vida adulta em suas brincadeiras e brinquedos.

TÁ LIGADO?

4. Explique as seguintes características dos povos indígenas:
   a) posse coletiva da terra;
   b) economia de subsistência.

5. Explique por que a igualdade social dos indígenas era tão surpreendente para os portugueses.

Garota yanomami preparando beiju. Amazonas, 2010.

EDSON SATO/PULSAR IMAGENS

O OLHAR DOS PORTUGUESES

A partir de 22 de abril de 1500, quando os portugueses passaram a frequentar a América, a vida das comunidades indígenas começou a se alterar. Os europeus buscavam riquezas, vestiam roupas pesadas, carregavam armas de fogo, desejavam propriedades. Não entendiam como essas pessoas podiam viver nuas. Por que não procuravam acumular riquezas? Como conseguiam viver em comunidades baseadas no princípio da **igualdade social**? Questões como essas talvez tenham incomodado os portugueses ao depararem com os nativos que encontraram aqui na época em que chegaram.

Os indígenas, por sua vez, não conseguiam entender os europeus, que enchiam navios com troncos de pau-brasil, árvore que existia em toda a extensão da Mata Atlântica. De onde vinham não havia lenha para se aquecer ou cozinhar? A terra que tinham não era suficiente para alimentar seus filhos? Por que atravessavam mares para chegar a lugares tão distantes? Por que achavam que o modo de vida dos indígenas era errado?

ESPÍRITOS DA NATUREZA

Garotos yanomamis jogam partida de futebol. Aldeia Kolúlu, Roraima (Brasil), 2010.

Para os povos indígenas, a floresta não fazia ruídos, não tinha barulhos. Para eles, a floresta emitia sons, ritmos, tons. A natureza toda era uma verdadeira orquestra. Cada um de seus seres, como um instrumento musical, produzia um som diferente. O murmúrio dos rios, o estrondo do trovão, o canto dos pássaros, o sussurro do vento, o deslizar das cobras, o passo dos animais, o ruído das folhagens ao vento.

Mas os seres da natureza não tocavam sozinhos, de acordo com a visão dos indígenas. Todos os elementos possuíam uma essência, um espírito. Havia o espírito das águas, das montanhas, das plantas, das árvores, e assim por diante. Eram esses espíritos ou divindades que executavam as melodias, que entoavam as músicas. Muitos espíritos. Muitos deuses. Os povos indígenas eram politeístas.

Os nativos acreditavam que seus antepassados mais distantes, seus primeiros ancestrais, haviam sido formados pelos quatro elementos considerados sagrados: terra, água, fogo e ar.

OS TUPI E OS CICLOS DO TEMPO

Para os **Tupi**, primeiro veio o ar. A seguir, o fogo. Depois, as águas. Por fim, a terra, mas, na verdade, ela já existia. Esse é o Grande Mistério.

Os Tupi dividem os primeiros tempos em **ciclos**. O primeiro é o do espírito. O segundo é o da luz. O terceiro é o das tempestades. O quarto é o da terra. **O tempo é cíclico**. Não tem começo nem fim. Um tempo que sempre recomeça após seu final.

De acordo com a mitologia tupi, depois de povoada a terra e de separado o dia da noite, foi criado o poder. Os homens e as mulheres fizeram mau uso do poder e puseram em risco a vida na terra. **Tupã**, a divindade do terceiro ciclo, responsável pelos trovões e as tempestades, puniu a humanidade. As águas invadiram as terras. Ocorreu um verdadeiro dilúvio.

Os sobreviventes teriam reorganizado suas aldeias, suas tribos, seus povos. Os Tupi tornaram-se conquistadores. Expandiram-se por várias regiões de Pindorama, a terra das palmeiras. Dominaram outros povos. A seus escravizados e inimigos, os Tupi denominavam **tapuias**.

TÁ LIGADO

6. Explique quem eram os tapuias.

Leia com atenção o texto a seguir e depois responda às questões propostas.

A formação das tribos

Foi Mavutsinim quem tudo criou; fez as primeiras panelas de barro e as primeiras armas: a borduna, o arco preto, o arco branco e a espingarda. Tomando quatro pedaços de tronco, resolveu criar as tribos Kamaiurá, Kuikuro, Waurá e Txucarramãe. Cada uma delas escolheu uma arma, ficando a tribo Waurá com as panelas de barro. Mavutsinim pediu aos Kamaiurá que tomassem a espingarda, mas eles preferiram o arco preto. Os Kuikuro ficaram com o arco branco e os Txucarramãe preferiram a borduna. A espingarda sobrou para os homens brancos.

A população aumentou em demasia e Mavutsinim resolveu separar os grupos. Mandou que os Txucarramãe fossem para bem longe, pois eram muito bravos. Os homens brancos foram para as cidades, bem distantes das aldeias, pois tinham muitas doenças e com as armas de fogo viviam a ameaçar a vida dos outros grupos.

Dessa forma as tribos puderam viver em paz.

SILVA, Waldemar de Andrade e.
Lendas e mitos dos índios brasileiros.
São Paulo: FTD, 1999. p. 38.

1. De acordo com o texto, como surgiram as tribos?

2. Identifique trechos do texto que permitem concluir que essa lenda foi criada depois da chegada dos portugueses ao território que hoje chamamos de Brasil.

3. Esclareça com suas palavras as ideias transmitidas pela lenda sobre o "homem branco".

4. No seu caderno, faça um desenho para ilustrar a lenda da formação das tribos.

Tronco sagrado, ritual do Kwarup. Mato Grosso (Brasil), 2007.

MARCOS BERGAMASCO/FOLHA IMAGEM

Kwarup é o nome do tronco que representa a humanidade no ritual que encena a lenda da criação entre os povos do Alto Xingu. Com o intuito de povoar o mundo, Mavutsinim, o criador, cortou troncos de árvore, fincou-os no chão, pintou-os com tinta de jenipapo e, finalmente, enfeitou-os com colares, braçadeiras de penas de arara, cocares e fios de algodão. Ao som de maracas, duas cutias entoaram cantos que se estenderam por longas horas, até que, pouco a pouco, os troncos foram ganhando forma: primeiro surgiram os braços, depois a cabeça, o tronco, as pernas e, enfim, todo o corpo dos novos seres.

OS XAMÃS

Na maior parte das tribos havia um **xamã**, pessoa com profundo conhecimento da natureza, das plantas medicinais e da memória dos antepassados. Era o curandeiro, medicava os doentes com plantas e rezas, dava conselhos, comandava os rituais e as celebrações.

O xamã gozava de muito prestígio na comunidade. Recebia presentes, enfeites, tabaco, bebida. Mas não exercia nenhum poder político. Não havia rei, imperador ou monarca entre os grupos indígenas.

Os indígenas acreditavam que o poder do xamã era espiritual. Com seus instrumentos musicais, sobretudo o maracá, uma espécie de chocalho, ele convocava e escalava uma seleção de espíritos da natureza para restabelecer o equilíbrio dos membros da comunidade.

Geoglifos: territórios sagrados

As planícies desmatadas da região amazônica revelaram a existência de grandes trincheiras ou valetas escavadas no solo. Originalmente, a terra retirada da valeta foi utilizada para compor uma mureta ao longo da estrutura, formando uma figura geométrica de grandes proporções. Em 1977 foi registrada, pela primeira vez, a ocorrência dessas estruturas, que viriam a ser denominadas geoglifos (*geo* = terra e *glifos* = gravar).

Em sua grande maioria, tais estruturas foram escavadas por antigos habitantes da região, entre os séculos I e X. Inicialmente se pensava que eram locais de defesa associados a uma espécie de proteção durante a guerra. Posteriormente foram encontrados vestígios que indicavam que os locais foram habitados e tinham funções distintas, como centros de cerimônia para rituais religiosos.

Em 2015, os pesquisadores encontraram 16 novos geoglifos. Com essas descobertas, somam-se 308 geoglifos próximos da divisa entre o Acre e o Amazonas.

Estruturas geométricas descobertas a partir de 1970 com a derrubada da floresta no Acre em uma área de 250 quilômetros quadrados entre os rios Acre e Iquiri.

Geoglifo. Rio Branco, Acre (Brasil), 12 jul. 2007.

Geoglifo. Rio Branco, Acre (Brasil), 12 jul. 2007.

OS MITOS

Para as comunidades indígenas, as ações cotidianas são repetições de situações muito antigas. Situações ocorridas no princípio dos tempos. Praticadas por antepassados, heróis ou deuses.

Esses acontecimentos são explicados pelos **mitos**: narrativas e lendas que contam a origem do mundo, da humanidade e das comunidades indígenas. Os mitos esclarecem os significados da natureza, estabelecem as regras das tribos e mantêm as tradições da comunidade. A guerra, a divisão sexual do trabalho, a moral entre homens e mulheres e o casamento eram realizados com bases nesses modelos.

A vida indígena é uma repetição contínua de gestos ocorridos em um passado muito distante. Cada ação, acompanhada de seus mitos, é uma forma de lembrar das origens dos povos indígenas.

Terra sem mal

Os Tupi deslocavam-se continuamente no sentido leste-oeste, pois acreditavam existir uma região que era a morada de seus ancestrais e, ao mesmo tempo, um lugar de abundância, juventude e imortalidade: a **terra sem mal**. Profetas indígenas percorriam as aldeias apresentando-se como reencarnação de antepassados heroicos e procurando convencer seus habitantes a abandonar o trabalho e a dançar. As peregrinações em busca dessa verdadeira Terra Prometida provocavam um comportamento **seminômade** e desenraizado entre os Tupi.

Em razão disso, a sedentarização completa era incompreensível para sua cultura. A prática de erguer novas aldeias em outros lugares, seja em busca da terra sem mal, seja provocada pela escassez da caça ou o esgotamento do solo, constituía-se em elemento inseparável da vida dos Tupi.

Garota ashaninka, pertencente ao tronco linguístico Aruak. Acre (Brasil), 1992.

GUERRA E PAZ

História do Brasil a partir da perspectiva indígena.
Vídeo

Em busca de alimentos, as tribos indígenas deslocavam-se pelo território de Pindorama. Ao passarem ou se fixarem em áreas habitadas por outros povos e nações indígenas, muitas vezes entravam em guerra.

Era o momento de os homens demonstrarem suas habilidades e valentia. Destacavam-se no manejo dos arcos, na pontaria das zarabatanas (tubos através dos quais se sopram pedras ou setas envenenadas), na força das bordunas (espécie de bastão ou porrete feito de madeira).

A guerra, no entanto, não era apenas a luta contra os inimigos, mas o duelo e a dificuldade que levavam ao desenvolvimento das virtudes dos guerreiros e ao aperfeiçoamento da comunidade.

Em geral, os grupos indígenas eram comandados por um **chefe guerreiro**: um integrante da tribo muito respeitado que já havia demonstrado sua valentia e sua capacidade de comando.

PRISIONEIROS E CANIBALISMO

Nesta gravura, feita por um europeu, o ritual do canibalismo foi retratado pelo olhar do estrangeiro. Ela, portanto, não corresponde à visão indígena.

Canibalismo, Theodore de Bry. Gravura, 1592.

Os derrotados tinham de abandonar suas aldeias. Ou, então, pagar tributos aos vencedores. Em certas tribos, alguns prisioneiros eram transformados em escravizados, que seriam integrados às tarefas agrícolas das aldeias, trabalhando ao lado das mulheres.

Outros derrotados teriam uma sorte diferente. Em algumas tribos (as Tupinambá, por exemplo) costumava-se praticar o **canibalismo**. Comiam-se os inimigos. Mas não todos: só os melhores.

Os prisioneiros considerados mais valentes e corajosos eram levados para as aldeias dos vencedores. Tinham seus ferimentos curados. Eram alimentados durante meses. Recebiam mulheres da aldeia para namorar.

Depois de muitas luas, os indígenas reuniam-se para o grande banquete. Todos participavam. Acreditavam que, devorando o corpo do guerreiro inimigo, adquiriam sua força e suas qualidades. O prisioneiro morria com honras. Os Tupinambá o comiam com gosto. A morte era uma festa.

Adivinhe quem vem para o jantar

Depois de uma espera que poderia durar meses, o prisioneiro era levado até o centro da aldeia. O **pajé** (o **xamã** dos Tupi) comandava a celebração vestido com um manto de penas de guará, uma ave de plumagem vermelha.

Após as rezas e as danças, a última fala do prisioneiro, de acordo com os relatos de Jean de Léry, era:

— Comi teu pai e matei teus irmãos. Comi tantos homens e mulheres tupinambás que nem posso dizer-lhes os nomes. E fiquem certos de que para vingar a minha morte meus irmãos irão comer tantos Tupinambá quanto puderem agarrar.

Amarrado, mas com as mãos livres para jogar pedras nas mulheres que o insultavam, o prisioneiro recebia um golpe certeiro na nuca. A seu lado, uma enorme fogueira e guerreiros tupinambás festivamente pintados.

O corpo era levado para o fogo. A carne, depois de assada, seria cortada com precisão e dividida entre os integrantes da tribo. Às pessoas mais velhas eram reservadas as partes mais macias, a língua, os miolos e a barrigada, que seriam comidas depois de fervidas.

Para acompanhar o banquete, o cauim, uma espécie de cerveja de milho, e muitas danças e comemorações.

Manto tupinambá (*guará abacu*). Trama de algodão e envira com penas de guará e araruna, século XVI.

Este exemplar foi levado à Europa entre 1637 e 1644 pelo então governador de Pernambuco, Maurício de Nassau, e presenteado ao rei da Dinamarca.

O manto era usado pelos Tupinambá em rituais de antropofagia. No centro do círculo, estão representados três pajés trajando manto, cinto e diadema de penas.

Dança com o manto Tupinambá, Theodore de Bry. Gravura, 1592.

TÁ LIGADO

10. Liste três jogos ou brincadeiras praticados pelos povos indígenas.

O COTIDIANO DOS INDÍGENAS

A vida cotidiana dos indígenas era – e, em algumas aldeias, ainda é – marcada por rituais. As danças repetiam movimentos de animais mágicos, espíritos da natureza ou astros celestes. Os casamentos representavam a união do céu com a terra. A alimentação era tida como uma forma de integração às forças criadoras da vida.

Se os adultos repetiam os gestos de seus ancestrais, as crianças imitavam os adultos. Os *curumins* (como eram chamados os meninos e as meninas tupis) brincavam com pequenos arcos e flechas, bonecas de barro, pequenos tacapes. Divertiam-se nadando nos rios e banhando-se em cachoeiras, pescando, caçando pequenos animais, construindo armadilhas para pegar passarinhos. Imitavam os movimentos dos animais em diversos tipos de pega-pega, brincavam de esconde-esconde, jogavam peteca e bola.

Algumas tribos tupis praticavam um jogo semelhante ao futebol antes da chegada dos portugueses. Usavam bolas de cera, de palha de milho ou de látex (espécie de borracha). Davam cabeçadas, deitados no chão, rebatiam com as costas e com o peito. O objetivo era não deixar a bola cair.

Além da diversão, o jogo estava ligado ao treinamento militar dos guerreiros das tribos. Era um jogo de adultos, que as crianças também imitavam. Aliás, os adultos também jogavam peteca e imitavam animais. Também brincavam como os pequenos. As crianças, por sua vez, desde cedo ajudavam nas tarefas da tribo. Ao lado dos pais e das mães, aprendiam a realizar os trabalhos necessários à sobrevivência da comunidade.

Crianças yanomamis em canoas no Rio Auarís. Roraima (Brasil), 2010.

EDUCAÇÃO INDÍGENA

Entre os indígenas não havia escola, professores, lição de casa, recreio ou férias. Os ensinamentos eram transmitidos às crianças pelas brincadeiras, pelos rituais, pelas histórias contadas pelos mais velhos e, principalmente, pelos exemplos que eram dados pelos adultos.

A educação não era tarefa apenas dos pais. Parentes próximos e toda a comunidade encarregavam-se de aconselhar e orientar seus membros mais jovens. Quando uma criança ficava órfã, recebia atenção redobrada da aldeia. Ou era simplesmente adotada por uma de suas famílias.

A liberdade das crianças envolvia responsabilidades e riscos. A orientação dos adultos alertava para os perigos da floresta, do fogo, dos rios, das cachoeiras. Muitas vezes, as crianças só entendiam os conselhos dos mais velhos após uma boa queimadura, um susto no rio ou um tombo inesquecível.

O essencial da sabedoria indígena residia no controle que as crianças e os jovens teriam de desenvolver sobre si mesmos. Suportando dores físicas, dominando suas necessidades e aprendendo a lidar com a natureza, os pequenos indígenas contribuíam para a continuidade da tribo e de suas tradições. As brincadeiras, além de divertir, eram coisa muito séria.

A arte de brincar

Em algumas culturas, o chocalho é um dos primeiros brinquedos que se dá aos bebês. Geralmente de plástico, produz um som que os diverte. Nas comunidades indígenas, os chocalhos são feitos com uma cabaça (casca de fruta ressequida e oca) onde são colocadas sementes, pedrinhas, ossos ou unhas de animais.

Além da diversão, os indígenas acreditam que o chocalho tem poder de proteção e que afasta os maus espíritos de perto da criança. O chocalho dos bebês indígenas é muito semelhante ao maracá, instrumento musical utilizado pelos xamãs nas celebrações. É um dos únicos utensílios dos rituais dos adultos com que as crianças podem brincar. Na verdade, acredita-se que, por não conhecer os mitos e os rituais da tribo, o bebê precisa da ajuda dos antepassados. Ao movimentar seu chocalho, o pequeno curumim está chamando a atenção de seus ancestrais.

Maracá (chocalho indígena). Mato Grosso (Brasil), 2010.

Chocalhos industrializados. EUA, 2009.

Os indígenas usam os chocalhos de maneira muito diferente dos não indígenas. Em sua cultura, esses instrumentos são utilizados em rituais, por adultos e crianças.

Na sociedade não indígena, o chocalho é um dos primeiros brinquedos que uma criança recebe. É algo que pertence principalmente ao universo infantil.

Tecnologia a serviço da preservação

Almir Narayamoga Surui é a principal liderança dos nativos que habitam as Terras Indígenas Sete de Setembro, em uma área de cerca de 2 500 000 km² situada entre Rondônia e Mato Grosso. Em 2007, o líder indígena fechou uma parceria com uma empresa estadunidense que permitiu a utilização da internet por integrantes de sua tribo. Com o uso da tecnologia e munidos de computadores portáteis, os indígenas fazem o controle de suas terras com o auxílio de satélites e denunciam ameaças de invasões e desmatamentos. Montaram na internet um mapa cultural com suas tradições e um mapa geográfico com a delimitação de suas terras.

Por suas ações na defesa da floresta e contra crimes ambientais, Almir Surui foi ameaçado de morte e foi incluído em um programa especial de proteção do Governo Federal brasileiro.

TÁ NA REDE! 📶

SURUI NA INTERNET
Digite o endereço abaixo na barra do navegador de internet: <http://goo.gl/231RL4>. Você pode também tirar uma foto com um aplicativo de *QrCode* para saber mais sobre o assunto. Acesso em: 25 ago. 2018. Em português.

No *site* encontram-se elementos da organização e das lutas do povo Surui.

"Surui" é o nome mais conhecido do nosso povo. Ele nos foi dado por antropólogos, mas nosso nome real é "Paiter", que em nossa língua significa:

"O POVO VERDADEIRO, NÓS MESMOS"

Cabeçalho do *site* do Povo Indígena Surui, 2015.

Almir Surui. Rondônia, 2011.

O líder indígena Almir Surui foi eleito uma das 100 pessoas mais criativas do mundo pela revista estadunidense *Fast Company* em maio de 2011.

QUEBRA-CABEÇA

1. Releia o quadro complementar "A arte de brincar" (p. 141). Agora responda ao que se pede.
   a) Explique o significado dos chocalhos para os povos indígenas.
   b) Compare esse significado com o uso dos chocalhos na sociedade não indígena.

2. Defina cada um dos conceitos abaixo e organize um pequeno dicionário conceitual em seu caderno:
   • xamã
   • canibalismo
   • tapuias

3. Tendo como base as funções do chefe guerreiro, esclareça o papel da guerra entre os povos indígenas.

4. Escreva uma explicação sobre a lógica do canibalismo indígena. Esclareça as razões do canibalismo e como os indígenas o justificavam.

5. Vamos construir nossos *tags*. Siga as instruções do *Pesquisando na internet* na seção **Passo a passo** (p. 7) utilizando as palavras-chave abaixo:

Aruak

Caribe

Jê

Tupi

LEITURA COMPLEMENTAR

Após a leitura do texto, responda às questões propostas.

PALAVRAS DE ÍNDIO

Vivemos a era do século XXI e, por isso mesmo, nós, os índios, não podemos suportar mais esse tipo de tratamento. De um lado, somos "preguiçosos" ou "obstáculos ao desenvolvimento", quando o assunto é crescimento econômico; de outro, somos "selvagens", "primitivos", "carentes de tudo", quando a análise é social.

A verdade é que somos o que somos: donos da terra, possuímos línguas, tradições econômicas e sociais totalmente diferentes desse dito mundo moderno. Mas compreendemos que, a partir do primeiro contato com o homem branco, não podemos mais viver isoladamente.

Somos parte de um país onde convivem negros, brancos e imigrantes de várias origens [...]

Nós, os índios, queremos falar, mas queremos ser escutados na nossa língua, nos nossos costumes. E também quando formos às escolas, porque é preciso aprender a ler, a escrever. Não para que deixemos de ser índios, mas para que tenhamos igualdade de condições na defesa dos nossos direitos e da nossa vida.

Marcos Terena, ex-presidente do Comitê Intertribal Articulador dos Direitos Indígenas na ONU (Organização das Nações Unidas) e fundador da União das Nações Indígenas. *Folha de S.Paulo*, 31 ago. 1994.

1. Segundo Marcos Terena, o chamado homem branco possui uma visão incorreta sobre os povos indígenas. Que visão é essa?

2. Na visão de Marcos Terena, o que são os indígenas?

3. Marcos Terena afirma que as tradições econômicas e sociais indígenas são diferentes desse dito mundo moderno. Tomando por base os conteúdos trabalhados ao longo deste capítulo, aponte pelo menos duas diferenças.

4. O que Marcos Terena quer para os povos indígenas nos dias de hoje?

5. Como ele define o Brasil?

Natureza e mitologia indígena

OBSERVE AS IMAGENS

As relações dos indígenas com a natureza eram marcadas pelo simbolismo. Ou seja, elaboravam-se elementos culturais que visavam compreender a realidade que os cercava. Assim, para os Tupi, as águas possuíam uma rainha, Yara, uma mulher linda que percorria as margens dos rios.

A vitória-régia é uma flor que se abre à noite e tem forma de estrela. Para os Munduruku, a origem dessa flor remonta aos desejos de Maraí, uma jovem indígena que queria ser uma estrela. A Lua teria atendido parcialmente aos pedidos de Maraí, transformando-a nessa flor noturna.

Para os Macurap, no começo do mundo não havia noite. Havia quatro sóis. Tão logo um sol se punha, era sucedido por uma nova alvorada. Irritados, os guerreiros resolveram fazer uma tocaia para o sol. Esconderam-se atrás de uma pedra gigante e com muitas flechas atacaram os sóis. Mataram três. Restou apenas um, que deixa o período da noite para que todos possam descansar.

1. Faça uma lista no seu caderno com os elementos naturais presentes nas imagens.

2. Agora que você já conhece um pouco da mitologia indígena e a função dos mitos nessas sociedades, utilize os elementos naturais que você listou no seu caderno para escrever uma pequena narrativa mítica que englobe essas três imagens.

Neblina na floresta. Amazonas, 2006.

Pôr do sol, Jutaí. Amazonas, 2009.

Pororoca. Amazonas, 2004.

Leia com atenção o texto a seguir e depois responda às questões propostas.

Antropofagia

A pintora paulista Tarsila do Amaral foi uma das participantes mais ativas do movimento modernista que, em 1922, mudou os rumos da arte brasileira.

Para além dos rituais, o canibalismo também inspirou a arte. Em 1928, Tarsila produziu o quadro *Antropofagia*, que se tornou uma espécie de símbolo de uma geração de artistas e intelectuais brasileiros preocupados em entender e desenvolver a cultura do Brasil. A ideia era misturar aquilo que havia de moderno, inclusive da Europa, às tradições brasileiras. Misturar a cultura das cidades à cultura rural. Devorar (simbolicamente) a cultura do estrangeiro para absorver suas qualidades sem perder as características nacionais. Realizar aquilo que grupos indígenas faziam com seus inimigos: comê-los. Mas não a todos. Só os melhores. Em 1928, foi criada uma revista de cultura também denominada *Antropofagia*.

Antropofagia, Tarsila do Amaral. Óleo sobre tela, 1928.

COLEÇÃO PAULINA NEMIROWSKY, SÃO PAULO, BRASIL

1. No seu caderno, esclareça com suas palavras o conceito de antropofagia utilizado pelos modernistas.

2. Estabeleça a relação entre o canibalismo dos indígenas no período colonial e a proposta dos modernistas.

3. A frase do escritor modernista Oswald de Andrade (1890-1954) *Tupi or not tupi* faz uma ironia com a frase *To be or not to be* (ser ou não ser) do dramaturgo inglês William Shakespeare (1564-1616). Como podemos explicar a ironia desse jogo de palavras?

TRÉPLICA

Filmes

Tainá – uma aventura na Amazônia
Brasil, 2004. Direção de Tânia Lamarca e Sérgio Bloch.

O filme conta a história de uma indiazinha órfã de oito anos que vive em um belo recanto do Rio Negro, na Amazônia, com o sábio avô Tigê. Tainá se torna uma guardiã da floresta e faz de tudo para impedir o contrabando de animais e a maldade dos homens brancos.

Brava gente brasileira
Brasil, 2000. Direção de Lucia Murat.

Um grupo de soldados portugueses acompanha um astrônomo em uma expedição topográfica na América portuguesa e encontra uma tribo Guaykuru. O filme narra o choque cultural entre indígenas e portugueses.

Livros

Os índios antes do Brasil
FAUSTO, C. Rio de Janeiro: Zahar, 2005.

Encontros de histórias: do arco-íris à lua, do Brasil à África
CLARO, Regina. São Paulo: Hedra Educação, 2014.

Site

(Acesso em: 26 ago. 2018)

<http://goo.gl/mlhes7>

Instituição governamental que trabalha em parceria com os povos indígenas. Além de informações sobre as exposições em cartaz, o *site* oferece um *tour* (passeio) virtual pelo acervo do museu.

CAPÍTULO 7

A conquista colonial portuguesa

PORTAS ABERTAS

OBSERVE AS IMAGENS

1. No seu caderno, identifique: o suporte, a data e os elementos pertencentes a cada imagem.

2. A primeira imagem mostra indígenas diante do Supremo Tribunal Federal, em Brasília. Aponte a função dessa instituição.

3. A segunda imagem mostra indígenas no Senado Federal, em Brasília. Aponte a função desse espaço.

4. Formule hipóteses sobre a razão da presença dos indígenas no Senado e no Supremo Tribunal Federal.

5. Identifique a situação retratada na terceira imagem.

Indígenas da etnia Pataxó fazem manifestação em frente ao Supremo Tribunal Federal pedindo a regularização de suas terras. Brasília, Distrito Federal (Brasil), 2008.

JOEDSON ALVES/ESTADÃO CONTEÚDO

Indígenas no Senado Federal. Brasília, Distrito Federal (Brasil), 2000.

JOSÉ CRUZ/ABR

Indígenas fazem manifestação em frente ao Supremo Tribunal Federal, na véspera do julgamento da ação que pede a suspensão da demarcação contínua da Terra Indígena Raposa Serra do Sol. Brasília, Distrito Federal (Brasil), 2008.

A CHEGADA DOS PORTUGUESES VISTA DE PINDORAMA

Em uma manhã de sol, alguns Tupi avistaram grandes canoas no mar, movidas pelo vento. Delas, vieram algumas canoas menores, com uma gente estranha, cheia de pelos no rosto e coberta de muitos panos. Ao descerem na praia, foram recebidas com curiosidade pelos Tupi. Trocaram presentes. Chapéus por colares, arcos e cocares. À noite, uma súbita tempestade afastou os barcos da praia, levando aquela gente de volta para o mar. Era como se Tupã, o deus das tempestades, mandasse mensagens aos Tupi. Não eram boas-novas.

Aquela gente estranha retornou logo depois e continuou a manter contato com os habitantes de Pindorama. Alguns nativos foram levados até as grandes canoas. E, a partir de então, com relativa frequência, essas grandes embarcações passaram a ser vistas nas praias dessa região.

Enfeites para todas as "tribos"

Em quase todos os lugares do mundo, homens e mulheres usam brincos, colares, *piercings*, anéis, penas, chapéus, pinturas, tatuagens ou outros elementos em seus corpos. A motivação é variada. Alguns usam para ficar mais bonitos. Outros fazem isso por motivos simbólicos, religiosos, políticos ou econômicos. Alguns, porque é moda. Outros, por convicção. Não importa. O fato é que os seres humanos gostam de enfeites.

Garotas *punks*. Londres, 1980.

Modelo tatuado desfila para grife de roupas. Rio de Janeiro, 2011.

Garota da etnia Karo com flores brancas. Etiópia, 2007.

Garotas de *cosplay*. Tóquio, 2015.

Para os Tupi e muitos outros povos, começava uma nova fase da história: a Grande Noite da Terra. Para os portugueses, aquela gente que cruzava os mares com suas caravelas, estava "descoberto" o Brasil.

De fato, em **22 de abril de 1500**, uma frota portuguesa composta de 13 navios e mais de mil homens avistou um monte muito alto e redondo, que foi chamado de Monte Pascoal. Dias depois, as novas terras receberam outros nomes: Ilha de Vera Cruz, Terra de Santa Cruz. Tempos depois, **Brasil**.

A expansão marítima batizava o mundo. Os navegadores a serviço de Portugal (e também da Espanha) distribuíram nomes às ilhas e terras que avistavam e onde desembarcavam. Não se importavam com o fato de que esses lugares já eram denominados pelos seus habitantes nativos, os quais, apesar de pertencentes a inúmeros povos, passaram a ser chamados de "índios".

Não importava também o fato de que desde 1501, com as viagens de Américo Vespúcio, já se sabia que as terras "descobertas" não faziam parte das Índias, mas pertenciam a outro continente, denominado América. A população nativa continuaria a ser chamada de índios ou indígenas. No máximo, ameríndios.

Nos últimos anos, contudo, os estudiosos têm defendido o uso do termo **indígena** (que significa "originário"). A palavra "índio" adquiriu, ao longo da história, uma conotação pejorativa, sendo associada à ideia de selvageria, indolência e outras características negativas que não correspondem à realidade.

Índios a bordo da nau Capitânia, Oscar Pereira da Silva. Óleo sobre tela, c. 1900. (detalhe)

(Terra à vista!)

Pindorama, Pindorama
É o Brasil antes de Cabral
Pindorama, Pindorama
É tão longe de Portugal
Fica além, muito além
Do encontro do mar com o céu
Fica além, muito além
Dos domínios de Dom Manuel

Vera Cruz, Vera Cruz
Quem achou foi Portugal
Vera Cruz, Vera Cruz
Atrás do Monte Pascoal
Bem ali, Cabral viu
Dia 22 de abril
Não só viu, descobriu
Toda a terra do Brasil

Pindorama, Pindorama
Mas os índios já estavam aqui
Pindorama, Pindorama
Já falavam tupi-tupi
Só depois, vêm vocês
Que falavam tudo em português
Só depois com vocês
Nossa vida mudou de uma vez

Pero Vaz, Pero Vaz
Disse numa carta ao rei
Que num altar, sob a cruz
Rezou missa o nosso frei
Mas depois seu Cabral
Foi saindo devagar
Do país tropical
Para as Índias encontrar

Para as Índias, para as Índias
Mas as índias já estavam aqui
Avisamos: "Olha as índias!"
Mas Cabral não entende tupi
Se mandou para o mar
Ver as índias em outro lugar
Deu chabu, deu azar
Muitas naus não puderam voltar

Mas, enfim, desconfio
Não foi nada ocasional
Que Cabral, num desvio
Viu a terra e disse: "Uau!"
Não foi nau, foi navio
Foi um plano imperial
Pra aportar seu navio
Num país monumental [...]

Palavra Cantada. "Pindorama", Sandra Peres e Luiz Tatit.
Álbum *Tibum do Mundo*. Disponível em:
<http://goo.gl/iRZAdH>. Acesso em: 21 abr. 2015.

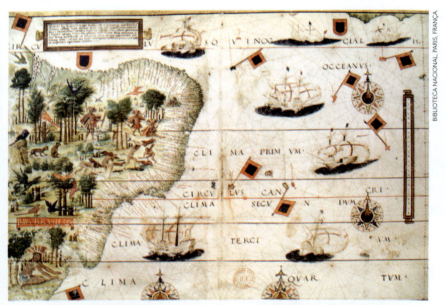

Terra Brasilis, Lopo Homem e Pedro Reinel. Iluminura sobre pergaminho, extraída do manuscrito *Atlas Miller*, 1515-1519. (detalhe)

A CRISE DO COMÉRCIO ORIENTAL

Os portugueses conquistaram mercados e diversas possessões na África, Ásia e América. Interessados no rico comércio de especiarias, os lusitanos demonstraram pouco interesse pelas terras americanas até 1530. A extensão do **império colonial** montado pelos portugueses trazia dificuldades para a defesa de seus domínios, tornando-os vulneráveis aos ataques estrangeiros.

No Oriente, mercadores turcos, ingleses e venezianos disputavam o controle dos principais postos comerciais e avançavam sobre suas possessões. Atacados por forças muçulmanas, os portugueses tiveram de abandonar o Norte da África e, em outras partes do continente, eram ameaçados constantemente pelos ingleses. Além de todas essas dificuldades, em razão da grande oferta de especiarias, verificou-se uma queda acentuada dos preços desses produtos no mercado mundial, que dava os primeiros sinais de crise.

TÁ LIGADO?

1. Explique por que os portugueses não demonstraram interesse imediato pelas terras brasileiras.

FEITORIAS

De início, por não encontrar as minas de metais preciosos tão desejadas, os portugueses limitaram-se a navegar pelo litoral do continente americano. Em algumas partes, da mesma maneira que haviam feito na costa africana, ergueram **feitorias**, pequenas fortificações destinadas a armazenar toras de ibirapitanga (pau-brasil) para produzir uma tintura avermelhada, utilizada no tingimento de tecidos.

Nessas feitorias, um pequeno número de homens armados havia sido designado a permanecer nas terras recém-descobertas. Alguns eram condenados ao exílio pela Coroa portuguesa. Outros eram voluntários, interessados nos indígenas e nas riquezas que ainda esperavam achar.

ESCAMBO

Para o trabalho de corte das árvores e embarque da madeira, os portugueses procuravam convencer os nativos. Em troca de espelhinhos, facas, ferramentas e roupas, objetos produzidos na Europa, obtinham o trabalho dos indígenas. Praticavam o **escambo**, ou seja, uma troca sem a utilização de moeda, pela execução de determinadas tarefas ou pelo pau-brasil.

No entanto, nem sempre os indígenas estavam dispostos a cortar árvores e carregar madeiras. Muitas vezes estavam ocupados nadando,

Como esses povos cortam e transportam o pau-brasil em navios, André Thevet. Gravura extraída do manuscrito *La cosmographie universelle*, 1575.

Combate naval entre portugueses e franceses nos mares dos territórios potiguares, Theodore de Bry. Gravura extraída do manuscrito *Americae tertia pars*, 1592.

pescando, dormindo, brincando, namorando, dançando e participando de seus rituais – atividades com muitos significados e muita importância para sua cultura. A recusa dos indígenas provocava a irritação dos portugueses. Por isso, muitas vezes, tentavam obrigar os nativos a trabalhar. Também irritados, os nativos reagiam e atacavam os portugueses.

Os conflitos tornaram-se mais intensos a partir da chegada de mais portugueses e da fundação das primeiras vilas e cidades na América.

Expedições guarda-costas

Navegadores espanhóis, ingleses e franceses também extraíam pau-brasil ameaçando o domínio pretendido pelos lusitanos. A defesa do extenso litoral ficava a cargo de **expedições guarda-costas**, ineficazes para deter a presença de conquistadores de outros Estados europeus.

Os pequenos povoados e feitorias, além de estarem à mercê de estrangeiros e de ataques de indígenas, não possuíam organismos de justiça e de administração. Imperava a lei da espada nas disputas e nos conflitos entre os poucos europeus que se aventuravam a atravessar o Atlântico.

Com o início da crise do comércio oriental, o tratamento dado às terras americanas foi se modificando. Para garantir a defesa do território, dar sustentação ao escambo do pau-brasil e empreender a descoberta de metais e pedras preciosas, o governo português iniciou sua política de povoamento. Era necessário tornar mais lucrativos os domínios atlânticos.

CANA-DE-AÇÚCAR

Ao final de 1530, **Martim Afonso de Souza**, com amplos poderes judiciais, foi investido no cargo de capitão-mor de uma frota endereçada à América e encarregado de iniciar a colonização efetiva das novas terras.

As embarcações chefiadas por Afonso de Souza enfrentaram navios franceses e exploraram a costa brasileira, acumulando informações sobre as possibilidades de ocupação do território e sobre possíveis minas de metais preciosos.

Em 1532, foi fundada a vila de **São Vicente** (no atual estado de São Paulo), a primeira na América portuguesa, em uma região próxima aos domínios espanhóis do sul do continente. Com isso os portugueses procuravam inibir as incursões dos castelhanos nos seus territórios e ao mesmo tempo ameaçavam o controle espanhol sobre a região do Prata.

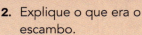

TÁ LIGADO

2. Explique o que era o escambo.

Martim Afonso de Souza trouxe para a América as primeiras mudas de cana-de-açúcar da Ilha da Madeira e colonos com experiência no seu cultivo e na produção do açúcar.

Durante mais de duzentos anos, o açúcar foi o ouro de Portugal. Para produzi-lo, os conquistadores inicialmente escravizaram milhares de nativos. Atacaram aldeias e aproveitaram-se das rivalidades entre os diversos povos indígenas. Embarcaram milhões de toneladas de açúcar para vender nos mercados europeus e exterminaram milhões de nativos de Pindorama.

No entanto, esse processo de ocupação não foi tranquilo. Em muitas ocasiões, os indígenas ofereceram feroz resistência aos colonos portugueses, promovendo guerras na defesa de suas terras.

No sertão da Bahia, em meados do século XVII, por exemplo, os Tapuia resistiram ao avanço do colonizador. O conflito ficou conhecido como a **Guerra dos Bárbaros** ou **Confederação dos Cariris (ou Kariri)**.

O TRABALHO E A DESONRA

Para os colonos, interessados nos lucros da atividade açucareira, a conquista deveria ser direcionada a obter o maior número possível de braços para a lavoura de cana. Além disso, os trabalhos manuais necessários na América eram tidos como **desonrosos** para os conquistadores. A posse de escravizados era vista como condição para uma vida honrada.

A colônia, de acordo com cronistas do século XVI, só não se desenvolvia mais porque os nativos se rebelavam e fugiam cada vez mais dos conquistadores.

ENTRADAS E BANDEIRAS

Os portugueses tomavam as terras dos indígenas de forma violenta, tumultuando a vida colonial. Estes, em resposta, promoviam ataques aos povoados e às fazendas dos colonos em defesa de suas terras e de sua liberdade. Além de milhares de outros nativos, a guerra entre os conquistadores e os ameríndios provocou a morte de mais de 70 mil Caeté e a fuga de, aproximadamente, 12 mil Tupi em direção às terras do interior.

Para obter mão de obra, os portugueses realizaram expedições ao interior. As expedições organizadas pelas autoridades coloniais eram chamadas **entradas**. Em geral, contavam com a participação de membros do clero, que pretendiam converter os nativos à fé católica.

Havia também expedições organizadas por particulares, conhecidas por **bandeiras**. Eram companhias dirigidas por aventureiros armados que atacavam aldeias, capturavam seus membros e transformavam-nos em escravizados.

Mulher tapuia, Albert Eckhout. Óleo sobre tela, 1641.

MUSEU NACIONAL, COPENHAGUEN, DINAMARCA

Representação do século XVII dos Tapuia. Tapuia, que significa "estranho à tribo", era o termo utilizado pelos povos Tupi para designar povos que falavam outras línguas, como os povos Kariri, Sucuru, Taicuru. Na época em que Eckhout representou os Tapuia eles eram aliados dos holandeses contra os portugueses.

TÁ LIGADO

3. Explique o que foi a chamada Guerra dos Bárbaros.

4. Estabeleça a relação entre trabalho escravo e vida honrada para os portugueses que chegaram à América no século XVI.

5. Indique a diferença entre entradas e bandeiras.

APRENDENDO COM OS NATIVOS

À medida que avançavam para o interior, os colonos e bandeirantes adquiriram uma série de conhecimentos, como a linguagem dos tambores, que permitia a comunicação entre grupos de uma mesma bandeira; andar em fileira pelos estreitos caminhos, na chamada fila indiana, sempre descalços como os indígenas; achar água; utilizar as plantas para fins medicinais; extrair alimento das florestas.

Para sobreviver nas matas, o europeu foi obrigado a se acostumar com a alimentação dos nativos. Por exemplo, comia animais que, na Europa, seriam considerados detestáveis, como cobras, lagartos, sapos e formigas.

PEQUENAS E GRANDES EXPEDIÇÕES

As proporções das bandeiras eram impressionantes. Uma delas, organizada por **Antônio Raposo Tavares** em 1629, era composta de 69 colonos da vila de São Paulo, 900 mamelucos (descendentes de indígenas com brancos) e 2 mil ameríndios.

A maior parte das expedições era composta de nativos escravizados. Eles cumpriam as funções de carregadores, cozinheiros e guerreiros. Eram extremamente úteis por conhecerem o terreno e as técnicas mais apropriadas para sobreviver na mata que um dia habitaram.

Entretanto, a necessidade de repor constantemente os estoques de escravizados indígenas levava os bandeirantes a organizarem expedições bem mais modestas, as chamadas **armações**. Tais expedições aprisionavam quantidades menores de nativos.

Esse era também o recurso de jovens colonos que iniciavam sua lavoura e não contavam com riqueza suficiente para organizar uma grande bandeira. As armações se restringiam a dois ou três bandeirantes e cerca de 20 indígenas.

SÃO PAULO, TERRA DOS BANDEIRANTES

Em São Paulo, nos primeiros séculos da colonização, a produção de artigos para exportação não prosperou, ao contrário do litoral do nordeste brasileiro, que se desenvolvia com a lavoura da cana-de-açúcar.

Os moradores de São Paulo plantavam alimentos para seu próprio consumo. Entre os produtos de subsistência, o trigo acabou se tornando o mais importante da região, sendo, inclusive, vendido para outras partes da colônia.

Os paulistas exploravam largamente a mão de obra indígena. Isso garantia grande quantidade de escravizados sem muitos gastos. Vendiam seus produtos na própria colônia e obtinham ali mesmo a mão de obra necessária para produzir.

Desenho da cidade de São Paulo, anônimo. Gravura aquarelada, 1765.

BIBLIOTECA NACIONAL, RIO DE JANEIRO (RJ), BRASIL

OBSERVE AS IMAGENS

Bandeirantes

A região de São Paulo tornou-se conhecida como a terra dos bandeirantes. Caçadores de gente, os primeiros paulistas eram mamelucos e mal conheciam a língua portuguesa. Viviam da escravização de indígenas, utilizando os nativos em suas propriedades ou vendendo-os a outros proprietários de terras. Escravizados, os indígenas eram tratados como uma mercadoria, um objeto a ser comercializado.

Em suas viagens, os bandeirantes seguiam o curso dos rios, faziam canoas semelhantes às dos indígenas e foram muito além da linha divisória do Tratado de Tordesilhas.

Borba Gato, Júlio Guerra, escultura em concreto armado coberta com tesselas de basalto e mármore colorido, construído em 1960, São Paulo, São Paulo (Brasil), 21 set. 2017.

Domingos Jorge Velho, Benedito Calixto. Óleo sobre tela, 1923.

A estátua de Borba Gato está localizada na avenida Santo Amaro, uma das principais vias da cidade de São Paulo.

1. Faça uma investigação para descobrir que visão as pessoas mais velhas possuem sobre os bandeirantes. Siga as instruções:
   a) Escolha alguns adultos para entrevistar.
   b) Pergunte a eles quem foram os bandeirantes e qual a sua importância para a história do Brasil.
   c) Registre as respostas no caderno.
   d) Compartilhe suas respostas com a turma.

2. No seu caderno, identifique o suporte e a data de produção das imagens acima. Qual visão dos bandeirantes poderíamos ter com base nessas imagens? Os bandeirantes podem ser considerados heróis do Brasil? Justifique sua resposta.

A MOTIVAÇÃO RELIGIOSA

A maior parte dos nomes com os quais os europeus batizavam os lugares fazia referência à religião cristã. Lembravam Jesus Cristo, o Salvador, a Cruz, a Páscoa, o Domingo Santo.

Portugueses e espanhóis acreditavam ser parte de uma grande missão religiosa que visava tornar o mundo cristão.

Muitos portugueses acreditavam terem sido escolhidos por Deus para realizar a salvação dos seres humanos. Acreditavam que, desde a vinda de Cristo à Terra, a conquista da América havia sido o acontecimento mais importante da história da humanidade. Milhões de pessoas que não conheciam a doutrina da salvação finalmente poderiam ser convertidas à fé cristã.

O CLERO E A CONQUISTA PORTUGUESA

O clero participou ativamente da conquista portuguesa, tentando convencer os nativos a aceitarem a religião cristã. Alguns grupos estudaram as línguas locais e chegaram a escrever pequenos dicionários.

Milhares de indígenas foram batizados à força. A imensa maioria não entendia os rituais cristãos. Muitos reagiram aos "soldados" de Cristo e foram castigados e mortos em nome de Jesus.

Os padres aprenderam alguns mitos indígenas. Um dos que mais os impressionaram foi o de Tupã e o dilúvio. Entenderam que se tratava do mesmo dilúvio de Noé. Os indígenas então haviam sobrevivido à punição de Deus. Como?

O Paraíso terrestre

Segundo alguns padres, a resposta estava na Bíblia. Lá estava escrito que o Paraíso terrestre era o único lugar que não havia sido inundado pelo dilúvio. Localizado sobre uma enorme montanha, o Paraíso ainda se manteria tal como Deus o criara. Alguns religiosos passaram então a admitir que o Paraíso poderia se localizar em algum lugar da América. Começaram a analisar os sinais: os indígenas viviam nus como Adão e Eva; havia pássaros que falavam (os papagaios); havia frutos, muitos rios e fartura.

De acordo com os religiosos, a expansão marítima era então um milagre de Deus. Caberia aos europeus a tarefa de ampliar as almas que seguiam a fé cristã. Dessa maneira, a conquista dessas terras já tinha uma explicação e as violências cometidas, uma justificativa.

Apesar de identificados como oriundos do Paraíso, os indígenas precisavam ser corrigidos. Seu comportamento não era o de bons cristãos. Viviam nus, trabalhavam apenas o suficiente para sobreviver e eram politeístas. Alguns até mesmo praticavam o canibalismo.

A imagem retrata o missionário como enviado e intermediário de Jesus Cristo. Acima de todos, encontra-se a figura do cordeiro de Deus, cujo sangue jorra diretamente para as taças do missionário, que abençoa a todos: indígenas e europeus.

Missionário como anjo emissário de Deus, Bernardo Buil. Gravura extraída do manuscrito *Nova typis transacta navigatio*, frei Dom Honário Philopono, 1621.

Para os religiosos, as crenças dos ameríndios eram erradas e precisavam ser eliminadas. Desprezavam, assim, a cultura desses povos e consideravam a dos europeus superior.

A IGREJA E OS INDÍGENAS

A escravização dos nativos chegou a ser questionada por alguns religiosos e, com isso, a ação do clero acabou por limitá-la.

Em 1537, o papa reconhecia que os indígenas eram seres humanos e, portanto, dotados de alma. Os conquistadores deveriam salvar essas almas. Anos depois, em 1580, o religioso Gonçalo Leite chegou a afirmar que os padres que permitiam a escravidão não vinham salvar almas, mas condenar as suas.

Outros religiosos, menos críticos dessa situação, procuravam fazer valer a regulamentação do cativeiro legal. Só poderiam ser escravizados os indígenas aprisionados em **guerra justa**, ou seja, aqueles que resistissem à evangelização ou promovessem ataques aos portugueses. Outra forma de cativeiro legal era o **resgate**. Os prisioneiros dos indígenas que seriam submetidos aos rituais de canibalismo eram "resgatados" e encaminhados para os colonos a fim de plantarem em suas roças e fazerem as demais tarefas necessárias para a "vida honrada" dos europeus.

OS JESUÍTAS

Os jesuítas participaram ativamente da organização dos negócios coloniais. Eram responsáveis por praticamente todas as escolas da América portuguesa, incluindo aquelas que as crianças brancas frequentavam. Participavam da política da colônia e tiveram papel importante no trato com as populações nativas, ao assumirem a tarefa de convertê-las ao catolicismo.

Alguns grupos indígenas, uma vez dominados e pacificados, passavam a viver em aldeamentos dirigidos pelos padres, que, dessa forma, transformavam as suas sociedades originais. Nos aldeamentos, os nativos eram obrigados a incorporar costumes europeus e a modificar o tipo de vida que tinham nas suas aldeias.

De início, jesuítas e colonos estiveram juntos na ocupação do planalto paulista e no emprego do trabalho indígena. Padres importantes como **Manoel da Nóbrega** e **José de Anchieta** consideravam a escravidão dos indígenas o único meio de atrair colonos e, ao mesmo tempo, converter os nativos.

Anchieta escreveu: "Não se pode, portanto, esperar nem conseguir nada em toda esta terra na conversão dos gentios, sem virem para cá muitos cristãos, que [...] sujeitem os indígenas ao jugo da escravidão e os obriguem a acolher-se à bandeira de Cristo".

Fixação da cruz em solo indígena, L. Gauthier. Gravura extraída do manuscrito *Histoire da La mission*, Claude d'Abbeville, 1614.

A vitória dos missionários é simbolizada pela fixação da cruz em terra indígena. Como um punhal, a cruz penetra o solo conquistado.

TÁ LIGADO?

8. Defina o conceito de guerra justa.

9. Explique o que era o resgate.

Os objetivos religiosos, entretanto, não eram os únicos que moviam a Companhia de Jesus. Trabalhadores, os indígenas geravam muita riqueza para os jesuítas. Além disso, os aldeamentos indígenas eram considerados pelos padres condição necessária para a defesa contra estrangeiros e povos nativos hostis.

É fácil imaginar como era impossível combinar os desejos dos jesuítas e colonos. Estes queriam dispor livremente dos nativos, sem ter de se submeter às imposições dos jesuítas para obter trabalhadores.

AS MISSÕES E A OCUPAÇÃO DO TERRITÓRIO

Os aldeamentos onde os jesuítas viviam com os indígenas convertidos e onde plantavam para sua sobrevivência e para o comércio eram chamados **missões**. Elas foram organizadas em duas regiões. Ao sul do continente, no território do atual Paraguai, e ao norte, na Floresta Amazônica.

No Sul, as missões dos jesuítas localizavam-se na fronteira com a colônia espanhola e por isso tiveram o importante papel de defender a posse portuguesa contra ataques espanhóis. Na ausência de guarnições militares de peso, antes da segunda metade do século XVIII, as missões funcionavam como unidades de ocupação colonial.

Ao mesmo tempo, essas missões eram constantemente atacadas por colonos portugueses e espanhóis, que procuravam indígenas para escravizar. Os Guarani que nelas viviam eram considerados excelentes escravizados pelos colonos.

A posição dos religiosos era contrária aos interesses dos colonos leigos, que desejavam a escravização dos indígenas sem restrições. As disputas tinham de ser resolvidas pelas autoridades investidas pela Coroa portuguesa. E os conflitos entre jesuítas e colonos marcaram a história do Brasil no período colonial.

Amazônia

Na Amazônia, as missões jesuíticas também foram importantes na ocupação do território por Portugal, servindo como agentes de pacificação. Suas missões, como também as dos franciscanos, carmelitas e capuchinhos, abriam caminhos para a entrada dos luso-brasileiros. Belém, fundada em 1616, era o ponto de partida de homens que, subindo o Rio Amazonas e seus afluentes, exploravam a região em busca de indígenas e de plantas nativas para venderem para a Europa: cacau, canela, pimenta, castanha etc. Com isso alargavam os territórios dos portugueses, que, no início do século XVIII, já ocupavam os pontos estratégicos da imensa bacia amazônica.

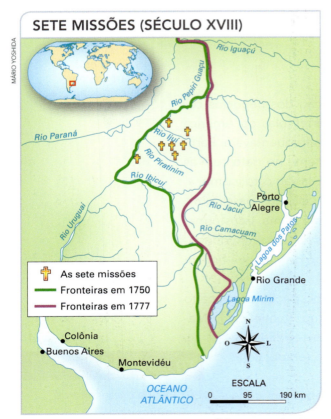

Fonte: Elaborado com base em SERRÃO, J.; MARQUES, A. H. O. Nova História da Expansão Portuguesa. v. 8. In: SILVA, Maria Nizza da (Coord.). *O Império Luso-brasileiro (1750-1822)*. Lisboa: Estampa, 1996. p. 272.

Curumins e cunhatãs: o teatro e educação jesuítica

Os jesuítas, observando os costumes dos nativos, logo perceberam o forte traço lúdico de sua cultura e investiram em atividades centradas na música, na dança, no canto, na representação, pois a vida cotidiana dos indígenas era repleta de rituais, festas com músicas, cantos, danças e jogos.

Perceberam que a vida indígena favorecia a cooperação e que as crianças participavam de tudo. Observaram também que, por meio dos curumins e cunhatãs (meninos e meninas em tupi), poderiam garantir a evangelização de toda a aldeia. Perceberam que por meio dos jogos poderiam converter os nativos com maior facilidade.

O teatro e os jogos de representação foram utilizados, pelos jesuítas, como forma de ensinar aos indígenas, especialmente aos curumins e cunhatãs, a cultura e religiosidade portuguesas do século XVI.

Para isso, em primeiro lugar, foi preciso aprender a língua. Utilizavam elementos tirados dos mitos indígenas e os misturavam com os santos da Igreja. Assim, a Virgem Maria foi identificada com *Tupansy*, mãe de Tupã, e os Karaibebé (profetas que voam) com os anjos mensageiros.

Para as encenações eram utilizadas as máscaras, a arte plumária e os instrumentos musicais (sopro e percussão) nativos. As crianças encenavam, cantavam e dançavam, participavam da peça em todos os sentidos.

As peças eram encenadas ao ar livre, em português, espanhol e tupi, tendo como cenário a floresta.

O jogo, entretanto, tinha por objetivo ensinar aos curumins e cunhatãs o "modo português de viver", condenando, assim, os rituais, costumes e crenças de seus ancestrais.

QUEBRA-CABEÇA

1. Releia o quadro complementar "Pindorama" (p. 150). Agora responda ao que se pede:
   a) Identifique os nomes atribuídos às terras hoje conhecidas como Brasil.
   b) Comente a significação desses nomes do ponto de vista da expansão da fé cristã com a conquista colonial.
   c) Reflita e discuta sobre como denominar as terras que hoje conhecemos como Brasil no período anterior à chegada dos portugueses.
   d) Transforme a letra da canção em roteiro para uma dramatização.

2. Defina cada um dos conceitos abaixo e organize um pequeno dicionário conceitual em seu caderno:
   • escambo
   • entradas
   • bandeiras
   • armações
   • guerra justa
   • resgate
   • missões

3. Escreva um pequeno texto explicando a importância das feitorias e do escambo no início da exploração portuguesa na América.

4. Aponte a relação entre a crise do comércio oriental e a mudança de diretriz da administração portuguesa no que diz respeito às terras americanas.

5. Esclareça o que foram as missões e seu papel na expansão das fronteiras no período.

6. Vamos construir nossos *tags*. Siga as instruções do *Pesquisando na internet* na seção **Passo a passo** (p. 7) utilizando as palavras-chave abaixo:
   bandeirantes
   escambo
   missões
   sete povos das missões

Reproduzimos abaixo, na íntegra, o discurso do pataxó Matalauê na missa comemorativa dos 500 anos do Brasil, realizada em Santa Cruz Cabrália, Bahia. Leia-o atentamente e depois responda às questões propostas.

[DISCURSO DE MATALAUÊ NA MISSA DOS 500 ANOS]

Hoje, é esse dia que podia ser um dia de alegria para todos nós. Vocês estão dentro da nossa casa. Estão dentro daquilo que é o coração do nosso povo, que é a terra, onde todos vocês estão pisando. Isso é nossa terra.

Onde vocês estão pisando vocês têm que ter respeito porque essa terra pertence a nós.

Vocês, quando chegaram aqui, essa terra já era nossa. O que vocês fazem com a gente?

Nossos povos têm muitas histórias para contar. Nossos povos nativos e donos desta terra, que vivem em harmonia com a natureza: tupi, xavante, tapuia, caiapó, pataxó e tantos outros.

Séculos depois, estudos comprovam a teoria, contada pelos anciões, de geração em geração dos povos, as verdades sábias, que vocês não souberam respeitar e que hoje não querem respeitar.

São mais de 40 mil anos em que germinaram mais de 990 povos com culturas, com línguas diferentes, mas apenas em 500 anos esses 999 povos foram reduzidos a menos de 220. Mais de 6 milhões de índios foram reduzidos a apenas 350 mil.

Quinhentos anos de sofrimento, de massacre, de exclusão, de preconceito, de exploração, de extermínio de nossos parentes, aculturamento, estupro de nossas mulheres, devastação de nossas terras, de nossas matas, que nos tomaram com a invasão.

Hoje, querem afirmar a qualquer custo a mentira, a mentira do Descobrimento.

Cravando em nossa terra uma cruz de metal, levando o nosso monumento, que seria a resistência dos povos indígenas. Símbolo da nossa resistência e do nosso povo.

Impediram a nossa marcha com um pelotão de choque, tiros e bombas de gás.

Com o nosso sangue, comemoram mais uma vez o Descobrimento.

Com tudo isso, não vão conseguir impedir a nossa resistência. Cada vez somos mais numerosos. Já somos quase 6 mil organizações indígenas em todo o Brasil.

Resultado dessa organização: a Marcha e a Conferência Indígena 2000, que reuniu mais de 150 povos; teremos resultado a médio e a longo prazo.

A terra para nós é sagrada. Nela está a memória de nossos ancestrais dizendo que clama por justiça. Por isso exigimos a demarcação de nossos territórios indígenas, o respeito às nossas culturas e às nossas diferenças, condições para sustentação, educação, saúde e punição aos responsáveis pelas agressões aos povos indígenas.

Estamos de luto. Até quando?

Vocês não se envergonham dessa memória que está na nossa alma e no nosso coração, e vamos recontá-la por justiça, terra e liberdade.

Folha de S.Paulo, 27 abr. 2000.
Disponível em: <http://goo.gl/dleL76>.
Acesso em: 26 ago. 2018.

Reprodução proibida. Art. 184 do Código Penal e Lei 9.610 de 19 de fevereiro de 1998

1. Matalauê repete muitas vezes a palavra "terra". Anote, no caderno, todas as frases em que essa palavra aparece no texto.

2. Identifique o significado da palavra "terra" no discurso do pataxó.

3. Em várias partes do texto aparece o pronome "vocês". A quem Matalauê se refere quando utiliza esse pronome?

4. Aponte as principais acusações feitas por Matalauê e a quem são dirigidas.

5. Aponte as reivindicações de Matalauê.

Missa comemorativa dos 500 anos do Brasil

👁 OBSERVE AS IMAGENS

Siga as instruções da *Análise de documentos visuais* na seção **Passo a passo** (p. 6) para analisar a imagem abaixo.

A *primeira missa no Brasil*, Victor Meirelles. Óleo sobre tela, 1861. (detalhe)

Indígenas no altar da missa comemorativa dos 500 anos do Brasil. Santa Cruz Cabrália, Bahia (Brasil), 2000.

1. Qual é o tema da pintura produzida por Víctor Meirelles?

2. Identifique o tema das fotos.

3. Em que época se passa a cena apresentada na pintura intitulada *A primeira missa no Brasil*? E as cenas que aparecem nas fotos?

4. Imagine que você é um jornalista nas comemorações dos 500 anos do descobrimento do Brasil. Escreva uma reportagem sobre o momento, relacionando as três imagens.

Indígena ajoelha-se diante das tropas militares durante as comemorações dos 500 anos do descobrimento do Brasil. Porto Seguro, Bahia (Brasil), 2000.

Leia os textos abaixo e depois responda às questões.

Índio é queimado por estudantes no Distrito Federal

O índio pataxó Galdino Jesus dos Santos, 44, teve 95% do corpo queimado depois de ter sido incendiado anteontem em Brasília. Um grupo de cinco jovens estudantes jogou sobre ele uma substância líquida, provavelmente álcool. Os jovens teriam, então, ateado-lhe fogo. [...]

O crime aconteceu em um ponto de ônibus, quando Santos dormia em um banco, depois de uma comemoração do Dia do Índio, na sede da Funai. Os cinco teriam ateado fogo em Santos "por divertimento" segundo o delegado Valmir de Carvalho [...]. Eles foram presos e teriam confessado o crime [...].

"Eu vi uma chama enorme e um vulto, em pé, no centro dela. Imaginei que fosse um boneco, mas ele mexia os braços", disse o comerciante José Maria Gomes, 35 [...]. A delegada Rosângela Celle Silveira [...] disse que Max Rogério Alves confessou o crime e entregou os outros. Segundo ela, todos confessaram.

Folha de S.Paulo. Cotidiano, 21 abr. 1997.

Assassinato do índio Galdino completa 10 anos

Dos cinco envolvidos, um deles, na época do crime, era menor de idade [...] e ficou preso por três meses, [...] condenado a um ano de reclusão. Os outros quatro foram presos [...]. Em 2001, foram condenados pelo júri popular por homicídio doloso (com intenção de matar) a 14 anos de prisão, em regime integralmente fechado.

Em outubro do mesmo ano, o jornal *Correio Braziliense* flagrou três dos cinco rapazes bebendo cerveja em um bar, namorando e dirigindo o próprio carro até o presídio, sem passar por qualquer tipo de revista na volta. Após a denúncia, os assassinos perderam, temporariamente, o direito ao regime semiaberto, que era o que permitia o trabalho e o estudo externos.

Mas a reclusão total durou pouco tempo. Em agosto de 2004, os quatro rapazes ganharam o direito ao livramento condicional, ou seja, estão em liberdade, mas precisam seguir algumas regras de comportamento impostas pelo juiz no processo para manter sua liberdade, tais como: não sair do Distrito Federal sem autorização da Justiça e comunicar periodicamente ao juiz sua atividade profissional.

O Globo, 19 abr. 2007.

1. Esclareça com suas palavras o acontecimento noticiado.

2. Explique por que Galdino estava dormindo em um ponto de ônibus.

3. Ao justificar a ação, os jovens agressores disseram achar que o índio pataxó era um mendigo e que estavam apenas brincando. Em sua opinião, o que levou os jovens a cometer esse crime?

4. Identifique a situação legal daqueles que mataram Galdino apontada na reportagem.

TRÉPLICA

 Filmes

Desmundo
Brasil, 2003.
Direção de Alain Fresnot.
Situado no século XVI, o filme trata da condição das mulheres forçadas a trocar a metrópole pela colônia. Esse filme permite discutir a condição feminina na atualidade, por meio das condições vivenciadas pelas mulheres na época da colonização.

Hans Staden
Brasil, 1990.
Direção de Humberto Mauro.
O filme é a carta de Pero Vaz de Caminha roteirizada por Humberto Mauro, com a reconstituição da viagem de Pedro Álvares Cabral, da partida do Tejo à realização da primeira missa no Brasil.

 Livros

Encontro de duas culturas: europeus e indígenas no Brasil

SCATAMACCHIA, M. C. M. São Paulo: Atual, 2007.

O Brasil nos primeiros séculos
MESGRAVIS, L. São Paulo: Contexto, 1994.

 Site

(Acesso em: 26 ago. 2018)
<http://goo.gl/JPAJ6G>
O *site* apresenta os direitos das crianças, entre elas as indígenas.

CAPÍTULO
8

O Antigo Sistema Colonial

PORTAS
ABERTAS

👁 OBSERVE AS IMAGENS

1. No seu caderno, identifique o suporte, o local, a data e os elementos pertencentes a cada imagem.

2. Podemos identificar algum tipo de atividade econômica nas imagens? Explique.

3. Quais seriam as relações econômicas e políticas entre essas cidades no século XVII?

São Salvador. Baya de todos os Santos, anônimo. Gravura extraída do manuscrito *Van Het Rijcke Brasilien, Reys-boeck*, c. 1624.

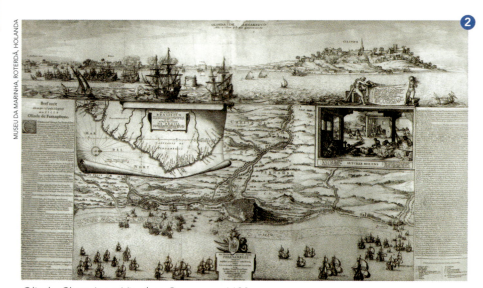

Olinda, Claes Jansz Visscher. Gravura, c. 1630.

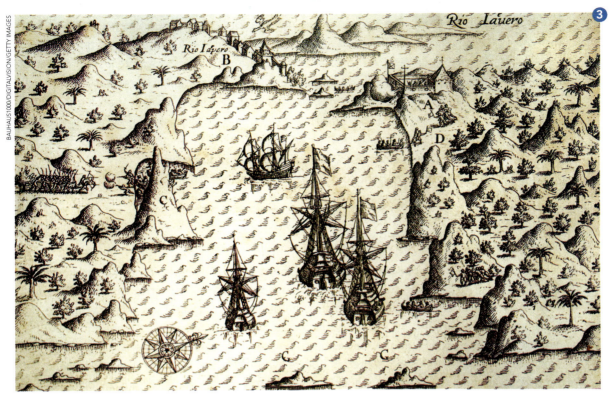

Rio de Janeiro, anônimo. Gravura extraída do manuscrito *Description Dupenibli Voyage*, Oliver van Noort, 1610.

(Lisboa), anônimo. Gravura, c. 1620.

AS CAPITANIAS HEREDITÁRIAS

O território americano, que a monarquia portuguesa julgava como seu, era imenso. E a presença de navegadores espanhóis, franceses e ingleses ameaçava seus domínios. Em 1534, para tentar solucionar essa situação, a Coroa lusitana resolveu adotar um sistema de colonização já desenvolvido nas ilhas dos Açores e da Madeira, denominado **capitanias hereditárias**.

Por meio desse sistema, súditos portugueses recebiam grandes extensões de terras e eram encarregados de garantir o povoamento, realizar a exploração econômica, exercer o governo e os poderes de justiça. Recebiam uma doação da monarquia e, por isso, eram denominados **capitães donatários**.

Os direitos concedidos ao capitão donatário eram indivisíveis, hereditá-

Amazonas

Entre 1541 e 1542, pouco tempo depois de estabelecidas as capitanias hereditárias na América portuguesa, o espanhol Francisco Orellana tomou parte em uma expedição na América do Sul, cujo objetivo era encontrar o Eldorado. No caminho, deparou com um enorme rio que mais parecia um mar de água doce. Em várias partes do trajeto, os espanhóis foram atacados por indígenas. Além da fúria contra os invasores, chamava atenção o fato de que as mulheres lutavam ao lado dos homens.

Orellana lembrou-se de antigas histórias gregas que falavam de mulheres guerreiras que viviam às margens de um rio e que combatiam montadas a cavalo. Chamou o grande mar de água doce de "Rio das Amazonas".

Segundo lendas antigas, as amazonas eram chefiadas pela rainha Hipólita. Hércules, o maior herói grego, para se tornar imortal, teve de realizar 12 trabalhos. Entre eles, tomar o cinturão de Hipólita. O herói enfrentou as amazonas, matou sua rainha e tomou-lhe o cinturão. Cumpridos os 12 trabalhos, Hércules ainda teria participado da Guerra de Troia.

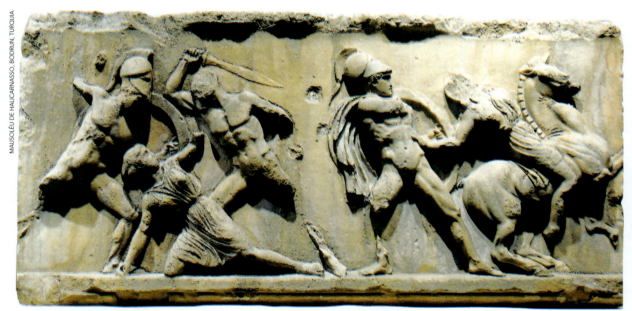

MAUSOLÉU DE HALICARNASSO, BODRUN, TURQUIA

A batalha entre gregos e amazonas, anônimo. Friso em mármore, c. 353-350 a.C.

rios e intransferíveis. O donatário deveria fundar vilas, nomear autoridades e exercer o comando militar da capitania. Além disso, poderia conceder **sesmarias**, lotes de terras que deveriam ser desenvolvidos economicamente por seus colonos.

O sistema de capitanias não garantiu aos portugueses o domínio das novas terras. Conflitos com os povos indígenas e um certo desinteresse demonstrado por alguns donatários, que nem sequer vieram até a América conhecer suas capitanias, provocaram o fracasso dessa experiência colonizadora.

TÁ LIGADO ?

1. Esclareça o funcionamento das capitanias hereditárias.
2. Defina sesmarias.

Terras divididas entre os portugueses

Lá de Portugal, o rei Dom João III dividiu o território americano em capitanias hereditárias, concedendo grandes extensões de terras aos capitães donatários (nobres e membros da burguesia lusitana). Os portugueses consideravam-se donos dessas terras. Os indígenas não tinham a mesma opinião. Os Caetés encontraram, em 1556, cerca de 100 portugueses em uma praia que hoje faz parte do estado de Alagoas. Entre eles, estava o primeiro bispo de Salvador, Pero Fernandes Sardinha. Foram comidos num tradicional ritual antropofágico.

Nos mapas abaixo, observe essas duas maneiras diversas de representar a divisão da América em capitanias hereditárias.

Fonte: Elaborado com base em COUTO, J. *A construção do Brasil: ameríndios, portugueses e africanos, do início do povoamento a finais de quinhentos.* Lisboa: Cosmos, 1995. p. 213 e 221.

Fonte: Elaborado com base em ALBUQUERQUE, Maurício de. *Atlas histórico escolar.* Rio de Janeiro: FAE, 1956. p. 18.

EM BUSCA DO LUCRO

Fonte dos mapas: Elaborados com base em MARINS, A. C. et al. *Cronologia da História do Brasil Colonial (1500-1831)*. São Paulo: FFLCH/USP, 1994. p. 13.

A questão fundamental para Portugal residia na dificuldade de estabelecer uma atividade econômica estável que sustentasse a ocupação e o povoamento de colonos brancos. A extração de pau-brasil dependia da disposição dos indígenas, que tinham outras referências de cultura e sociedade.

Por mais que o trabalho eventual de derrubada das árvores de pau-brasil estivesse integrado à vida dos nativos, em pouco tempo o recebimento de artigos europeus deixou de despertar seu interesse.

Das 15 capitanias hereditárias, apenas a de Pernambuco e a de São Vicente tiveram desempenho satisfatório. O principal motivo desse sucesso foi a execução de um plano mais organizado do cultivo da cana-de-açúcar. A experiência apontava qual seria a solução para o controle efetivo das novas possessões.

O GOVERNO-GERAL

A divisão da América portuguesa em capitanias não garantiu a defesa do território recém-conquistado. Em razão dos insucessos, e por considerar excessivo o poder dos donatários estabelecidos na América, a Coroa portuguesa decidiu criar, em 1548, o **governo-geral**. A intenção do governo de Portugal era tentar centralizar a política de exploração dos domínios americanos. Afinal, os franceses continuavam a invadir o litoral da América portuguesa.

A instituição do governo-geral limitou o poder dos capitães donatários, que ficavam submetidos à nova instância administrativa. O **governador-geral**, escolhido e nomeado diretamente pelo rei, era uma espécie de delegado de confiança da metrópole. Ele era incumbido da defesa militar interna e externa, da justiça, da arrecadação dos tributos devidos à Coroa, do estímulo às atividades econômicas e da fundação de vilas e povoados.

Os governadores-gerais tiveram dificuldades para impor sua autoridade, devido às resistências dos capitães donatários e fazendeiros e também à extensão do território a ser administrado.

O problema da centralização administrativa repousava na necessidade de atrair colonos e mantê-los nos domínios de além-mar. Isso também implicava controlá-los e governá-los.

Assim, enquanto alguns poderes eram retirados das mãos dos fazendeiros e capitães donatários, estabeleceram-se órgãos e instituições com o objetivo de incentivá-los a participar da política e da administração.

OCUPAÇÃO PORTUGUESA (SÉCULO XVI)

Natal
Filipeia
Igaraçu
Olinda
São Cristóvão
São Salvador
Ilhéus
Santa Cruz
Porto Seguro
Vitória
Espírito San
São Paulo
São Sebastião
do Rio de Janeir
São Sebastião
Itanhaém
Santos

OCEANO PACÍFICO
OCEANO ATLÂNTICO

Rio Negro
Rio Solimões
Rio Amazonas
Rio Madeira
Rio Guaporé
Rio Grande

■ Áreas sob influência das cidades e vilas
■ Áreas conhecidas e relativamente povoadas

N O L S
ESCALA
0   765   1 530 km

OCUPAÇÃO PORTUGUESA (SÉCULO XVII)

Natal
Filipeia
Igaraçu
Olinda
São Cristóvão
São Salvador
Ilhéus
Santa Cruz
Porto Seguro
Vitória
Espírito San
São Paulo
São Sebastião
do Rio de Janeir
São Sebastião
Itanhaém
Santos

OCEANO PACÍFICO
OCEANO ATLÂNTICO

Rio Negro
Rio Solimões
Rio Madeira
Rio Guaporé

■ Áreas sob influência das cidades e vilas
■ Áreas conhecidas e relativamente povoadas

N O L S
ESCALA
0   765   1 530 km

A América francesa

A monarquia francesa, rejeitando a partilha do mundo pelos ibéricos, procurou estabelecer núcleos colonizadores na América do Sul. Em 1555, Nicolau Durand de Villegaignon, enviado pelo rei Henrique II, fundou a França Antártica, na região da Baía de Guanabara.

A maior parte dos colonizadores era composta por protestantes franceses que fugiam das persegui-ções dos católicos em sua terra natal. Entre os conquistadores encontravam-se o católico André Thevet e o calvinista Jean de Léry, que escreveram dois dos mais interessantes documentos sobre as caracterís-ticas das terras americanas e seus primeiros habitantes no século XVI.

Em pouco tempo, as divergências entre seguidores das duas religiões também se manifestaram no Novo Mundo, provocando disputas e divisões em nome da fé. Com a notícia das tensões religiosas vivi-das nas terras de além-mar, outros colonos sentiram-se desestimulados a atravessar o Atlântico, dificul-tando o desenvolvimento da colônia francesa.

As primeiras expedições portuguesas para a expulsão dos franceses iniciaram-se em 1560. Sob o comando do governador-geral Mem de Sá, os franceses foram vencidos e obrigados a refugiar-se no sertão.

Constatou-se, mais uma vez, que a única possibilidade de defender a região dos franceses e dos Ta-moios, seus aliados, seria o povoamento. Com esse objetivo, em 1565, Estácio de Sá, sobrinho do go-vernador, fundou a vila de São Sebastião do Rio de Janeiro.

Os confrontos prolongaram-se por mais dois anos, quando tropas comandadas por Mem de Sá der-rotaram definitivamente os franceses.

BRASILIANA, BIBLIOTECA NACIONAL, RIO DE JANEIRO (RJ), BRASIL

Caravelas, Jean de Léry. Gravura extraída do manuscrito *Histoire d'un voyage fait en la terre du Brésil*, século XVI.

HOMENS-BONS

Nas vilas e cidades coloniais foram criadas as **Câmaras Municipais**, encarregadas de exercer as funções administrativas, judiciais, policiais e financeiras na localidade. Nas eleições para as Câmaras Municipais só podiam participar os chamados **homens-bons**. Ou seja, homens de posses, fazendeiros, clérigos, funcionários do Império e nobres. Excluíam-se, portanto, mulheres, escravizados, pobres, judeus, estrangeiros e pessoas que desenvolvessem trabalhos manuais. Com elevado grau de autonomia, as Câmaras eram o principal espaço de expressão dos interesses dos poderosos dos municípios.

PRODUZIR PARA DOMINAR

A partir do século XVI, a América tornou-se uma vasta área destinada a produzir mercadorias para serem vendidas nos mercados internacionais, rendendo altos lucros para suas metrópoles. Enquanto os espanhóis abarrotavam seus navios com toneladas de prata e de ouro, os portugueses não conseguiram encontrar minas de metais e pedras preciosas na América. Mas foi com a produção da cana-de-açúcar que a conquista colonial portuguesa ganhou impulso.

EM DESTAQUE

Câmara Municipal

As cidades e vilas na América portuguesa não se configuraram, pois, como centros populacionais – são sobretudo núcleos políticos. Estão decididamente articulados aos mecanismos em formação do sistema colonial.

PUNTONI, P. "Como coração no meio do corpo: Salvador, capital do Estado do Brasil". In: MELLO E SOUZA e outros (Org.). *O governo dos povos*. São Paulo: Alameda, 2009. p. 383.

Câmara Municipal de Mariana, Minas Gerais (Brasil), 2015.

MARCOS AMEND/PULSAR IMAGENS

1. Procure visitar a Câmara Municipal de sua cidade. Faça uma pesquisa para saber de quantos vereadores é composto esse órgão administrativo local. Quais são as suas principais atribuições e funções? Se possível, entreviste um vereador.

2. Compare as atividades e a forma de eleição das Câmaras Municipais do período colonial com as atividades da Câmara Municipal de sua cidade hoje em dia.

Açúcar: de artigo de luxo a produto popular

O açúcar era uma das especiarias mais luxuosas e apreciadas no período medieval. Trazido pelos árabes para a Europa, era vendido em pequenos grãos e, com frequência, fazia parte da relação de bens de testamentos e de dotes dos representantes da nobreza e da burguesia enriquecida. Entre os séculos XI e XIII, os cruzados tomaram contato com a produção açucareira, na qual era usada a mão de obra de prisioneiros muçulmanos, escravizados e homens livres.

No século XIV, os italianos implantaram a cultura da cana nas ilhas de Creta e Chipre, utilizando como mão de obra negros africanos escravizados. Comercializavam o produto para o restante da Europa e desenvolveram novas técnicas para sua fabricação. No século XV, os portugueses iniciaram sua produção na região do Algarve, ao sul de Portugal, e em suas ilhas atlânticas (Madeira, São Tomé, Açores e Cabo Verde), aproveitando os conhecimentos italianos e também utilizando escravizados africanos como mão de obra.

A produção açucareira, limitada até o século XV, pôde deslanchar com a conquista do Novo Mundo. O clima quente e úmido da região tropical, a fertilidade do solo e, principalmente, a existência de imensas extensões de terra foram os fatores favoráveis para seu desenvolvimento. O aumento da produção de açúcar diminuiu seu custo, tornando-o um produto consumido por todos os grupos sociais e rapidamente incorporado aos hábitos alimentares europeus.

O açúcar alterou profundamente a culinária portuguesa no século XVII. Era utilizado em todo tipo de preparo culinário, incluindo carnes. O consumo de confeitos aumentou de tal forma que havia, em Lisboa, em 1620, 12 biscoiteiros, 54 confeiteiros, 60 mulheres doceiras e 15 que os vendiam pelas casas. Esse número é considerável se levarmos em conta que, na mesma época e na mesma cidade, existiam apenas 43 boticários e 37 cortadores de carne. Até os dias de hoje, na culinária portuguesa, há uma forte presença do açúcar.

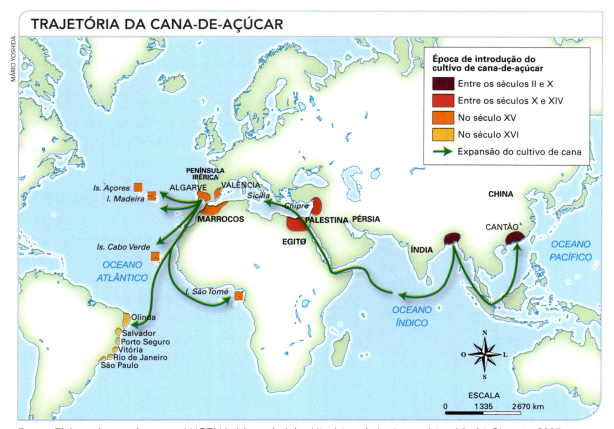

Fonte: Elaborado com base em LUCENA, Manuel. *Atlas Histórico de Latinoamérica*. Madri: Síntesis, 2005.

5. Explique cada um dos conceitos abaixo:
   a) monocultura;
   b) *plantation*.

6. Defina o que eram as capitanias reais.

PRODUÇÃO EM LARGA ESCALA

A partir de 1530, o açúcar passou a ser produzido em larga escala nas terras americanas. **Latifúndios** (grandes extensões de terras) foram formados para o plantio de mudas de cana trazidas pelos portugueses. Essas unidades especializavam-se na produção de um único produto. Eram **monocultoras** e voltadas para o **mercado externo**. O trabalho era realizado por indígenas ou africanos escravizados – os "negros da terra", como eram chamados os ameríndios, e os "negros da Guiné", como passaram a ser denominados os africanos.

Até o final do século XVI, a escravidão indígena foi amplamente empregada nos engenhos de açúcar. Mas foram os africanos escravizados que acabaram por se tornar a principal mão de obra utilizada.

Dessa maneira, articulavam-se em torno da produção açucareira as possessões de Portugal dos dois lados do Atlântico. Produção em larga escala de um único produto, voltada para o mercado externo, realizada em latifúndios e utilizando mão de obra escrava são as características do sistema de produção chamado *plantation*. Essa estrutura econômica, comum a diversas partes da América, manteve-se com essas características até meados do século XIX.

O PODER DO AÇÚCAR

À medida que os negócios na América se ampliaram, devido ao desenvolvimento da lavoura açucareira, a ocupação lusitana progrediu. A produção de açúcar atraiu os portugueses, que formaram os primeiros núcleos populacionais. Vilas e cidades foram fundadas. A cidade de Salvador, por exemplo, começou a ser construída em 1549, com a finalidade de ser a primeira capital da colônia. Permaneceu como sede do governo até 1763.

A administração colonial tornou-se, então, mais complexa e integrada às instituições do Império Português. Gradativamente, as capitanias hereditárias foram incorporadas pela Coroa, recebendo o nome de **capitanias reais**, e as funções do donatário passaram a ser exercidas por um capitão-geral ou governador nomeado pelo rei. A primeira capitania a retornar ao controle da Coroa foi a da Bahia, já em 1548, e a última, Porto Seguro, em 1759.

Martim Afonso de Sousa, capitão donatário da capitania de São Vicente, anônimo. Gravura, século XVI.

A JUSTIÇA COLONIAL

Estabelecer a justiça portuguesa nos domínios americanos não era tarefa fácil. A maior parte dos conquistadores era composta de homens, que logo se sentiram atraídos pelas nativas. A ausência de mulheres europeias e as práticas e regras sexuais mais livres que aquelas pregadas pela moral cristã levaram muitos portugueses a se entregar aos prazeres sensuais.

Os governadores-gerais e seus auxiliares na área da justiça, os **ouvidores**, tentavam, sem muito sucesso, conter as práticas sexuais que predominavam nessas terras.

Os representantes do clero, mais decididos nessa causa, procuravam combater o que consideravam imoral e sugeriam que se enviassem mais moças portuguesas para a América. Além disso, a ocupação portuguesa foi realizada por um vasto grupo de marginais, cujos crimes eram punidos com a obrigação de estabelecerem-se no território colonial.

Pobres, mendigos e marginalizados da metrópole eram enviados à força para cumprir serviços militares nas possessões de além-mar.

Mesmo os religiosos que desembarcavam para a missão apostólica tinham sua conduta afetada pelo ambiente da colônia. O padre Manoel da Nóbrega reclamava, em 1549, que "cá há clérigos, mas é a escória que de lá vem".

> **Escória**
> Indivíduo desprezível, setor mais baixo da sociedade.

Anchieta e Nóbrega na cabana de Pindobuçu, Benedito Calixto. Óleo sobre tela, 1927. (detalhe)

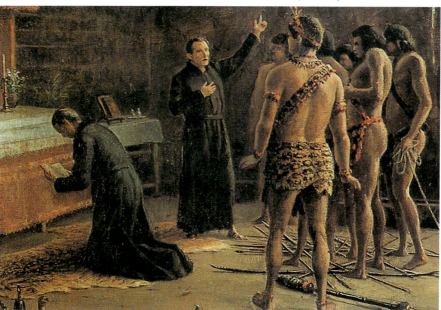

MUSEU PAULISTA, SÃO PAULO (SP), BRASIL

O pintor Benedito Calixto idealizou o esforço dos missionários para converter os indígenas por meio das figuras de José de Anchieta e Manoel da Nóbrega. A cena visa representar o momento em que um grupo de tamoios enfurecidos entra na cabana e encontra os dois jesuítas rezando. Ao ouvir as palavras de Deus, imediatamente os indígenas teriam deposto suas armas.

A INQUISIÇÃO NO BRASIL

No Brasil não se estabeleceram tribunais inquisitoriais. No entanto, práticas sexuais consideradas exageradas, heresias, feitiçaria, judaísmo e cultos protestantes foram objeto de investigação e denúncias.

De Portugal eram enviados clérigos **visitadores**, com o objetivo de apurar denúncias e encaminhar para a metrópole aqueles que deveriam ser julgados pelo Tribunal do Santo Ofício. Apesar de ser uma espécie de lugar de refúgio, no Brasil muitos cristãos-novos foram denunciados como praticantes de judaísmo e encaminhados a Portugal, onde foram sentenciados e executados.

TÁ LIGADO?

7. Explique quem eram os ouvidores e os visitadores.

MERCANTILISMO

O domínio e a exploração econômica das terras conquistadas pelos europeus fizeram parte de um período que alguns historiadores denominam era mercantilista, situado entre o final do século XV e início do XVIII.

Trata-se de um momento em que o feudalismo sofria profundas transformações e dava lugar, aos poucos, a uma nova forma de organização, o capitalismo comercial.

O comércio tornava-se a atividade mais lucrativa na Europa. As atividades mercantis eram realizadas a longa distância, ou seja, o produto era vendido em regiões que ficavam longe de onde ele era produzido. E isso gerava grandes lucros aos comerciantes, como o comércio das especiarias, a extração de metais ou a produção de açúcar.

Nesse período (entre os séculos XV e XVIII), as monarquias fortaleceram-se, e os monarcas usavam seus poderes para estimular a acumulação de riquezas por meio das atividades mercantis. O conjunto das ideias e medidas adotadas pelas monarquias para essa acumulação ficou conhecido como **mercantilismo**.

IDEIAS E PRÁTICAS MERCANTILISTAS

Algumas dessas medidas visavam proteger a produção dos Estados. Na Inglaterra, por exemplo, foi proibida a exportação de lã para garantir o abastecimento da indústria têxtil inglesa. Além disso, em 1651, o governo inglês proibiu que navios estrangeiros transportassem mercadorias para os portos ingleses que não fossem originárias de seus próprios Estados e reservou, exclusivamente, o transporte de mercadorias de suas colônias para embarcações inglesas. Essa medida foi denominada **Ato de Navegação**, um exemplo de controle das atividades mercantis nesse período.

Na França, foram criadas as **alfândegas**, órgãos que controlavam a entrada de produtos no país e estabeleciam a cobrança de impostos sobre produtos estrangeiros, sobretudo quando existiam produtos nacionais semelhantes. Medidas desse tipo constituíam uma das características do mercantilismo, o **protecionismo**.

Naquela época o ouro e a prata eram considerados a principal forma de riqueza. Assim, caberia ao Estado garantir a maior entrada possível de ouro e prata e, ao mesmo tempo, impedir que esses metais preciosos saíssem para outros Estados por meio de transações comerciais ou atos de pirataria.

O empenho em acumular ouro e prata foi outra característica do mercantilismo, chamada de **metalismo**.

Para acumular os metais preciosos, os governantes adotaram medidas que visavam garantir uma **balança comercial favorável**, ou seja, comprar pouco e vender muito, ganhando mais que gastando. A monarquia da França, por exemplo, criou empecilhos para a compra de artigos de luxo e estimulou a manufatura francesa.

O intenso comércio que ligava Europa, África e América transformou os portos dos três continentes em pontos vitais da vida econômica.

Cidade de Santa Maria de Belém do Grão Pará em 1784, Alexandre Rodrigues Ferreira. Aquarela, 1784-1792. (detalhe)

Se o objetivo do mercantilismo era promover o enriquecimento por meio da expansão do comércio, levariam vantagem aqueles reinos que possuíssem colônias no além-mar. Assim, um dos componentes fundamentais das práticas mercantilistas era o **colonialismo** da Época Moderna. Conquistar, ocupar e controlar colônias permitiriam ampliar a capacidade comercial dos Estados europeus.

Ao adotarem medidas a fim de controlar o mercado e as transações comerciais, os Estados europeus lançavam mão de um conjunto de práticas intervencionistas.

O SISTEMA COLONIAL

Óptica mercantilista, as terras conquistadas na América foram consideradas mais um meio de promover acumulação de riquezas para as metrópoles europeias. A ocupação portuguesa gerou, aos poucos, uma colônia integrada ao mercado internacional. As regras do seu funcionamento foram estabelecidas com o tempo e dependeram de vários fatores: os interesses do governo português, a ação dos colonos, as possibilidades oferecidas pela natureza, a ação dos indígenas, os interesses dos comerciantes. Foi só depois de cerca de um século, desde a chegada de Cabral, que as regras básicas foram definitivamente estabelecidas. Nesse período, o governo português foi desenvolvendo as melhores formas de explorar a colônia. O conjunto de regras e práticas das relações entre metrópole e colônia ficou conhecido como **sistema colonial**. Tratava-se de regras e práticas mercantilistas.

Além de controlar a moral dos colonos, era importante regular suas atividades econômicas. Era fundamental que a riqueza produzida na colônia fosse aproveitada pelo governo e pelos comerciantes de Portugal.

Em 1571, a Coroa portuguesa impôs uma nova regra: os colonos só poderiam comprar e vender para os próprios portugueses. Era o chamado **exclusivo metropolitano**. A metrópole tinha exclusividade no comércio com sua colônia. Além disso, ficava proibida a presença de qualquer estrangeiro nas terras coloniais.

Na visão dos conquistadores portugueses, todo o desenvolvimento da colônia era promovido pela metrópole, a qual fornecia os elementos fundamentais para isso: cidades, comércio e a religião cristã. Por isso a colônia deveria, em troca, ajudar no enriquecimento da metrópole. Essa espécie de compromisso foi denominada **pacto colonial** e estabelecia uma relação de exclusividade comercial e política e a obediência às determinações metropolitanas.

Na verdade, não havia acordo algum. O que ocorria era a imposição de medidas que procuravam garantir os interesses do governo português sobre o Brasil. O fato de os povos indígenas não praticarem o comércio, não terem desenvolvido cidades nem serem cristãos serviu como justificativa para a dominação, a exploração e as violências cometidas contra eles.

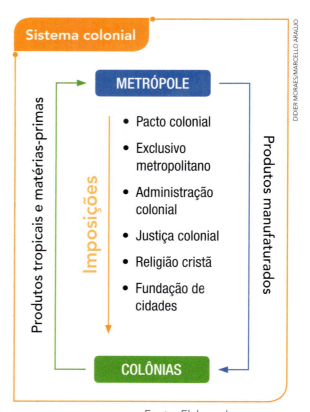

Fonte: Elaborado com base em NOVAIS, F. A. *Portugal e Brasil na crise do Antigo Sistema Colonial (1777-1808)*. São Paulo: Hucitec, 2001.

TÁ LIGADO ?

9. Estabeleça uma definição para o Antigo Sistema Colonial.

10. Explique por que as regras do Antigo Sistema Colonial eram mercantilistas.

As origens do jogo da glória parecem remontar à Grécia Antiga. Alguns atribuem sua elaboração aos cavaleiros templários na Idade Média. No entanto, as informações mais precisas a seu respeito se referem a um presente de Francisco I de Médici, que governou Florença entre 1574 e 1587, ao rei espanhol Felipe II, no século XVI. O monarca teria ficado encantado com as possibilidades de reviravoltas ao longo do percurso do jogo.

Trata-se de um jogo de tabuleiro em formato de espiral formado por 63 casas, percorridas de acordo com os números obtidos nos dados. Ao atingir determinadas casas do percurso, uma peça pode ser premiada com avanço adicional, ou castigada com um recuo ou até mesmo a eliminação do jogo. A vitória é obtida com a chegada ao final do percurso, no centro da espiral. Em termos simbólicos, pode representar o percurso da vida humana e suas alterações, sucessos e fracassos.

O jogo da glória foi praticado pelos portugueses nos séculos XVI e XVII tanto na metrópole quanto nas possessões do ultramar. De certo modo, a aventura colonial em busca de riquezas, honras e dignidades era também semelhante a esse jogo. O objetivo dos homens-bons, que controlavam a política municipal e as atividades econômicas, dos comerciantes e das autoridades metropolitanas era percorrer um circuito definido pelo Antigo Sistema Colonial. A produção da colônia deveria enriquecê-los, torná-los poderosos e respeitados. No entanto, os conflitos com os povos indígenas, a presença de conquistadores franceses e ingleses e os interesses da metrópole poderiam dificultar esses objetivos. Se a riqueza não era obtida, o privilégio dos homens brancos livres, em uma sociedade em que começava a se estabelecer a escravidão, era, no entanto, a garantia da glória de mandar em escravizados e nos integrantes dos grupos subalternos. Glória feita de aparências e futilidades de uns poucos e do esforço de muitos que enfrentavam o trabalho braçal.

Versão francesa do jogo da glória, anônimo. Gravura colorida, c. 1640.

1. Releia o quadro complementar "Açúcar: de artigo de luxo a produto popular" (p. 171). Agora responda ao que se pede:
   a) Identifique os fatores favoráveis para a produção do açúcar nas terras do Novo Mundo.
   b) Comente o impacto da ampliação da produção de açúcar para as sociedades europeias.

2. Defina cada um dos conceitos abaixo e organize um pequeno dicionário conceitual em seu caderno:
   - capitanias hereditárias
   - sesmarias
   - governo-geral
   - homens-bons
   - Câmaras Municipais
   - monocultura
   - *plantation*
   - capitanias reais
   - ouvidores
   - visitadores
   - Ato de Navegação
   - mercantilismo
   - alfândega
   - protecionismo
   - metalismo
   - balança comercial favorável
   - colonialismo
   - Antigo Sistema Colonial
   - exclusivo metropolitano
   - pacto colonial

3. Com base no roteiro *Leitura de mapas* na seção **Passo a passo** (p. 7), analise os mapas "Capitanias hereditárias (século XVI)" (p. 167). Qual é a diferença entre os dois mapas? Que mensagens cada um desses mapas apresenta?

4. Esclareça como funcionava a produção de açúcar em larga escala utilizando as palavras-chave abaixo:
   - escravidão
   - latifúndio
   - monocultura
   - *plantation*

5. Vamos construir nossos *tags*. Siga as instruções do *Pesquisando na internet* na seção **Passo a passo** (p. 7) utilizando as palavras-chave abaixo:

   capitalismo comercial

   mercantilismo

   metalismo

   sistema colonial

Leia com atenção o texto a seguir e depois responda às questões propostas.

O PELOURINHO

O pelourinho, um símbolo de justiça e de autoridade real, erguia-se no centro da maior parte das cidades portuguesas do século XVI. À sua sombra, as autoridades civis liam proclamações e puniam criminosos. Sua localização, no centro da comunidade, ilustrava a crença ibérica de que a administração da justiça era o atributo mais importante do governo. Portugueses e espanhóis dos séculos XVI e XVII achavam que a administração imparcial da lei e o desempenho honesto do dever público asseguravam o bem-estar e o progresso do reino; inversamente, o engano da justiça por funcionários avarentos ou grupos e indivíduos poderosos trazia a ruína e provocava a retaliação divina.

SCHWARTZ, Stuart B. *Burocracia e sociedade no Brasil colonial*. São Paulo: Perspectiva, 1979. p. 3.

Aceitação provisória da Constituição de Lisboa, Jean-Baptiste Debret. Litografia aquarelada, c. 1839.

1. Para o historiador Stuart B. Schwartz, o que o pelourinho simbolizava?

2. Segundo o texto, como era utilizado o pelourinho pelas autoridades coloniais?

3. Ainda conforme o autor, como a justiça aplicada pelas autoridades relacionava-se com o poder divino?

4. Tal perspectiva estava de acordo com a doutrina católica da época? Justifique.

 OBSERVE A IMAGEM

Representação da fundação de Santos

Fundação da vila de Santos em 1545, Benedito Calixto. Óleo sobre tela, 1922.

1. Siga as instruções da *Análise de documentos visuais* na seção **Passo a passo** (p. 6) para analisar a pintura de Benedito Calixto *Fundação da vila de Santos em 1545* e descreva-a no seu caderno.

2. Identifique o momento histórico que o pintor procurou retratar. A cena representada e a produção da obra aconteceram na mesma época?

3. Identifique os grupos sociais representados na cena.

4. A figura central lê um documento oficial diante da comunidade, em um patamar em frente a uma coluna. Que monumento seria esse, e que tipo de função a figura poderia exercer?

PERMANÊNCIAS E RUPTURAS

Protecionismo econômico

Nos séculos XVI e XVII, acumular metais, obter balança comercial favorável, lançar mão de medidas protecionistas e dominar regiões coloniais eram elementos fundamentais do chamado mercantilismo.

1. Em casa, acompanhe o noticiário econômico pela televisão ou pelo jornal durante uma semana.

2. No seu caderno, registre os principais termos econômicos utilizados.

3. Faça uma pesquisa e elabore um pequeno dicionário econômico com os termos registrados.

4. Em sala de aula, compare as práticas mercantilistas com as práticas observadas e pesquisadas.

5. As medidas mercantilistas ainda orientam a economia no mundo? Há alguma semelhança?

5. Se você pudesse ajudar o pintor a reconstituir esse momento histórico, que elementos da pintura você acrescentaria, tiraria ou modificaria? Justifique sua resposta.

6. Com base no que você aprendeu no capítulo, escreva uma carta ao pintor fazendo seus comentários.

TRÉPLICA

Filmes

A muralha (minissérie)
Brasil, 2000.
Direção de Denise Saraceni.

Minissérie produzida para a TV baseada no romance homônimo de Dinah Silveira de Queiróz. Conta a história de três mulheres no início da colonização portuguesa. Riquíssima em referências aos bandeirantes e suas tensas relações com os indígenas, jesuítas e o governo colonial.

Anchieta, José do Brasil
Brasil, 1977.
Direção de Paulo Cezar Saraceni.
Biografia do jesuíta, um dos fundadores de São Paulo.

Livros

O Brasil quinhentista de Jean de Léry
CAMPOS, R. São Paulo: Atual, 2006.

Encontro de duas culturas: europeus e indígenas no Brasil
SCATAMACCHIA, M. C. M. São Paulo: Atual, 2007.

Sites

(Acessos em: 30 ago. 2018)
<http://goo.gl/jXFEU6>

Trechos de documentos produzidos pelo padre José de Anchieta disponíveis virtualmente para baixar do *site* da Biblioteca Nacional de Portugal.

CAPÍTULO 9

A economia colonial e o tráfico negreiro

PORTAS ABERTAS

OBSERVE AS IMAGENS

1. No seu caderno, identifique: o suporte, a data e o tema geral de cada imagem.

2. Nas imagens podemos observar a realização de uma variedade de atividades. Identifique e separe no seu caderno uma lista das atividades ligadas à produção açucareira e à vida cotidiana de uma fazenda produtora de açúcar no período colonial.

3. Apesar das diferenças entre as diversas atividades retratadas nas imagens, quais elementos comuns poderíamos identificar?

Frans Post foi um dos pintores que viveram em Pernambuco durante a ocupação holandesa. Tornou-se amigo do governador Maurício de Nassau e acompanhou-o em diversas viagens e campanhas militares. A pintura *Engenho* foi dada por Maurício de Nassau como presente para o rei francês Luís XIV. A cena representa o cotidiano de um engenho em Pernambuco cujo proprietário era português.

MUSEU DO LOUVRE, PARIS, FRANÇA

Engenho, Frans Post. Óleo sobre madeira, 1644. (imagem e detalhes)

Casa-grande do engenho Noruega, antigo Engenho dos Bois (Pernambuco), Cícero Dias. Gravura aquarelada, 1933.

2

Cícero Dias (1907-2003) nasceu em Pernambuco e viveu a maior parte de sua infância em um engenho na região da Zona da Mata. Essa gravura foi elaborada para o livro de Gilberto Freyre (1900-1987) *Casa-grande e Senzala*, de 1933, uma das mais importantes obras da sociologia brasileira. Em companhia de Freyre, Cícero Dias percorreu engenhos e senzalas de Pernambuco coletando informações para compor a gravura, uma representação da arquitetura dos engenhos pernambucanos que permite recuperar muitos elementos que remontam ao período colonial.

O ENGENHO DE AÇÚCAR

Engenho, Frans Post. Óleo sobre tela, 1661. (detalhe)

O **engenho** de açúcar era uma grande máquina que combinava atividades agrícolas e manufatureiras. Ou seja, lá se desenvolvia todo o processo de produção do açúcar, do plantio à embalagem do produto final.

Os engenhos podiam ser divididos em dois tipos principais: os **trapiches**, movidos por força animal (bois ou cavalos); e os **reais**, movidos por força hidráulica (movimentados por uma roda-d'água). Esse tipo de engenho era composto de um conjunto de construções interligadas em que se realizavam as várias etapas da produção do açúcar: preparação da terra, plantio, colheita, corte, transporte, moagem, cozimento, purga, branqueamento, secagem e embalagem.

O **nordeste** da colônia foi o maior produtor açucareiro no século XVI, sobressaindo-se o atual estado de Pernambuco, seguido pela Bahia. Uma das razões da prosperidade do açúcar nessa região foi a qualidade do solo, muito fértil, úmido e barrento, altamente propício para o plantio da cana. Esse tipo de solo é chamado de **massapê**.

PÃO DE AÇÚCAR

A *plantation* açucareira, denominada engenho, era um grande latifúndio com áreas destinadas à lavoura, onde se realizavam o plantio e a colheita da cana-de-açúcar. Além disso, no engenho havia a casa da moenda, na qual ficavam as engrenagens para prensar a cana; a casa da fornalha, onde o caldo era cozido e se formava o melaço (uma calda grossa); e a casa de purgar, onde se produzia o açúcar.

Na casa de purgar, o melaço era colocado em fôrmas de barro, onde permanecia por duas semanas. Essas fôrmas, em formato de cone, eram furadas, para que o excesso de água saísse. Colocava-se barro na parte de cima da fôrma e escoava-se a água durante vários dias. Ao secar, o açúcar era branco na parte de cima, mascavado (marrom) no meio e escuro embaixo. De certo modo, uma imagem da sociedade colonial, dominada por uma elite branca, com muitos mestiços e negros.

Retirado das fôrmas, o açúcar endurecido adquiria o formato de cone, e esse bloco era chamado pão de açúcar. Separado de acordo com as qualidades de cada uma de suas partes, o açúcar era socado e armazenado.

Para o mercado externo e para as xícaras e guloseimas dos ricos senhores, o açúcar era branco. Nas vilas e cidades coloniais, consumia-se o açúcar mascavo. O açúcar mais impuro era destinado aos cativos e aos animais.

Completavam a paisagem do engenho: a casa-grande, residência da família do proprietário; a capela, onde eram realizadas as missas; e a senzala, o enorme barracão onde moravam os cativos.

TÁ LIGADO ?

1. Explique o que eram os engenhos de açúcar.

2. Diferencie os engenhos trapiches e os reais.

3. Explique o que era o solo massapê.

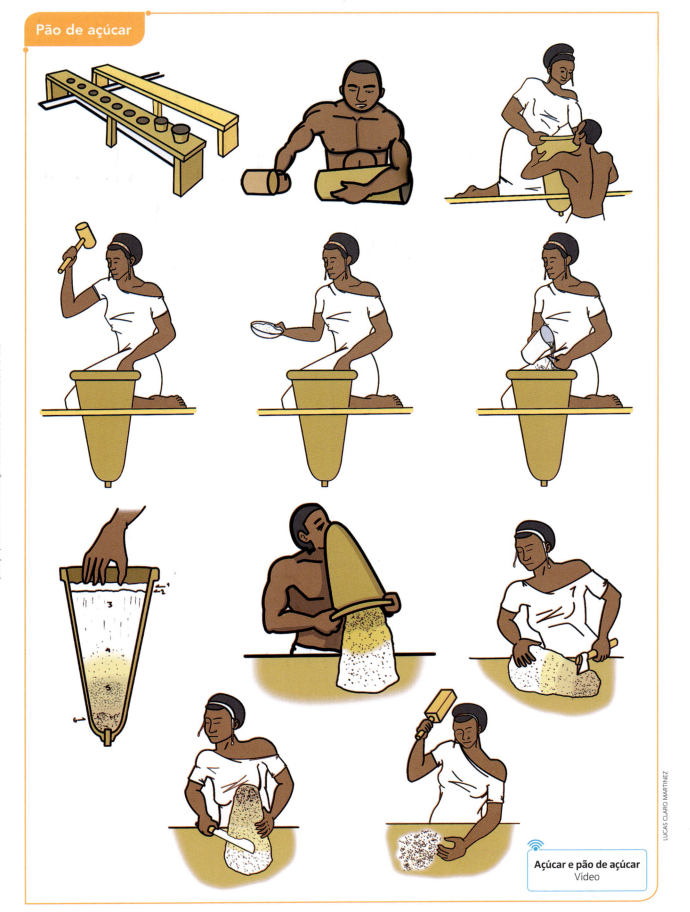

Açúcar e pão de açúcar
Vídeo

TÁ LIGADO?

4. Esclareça a relação entre o desenvolvimento das fábricas inglesas e a escravização dos africanos.

FUMO, ALGODÃO E PECUÁRIA

Além do açúcar, a América portuguesa desenvolveu o cultivo do fumo (tabaco) e do algodão. O primeiro era uma das principais mercadorias utilizadas para a aquisição de cativos na África, juntamente com a aguardente, as armas de fogo e os cavalos. Em poucos anos, seu consumo estendeu-se para todos os grupos sociais em quase todo o mundo. A lavoura de tabaco ocupou o segundo lugar na economia colonial.

Inicialmente, o **fumo** era plantado em hortas e quintais. Com o aumento do consumo, a área de cultivo também foi ampliada. Como provocava esgotamento do solo, passou a ser plantado em terras destinadas à criação de gado. A **Bahia** foi o maior produtor de tabaco no período colonial.

Conhecida dos indígenas antes da chegada dos portugueses, a cultura do **algodão** desenvolveu-se no século XVI. O algodão era empregado, principalmente, na confecção de tecidos rústicos, que serviam de vestimenta para os cativos e para os grupos mais pobres da colônia. A partir do século XVIII, tornou-se uma importante matéria-prima nas manufaturas e nas indústrias têxteis europeias. Desenvolvida na Inglaterra, a produção têxtil se tornaria a marca da sociedade industrial que então começava a se desenvolver.

EM DESTAQUE

Leia com atenção o texto a seguir e depois responda às questões propostas.

A poderosa indústria do fumo

A nicotina, substância existente nas folhas de tabaco, é considerada um veneno mortal e uma droga que vicia. Apesar disso, é muito fácil adquirir um maço de cigarros. Bares, lanchonetes, padarias, supermercados e bancas de jornal oferecem uma considerável variedade de marcas, para todos os estilos de vida. E de morte.

Nos últimos anos, as campanhas contra o fumo têm sido mais agressivas. É cada vez mais frequente a proibição do uso de cigarros, cachimbos, charutos e cigarrilhas em ambientes fechados. Peças publicitárias procuram alertar para os efeitos nocivos da nicotina sobre fumantes e não fumantes.

O fumo movimenta bilhões de dólares em todo o mundo. Trata-se de um dos mais importantes ramos do comércio internacional. Afinal de contas, dá lucro. Mesmo que mate alguns milhares de pessoas!

1. Na sua opinião, quando e por que as pessoas começam a fumar?

2. Você é a favor da proibição das propagandas de cigarro? Por quê?

3. Se, de fato, o cigarro é um veneno, por que o seu consumo não é proibido?

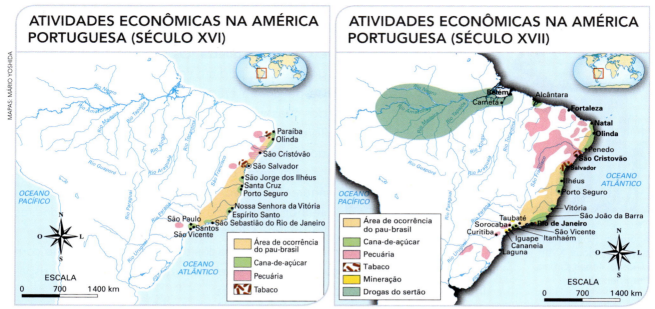

ATIVIDADES ECONÔMICAS NA AMÉRICA PORTUGUESA (SÉCULO XVI)

ATIVIDADES ECONÔMICAS NA AMÉRICA PORTUGUESA (SÉCULO XVII)

MAPAS: MÁRIO YOSHIDA

Fonte dos mapas: Elaborados com base em CAMPOS, Flavio de & DOLHNIKOFF, Miriam. *Atlas da História do Brasil*. São Paulo: Scipione, 1994.

De qualquer maneira, o sucesso das fábricas inglesas dependia do algodão, matéria-prima que era extraída das colônias inglesas na América do Norte e das colônias portuguesas na América do Sul. Em ambos os casos, em *plantations* escravistas.

Além do tabaco e do algodão, a criação de gado destacou-se nas capitanias da colônia. A **pecuária** era necessária para o transporte de cargas e pessoas e para a movimentação dos engenhos (trapiches). Ademais, fornecia couro e carne para o consumo nas grandes propriedades. Não exigia grande investimento nem muitos trabalhadores para manter a fazenda.

A atividade pecuarista desenvolveu-se, inicialmente, junto à produção de açúcar no litoral. Posteriormente, foi se deslocando para o interior. Com o tempo, passou a ser uma fonte de renda da colônia.

A ESCRAVIDÃO NA ÁFRICA

A **escravidão** é uma prática que remonta à Antiguidade. Ela se origina das lutas entre os seres humanos que submetiam os vencidos a trabalhos forçados. Na Antiguidade oriental, como no Egito e na Mesopotâmia, os cativos trabalhavam ao lado de seus senhores, ocupando-se das tarefas mais penosas, ou tornavam-se propriedade do Estado e de templos religiosos. Eram empregados em obras públicas e no trabalho nas minas.

Na Grécia, o uso de cativos foi generalizado: eram recrutados para guerras, empregados nas minas, nas oficinas, nos trabalhos do campo. A expansão romana provocou uma grande circulação de escravizados como resultado das conquistas. Eles eram utilizados, sobretudo, nos grandes latifúndios, as grandes propriedades rurais.

TÁ LIGADO?

5. Aponte duas atividades agrícolas desenvolvidas na colônia até o final do século XVI.

6. Aponte as utilidades da pecuária no período colonial.

Prisioneiros de guerra, anônimo. Pintura mural, tumba de Houy, XVIIIª dinastia, Tebas, Grécia. (fragmento)

Em algumas sociedades da África pré-colonial, os cativos dividiam-se em **cativos domésticos** e **cativos de guerra**. Os primeiros, depois de algum tempo, podiam ser incorporados às famílias. Os de guerra eram mais facilmente comercializados. Nos grandes centros urbanos, como Djenné e Tombuctu, a exploração dos cativos como mercadoria era mais acentuada.

Em geral, o cativo era integrado à casa do senhor. Um cativo dedicado poderia substituir seu senhor na ausência deste, e havia várias maneiras de alcançar a liberdade. Um cativo poderia até possuir outros cativos.

A escravidão e o comércio de escravizados tiveram grande impulso com a difusão da religião muçulmana. Com as feiras, o mercado negreiro se espalhou pela região ao sul do deserto do Saara.

O INÍCIO DO TRÁFICO DE ESCRAVIZADOS

A escravidão africana já era praticada pelos portugueses desde meados do século XV. A vantagem de utilizar a mão de obra escrava na América foi aos poucos sendo percebida pela metrópole. Em 1441, ocorreu a primeira compra de escravizados por uma expedição portuguesa. Em 1455, já eram transportados para a Europa de 700 a 800 escravizados por ano.

Os africanos escravizados foram empregados na Ilha da Madeira em meados do século XVI. Tinha início o uso do trabalho escravizado em larga escala nas colônias portuguesas do Atlântico.

TÁTICAS DOS PORTUGUESES

Os escravizados eram mantidos em feitorias estabelecidas na costa africana até serem embarcados nos chamados **navios negreiros**. A feitoria mais importante ficava em um ponto do **Reino de Ndongo**.

Os traficantes portugueses estimularam guerras entre os povos africanos, promoveram raptos e realizaram verdadeiras caçadas humanas, oferecendo aos chefes africanos ligados ao tráfico mercadorias europeias (armas de fogo, tecidos) e produtos americanos (aguardente, tabaco) em troca de cativos. Praticado também por vários outros Estados europeus, o comércio de escravizados devastou o continente africano.

Como os africanos escravizavam apenas seus prisioneiros de guerra, os traficantes fizeram acordos com seus chefes, de modo que estes vendessem seus prisioneiros. Os acordos, por sua vez, estimulavam os chefes a fazerem a guerra apenas para terem prisioneiros a fim de vendê-los aos portugueses.

Os portugueses contratavam também o serviço de negros e mestiços, chamados de **pumbeiros**, que percorriam o interior da África comprando escravizados dos chefes das aldeias. Em algumas ocasiões, os portugueses recorriam a expedições de captura de africanos.

Reprodução proibida. Art. 184 do Código Penal e Lei 9.610 de 19 de fevereiro de 1998

TÁ LIGADO?

7. Explique quem eram os pumbeiros.

No século XVI, um reino sob influência do Reino do Kongo começou a se destacar. Era o Reino de Ndongo. O Ndongo, em sua maior extensão, ocupava as terras africanas desde o centro-oeste da atual Angola até o Oceano Atlântico.

Segundo a tradição oral, um grande guerreiro, rei de Matamba, conquistou as terras para oeste quase até o mar, onde vivia o povo ambundo. Ele era também um grande ferreiro, arte que teria aprendido com um ancestral divino. Por isso os chefes locais o proclamaram *ngola*, que quer dizer rei. Assim, passou a ser denominado ngola Musuri (rei-ferreiro), e o ferro passou a ser símbolo de realeza.

O ngola Musuri entregou as terras conquistadas a seu filho Kiluanji, que é considerado o fundador do Reino de Ndongo.

O reino era dividido em unidades políticas menores, chamadas de **sanzalas** (vilarejos), comandadas pelos **sobas** (senhores das armas). O Reino de Ndongo controlava as jazidas de ferro e as minas de sal da região. Essas foram as bases econômicas que proporcionaram ao reino expansão territorial e capacidade de formar grandes exércitos.

Os portugueses referiam-se ao Reino de Ndongo como o Reino do Ngola ou Angola, confundindo o título do rei com o nome do reino.

Quando os portugueses ocuparam Luanda, em 1576, e começaram sua expansão para o interior, o Reino de Ndongo reagiu aos ataques. Até que foram surpreendidos pelos ferozes guerreiros imbangalas, conhecidos como jagas. Os jagas se organizavam em torno dos **kilombos**, campos militares e lugares de iniciação de novos guerreiros. Esses guerreiros se aliaram aos portugueses, atraídos pelo comércio negreiro. Com essa aliança, os portugueses puderam fazer novas ofensivas ao Reino de Ndongo.

De todos os governantes de Ndongo, a mais famosa foi a rainha Nzinga Mbandi Ngola, ou rainha Ginga (1582-1663), que se opôs por muito tempo aos portugueses.

Aquarelas do Reino de Ndongo extraídas do manuscrito *Istorica descrizione de' tre regni Congo, Matamba ed Angola*, Giovanni Antonio Cavazzi de Montecuccolo, c. 1694.

O TRÁFICO DE ESCRAVIZADOS (SÉCULOS XV-XVI)

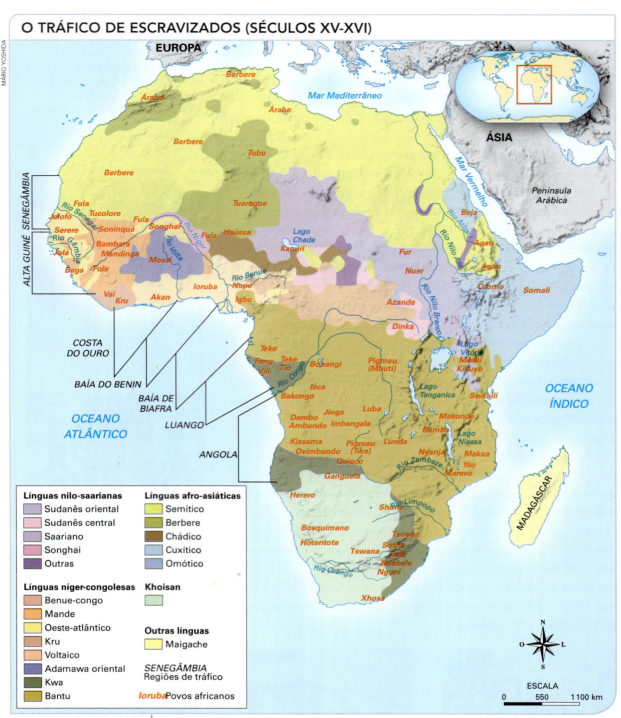

Línguas nilo-saarianas
- Sudanês oriental
- Sudanês central
- Saariano
- Songhai
- Outras

Línguas afro-asiáticas
- Semítico
- Berbere
- Chádico
- Cuxítico
- Omótico

Línguas níger-congolesas
- Benue-congo
- Mande
- Oeste-atlântico
- Kru
- Voltaico
- Adamawa oriental
- Kwa
- Bantu

Khoisan

Outras línguas
- Maigache

SENEGÂMBIA
Regiões de tráfico

Ioruba Povos africanos

Os pontos de origem dos escravizados deslocaram-se progressivamente para o sul. No início do século XIX, a Baía de Biafra, Angola e Moçambique respondiam pelo fornecimento de quase todo o tráfico negreiro português.

Fontes: Elaborado com base em BLACK, Jeremy (Org.). *World History Atlas*. London: DK Book, 2008; JOLLY, Jean. *L'Afrique: atlas historique et son environnement européen et asiatique*. Paris: L'Harmattan, 2008.

OS PORTUGUESES E SEUS PARCEIROS NA ÁFRICA

Os portugueses encontraram parceiros comerciais entre alguns povos e reinos africanos. Os povos Jalofo, Fula, Songhai e Mossi trocavam frequentemente escravizados por cavalos, armas de fogo e artigos de luxo. A importação e o uso das armas de fogo permitiram que minorias dominassem grandes populações.

O Reino Ioruba de Oyo e os povos Akan da Costa do Ouro forneciam grandes quantidades de escravizados para o tráfico.

Para o Reino do Kongo, a venda de escravizados tornou-se um negócio altamente rentável.

Na África equatorial, os mercadores Vili, Tio e os Bogangi participaram ativamente do comércio negreiro. Entretanto, nem todos os povos estavam comprometidos com o tráfico. Os povos Jola de Casamance (ao sul do atual Senegal), os Baga (ao sul da atual Guiné) e os Kru (Libéria) recusaram-se a participar do tráfico.

A partir do século XVII, os próprios colonos da América portuguesa também começaram a participar do tráfico. A riqueza produzida pelo comércio de africanos era tanta que até homens pobres da colônia mudaram-se para a África a fim de comprar e vender escravizados, tornando-se ricos e poderosos.

Foi o caso, por exemplo, de um ex-escravizado chamado João de Oliveira, que, depois de obter a liberdade, saiu da América e foi para a África, por volta de 1733, para se dedicar ao tráfico negreiro. Como ex-escravizado, João de Oliveira não tinha muito dinheiro. Mas depois de um tempo acumulou tanta riqueza que pôde abrir, com seu próprio dinheiro, dois novos portos de escravizados na costa africana.

ESCRAVIZADOS PARA A AMÉRICA

A América portuguesa rapidamente se transformou no mais importante mercado consumidor de escravizados africanos do mundo. Cerca de 10 milhões de africanos foram desembarcados na América entre os séculos XVI e XIX. Desse total, cerca de 40% foram destinados à América portuguesa.

Por meio da escravidão de africanos, os dois lados do Atlântico ligaram-se de maneira profunda. Angola e Brasil mantiveram-se articulados até o século XIX, quando ocorreu o fim do tráfico negreiro. Se o mar os separava, o tráfico os unia. O fluxo constante de navios que levavam da América para a África aguardente, tabaco, mandioca e que depois voltavam carregados de escravizados vinculava um continente ao outro.

Enquanto as comunicações e os transportes entre as atuais regiões norte, nordeste e sul do Brasil eram extremamente difíceis, entre Brasil e Angola as correntes marítimas e os ventos tornavam a viagem bastante favorável. Assim, regiões como Bahia e Pernambuco tinham relações bem mais frequentes e cotidianas com Angola do que com as outras terras americanas colonizadas por Portugal.

TÁ LIGADO ?

8. Explique por que o tráfico negreiro foi um elemento importante para a exportação de riquezas da América.

Ex-voto do capitão do navio negreiro Francisco de Sousa Pereira em agradecimento por ter escapado de uma rebelião a bordo.

MUSEU DE ETNOLOGIA, PORTO, PORTUGAL

Milagre de Nossa Senhora do Rosário do Castelo, anônimo. Óleo sobre madeira, 1726.

Desde a Antiguidade, os seres humanos procuram saber algo sobre seu futuro e estabelecer formas de adivinhação. O I-Ching (China), o Tarot (Europa medieval), a astrologia e a leitura da palma da mão são algumas formas de tentar desvendar o destino.

Na mitologia ioruba (povos da atual Nigéria), **Orunmilá** é o senhor do destino dos seres humanos, aquele que comanda o passado, o presente e o futuro. **Exu**, divindade da comunicação, é assistente de Orunmilá. Segundo a tradição ioruba, se os humanos fizerem algum pedido a **Olorun** (deus supremo), esse pedido só chegará aos ouvidos desse deus por intermédio destas duas divindades: Orunmilá e Exu.

Na Terra, o **babalaô** é o sacerdote que interpreta os desejos dos **orixás** (os deuses). A consulta/adivinhação se transformou em um jogo no qual o babalaô procura se comunicar com os deuses. Entre os povos iorubas esses jogos são chamados de *merindilogun* ou **jogo de Ikin**, e são jogados com pequenos cocos do dendezeiro (de onde se extrai o azeite de dendê).

O **jogo de búzios** é uma variação desses antigos jogos. Na África, esses jogos são praticados apenas pelos homens. No Brasil, o jogo de búzios é jogado também pelas mulheres.

Conta-se que **Oxum**, orixá da beleza e da inteligência feminina, filha de **Oxalá** (primeiro orixá), pediu a Orunmilá que lhe ensinasse a ver o futuro. Mas como o cargo de senhor do segredo não poderia ser ocupado por uma mulher, o deus recusou-se. Então Oxum enganou Exu e pediu-lhe que roubasse o jogo de Ikin de Orunmilá. Surpreso com a ousadia e inteligência de Oxum, Orunmilá concedeu a ela o segredo do jogo de búzios com os quais hoje as mulheres jogam. Em agradecimento a Exu, Oxum deu a ele a honra de ser o primeiro orixá a ser louvado no início do jogo.

Jogo de Ikin, sistema de adivinhação de Ifá, 2008.

YASUYOSHI CHIBA/AFP

Jogo de búzios, conchas do mar. Terreiro de Axé Ilê Obá, São Paulo, SP (Brasil), 24 abr. 2013.

Mitologia Ioruba	
Deus supremo Olorun (Olodumaré)	Criador do Universo e das demais divindades (orixás).
Principais orixás	
Obatalá (Oxalá)	Primeiro filho de Olorun, representa o princípio da vida, a respiração, o ar. Senhor dos vivos e dos mortos.
Oduduá	Energia feminina primordial. Divindade que, juntamente com Obatalá, está associada à criação da vida.
Orunmilá	Divindade ligada à profecia e à adivinhação, é o senhor dos destinos.
Exu	Orixá da comunicação, do movimento, companheiro de Orunmilá.
Ossanyin	Recebeu de Olorun o segredo das folhas e controla o axé (força, vitalidade).
Ogum	Foi o primeiro orixá a descer do Orun (céu) para o Aiye (Terra), após a criação. Ogum é o deus-ferreiro, senhor dos metais, da guerra, da tecnologia.
Onilé	Representa a Mãe-Terra, a base da vida.
Nanã	Senhora do fundo dos lagos, de cujo barro foi modelado o ser humano. É guardiã do saber ancestral.
Oxumaré	O arco-íris, divindade-serpente que controla a chuva e a fertilidade do solo.
Obaluaiê	Controla as doenças e os segredos da cura.
Olokun	Divindade dos mares e oceanos.
Oyá, Obá, Oxum e Iemanjá	Divindades femininas primordiais. Na África, estão associadas às águas dos rios. Iemanjá, posteriormente, foi associada aos mares por ser filha de Olokun.

9. Aponte duas consequências do tráfico negreiro para os reinos africanos.

O IMPACTO DO TRÁFICO DE ESCRAVIZADOS NA ÁFRICA

Embora os europeus permanecessem na costa, o continente africano foi aos poucos sendo modificado nos seus hábitos e costumes, na medida em que se integrava ao mercado europeu como fornecedor de mão de obra. Alimentos, armas, vestimentas e línguas até então desconhecidos na África foram introduzidos pelos traficantes.

Enquanto desmoronavam antigos impérios territoriais, despontavam novos reinos e impérios baseados no controle do comércio negreiro. As consequências do tráfico foram especialmente danosas para grandes reinos centralizados como o Kongo, o Reino Ioruba de Oyo e o Reino de Monomotapa (ou Mutapa), cujas estruturas políticas foram diretamente afetadas pelas relações comerciais com o mundo exterior.

Em contrapartida, o comércio negreiro favoreceu o fortalecimento e a ascenção dos reinos Ashanti e Daomé, na Costa do Ouro, que se estabeleceram como grandes impérios comerciais.

A expansão do tráfico negreiro deu forma a um conjunto de ações econômicas, sociais e políticas que marcaria a história da África e da América. A venda contínua de negros africanos permitiu a montagem do **escravismo**, um sistema econômico sobre o qual se organizou a economia colonial.

O TRÁFICO NEGREIRO (SÉCULO XVIII)

Domínio português
Entrepostos
Entrepostos portugueses
Tráfico negreiro para as Américas
BENIN Reino

ESCALA
0   1245   2490 km

Fontes: Elaborado com base em BLACK, Jeremy (Org.). *World History Atlas*. London: DK Book, 2008; JOLLY, Jean. *L'Afrique: atlas historique et son environnement européen et asiatique*. Paris: L'Harmattan, 2008.

Inferno a bordo

Uma vez no navio negreiro, os africanos defrontavam-se com a violência da escravidão. O padre Cavazzi, no século XVII, relatou suas impressões de uma viagem de Angola à Bahia em um navio negreiro. Veja um trecho desse relato: "Aquele barco, pelo intolerável fedor, pela escassez de espaço, pelos gritos contínuos e pelas infinitas misérias de tantos infelizes, parecia um inferno".

Nessa viagem foram embarcados 900 africanos. Destes, 250 chegaram mortos a Salvador.

Os africanos eram transportados em condições miseráveis. Eram amontoados às centenas, sem água e alimentação adequada e em péssimas condições de higiene. Grande parte dos africanos não sobrevivia à travessia do Atlântico. Um verdadeiro Mar Tenebroso.

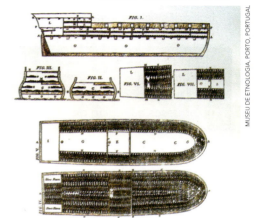

Panfleto abolicionista com esquema demonstrando como 482 escravizados podiam ser colocados no navio inglês *Brookes*, Thomas Clarkson. c. 1790.

Corte de um navio negreiro retratando onde, por economia de espaço, os africanos eram empilhados.

O ESCRAVISMO

Se a escravidão existiu desde há muito na história, o escravismo da Época Moderna era algo novo. A venda de escravizados era realizada em larga escala. Estabelecia-se igualmente a articulação de áreas designadas ao fornecimento de mão de obra a áreas destinadas à produção de gêneros tropicais. Tudo isso sob o controle de uma metrópole europeia, Portugal, que retirava enormes lucros dessas transações comerciais.

O escravizado era um trabalhador que se tornava **propriedade** de outro homem. Na origem, havia uma violência, um ato de força que o tornara escravizado. Sua vontade pessoal, seus serviços e aquilo que produzia pertenciam ao seu senhor. Na visão do proprietário, o escravizado era mais um **instrumento da produção**, uma coisa, uma **mercadoria** que podia ser vendida, doada ou alugada.

As metrópoles europeias estabeleceram as regras de um jogo perverso. Consideravam-se superiores às sociedades ameríndias e africanas. Consideravam-se portadores da verdadeira religião. Em nome disso, incorporaram seres humanos ao comércio que se desenvolvia na Europa desde a Idade Média. Além das especiarias e dos gêneros tropicais, praticavam o comércio de gente.

O escravismo colonial visava enriquecer a metrópole. Mas também visava garantir o controle de Portugal sobre a sua colônia na América. Conduzidos a utilizar a mão de obra africana em suas propriedades, os colonos vinculavam-se às linhas do comércio internacional. Vendiam produtos tropicais para exportação e compravam escravizados africanos e produtos manufaturados. Assim, a metrópole procurava controlar os dois polos dos negócios coloniais.

OS HOLANDESES NO BRASIL E NA ÁFRICA

Em guerra contra a Espanha, os holandeses decidiram atacar as possessões portuguesas na América e na África. Como vimos no capítulo 3, com a União Ibérica de 1580, Portugal passou a fazer parte do Império Espanhol. Em 1624, a cidade de Salvador foi tomada pelos holandeses, mas recuperada no ano seguinte. Em 1630, era a vez de Olinda, Pernambuco e, em 1641, São Luís no Maranhão.

Ao mesmo tempo que ocupavam áreas produtoras de açúcar, os holandeses tomaram pontos do litoral africano, de onde retiravam negros escravi-

10. Explique por que o açúcar parecia ter se tornado um negócio holandês na primeira metade do século XVII.

11. Liste três medidas implementadas por Nassau nos domínios holandeses na região de Pernambuco.

zados para a travessia atlântica. Controlando a produção, a reposição de mão de obra, o refino e sua distribuição, o açúcar tornava-se, cada vez mais, um negócio holandês.

Mantendo o mesmo sistema de produção baseado nas *plantations*, o governo de Maurício de Nassau conseguiu estabelecer boas relações com os produtores luso-brasileiros que viviam nas regiões ocupadas pelos holandeses. Apesar de protestante, Nassau defendia a tolerância religiosa com relação aos católicos. Além disso, aqueles que desejassem manter suas propriedades poderiam produzir como membros dos domínios holandeses.

Cercado de artistas, cientistas e letrados, Nassau criou uma verdadeira "corte intelectual" no Novo Mundo. Desenvolveu a arquitetura e promoveu a drenagem de áreas alagadiças da região próxima à atual cidade do Recife. Estimulou atividades culturais, pesquisas sobre a fauna e a flora da América e contou com artistas que retrataram as paisagens nordestinas e a vida cotidiana dos engenhos.

Ginga, a rainha dos reinos de Ndongo e Matamba

A ginga é o principal movimento da capoeira e dá sustentação e apoio para o golpe. Na ginga, o capoeira defende-se com o auxílio das mãos e dos braços, deslocando-se em qualquer posição a fim de surpreender o adversário. O nome desse movimento é uma homenagem a N'Zinga Mbandi Ngola, rainha dos reinos de Matamba e Ndongo.

Nzinga (ou Ginga) teria nascido em 1582, e seu pai era o mais temido inimigo dos portugueses. Na época de seu nascimento os sacerdotes previram o futuro da princesa. Segundo as tradições orais, quando Ginga se tornasse rainha o reino seria invadido por homens brancos vindos dos mares e haveria doenças, fome, guerras, tristezas e miséria.

Na época em que Ginga nasceu, parte do território havia sido ocupada pelos portugueses, obrigando seu pai a refugiar-se no Reino de Matamba, no interior.

Ginga subiu ao poder em 1624 e conseguiu unificar os reinos de Ndongo e Matamba. Para justificar a união dos dois reinos ela explicava que descendia diretamente do grande rei ferreiro Ngola Musuri e, portanto, do rei que havia governado toda a região antes que fosse dividida em dois reinos, Ndongo e Matamba.

A rainha Nzinga punindo seus vassalos, anônimo. Aquarela extraída do manuscrito *Istorica descrizione de' tre regni Congo, Matamba ed Angola*, Giovanni Antonio Cavazzi de Montecuccolo, c. 1694.

Ginga, a rainha de Matamba e Ndongo.

Ginga possuía um grande exército composto pelos Jaga, que eram excelentes guerreiros e atacavam seus inimigos com facas, lanças, arcos e flechas, machados e escudos. O arco simbolizava a realeza e acreditava-se que tornava invencível seu recebedor.

A rainha era famosa por sua destreza nos exercícios militares e se distinguiu pela rapidez nos ataques. E, na condição de rainha, era também chefe das forças armadas. Articulou-se, inicialmente, aos portugueses, mas, não conseguindo o reconhecimento como rainha, formou uma poderosa coligação entre os reinos de Matamba, Ndongo, Kongo, Kassanje, Dembos e Kisama e comandou a resistência.

Na disputa de Portugal e Holanda pelo controle da região, Ginga aliou-se aos holandeses, que, com sua ajuda, ocuparam Luanda de 1641 a 1648. Com a vitória definitiva dos portugueses sobre os holandeses, Ginga foi aprisionada e convertida à religião católica, recebendo o nome de Dona Ana de Sousa.

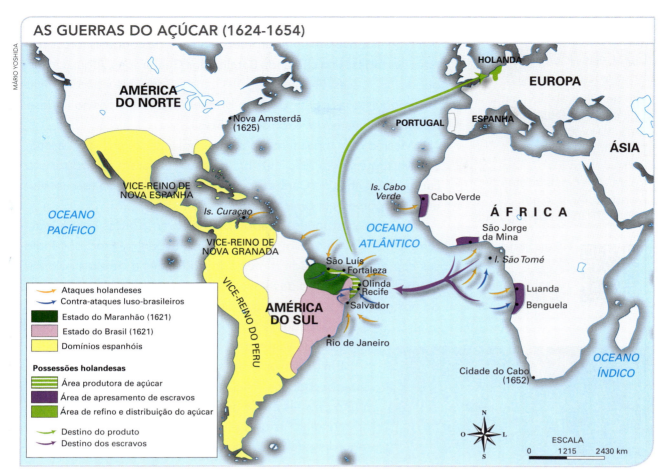

AS GUERRAS DO AÇÚCAR (1624-1654)

MÁRIO YOSHIDA

Legenda:
- Ataques holandeses
- Contra-ataques luso-brasileiros
- Estado do Maranhão (1621)
- Estado do Brasil (1621)
- Domínios espanhóis

Possessões holandesas
- Área produtora de açúcar
- Área de apresamento de escravos
- Área de refino e distribuição do açúcar
- Destino do produto
- Destino dos escravos

ESCALA
0   1215   2430 km

Fonte: Elaborado com base em KONSTAM, Angus. *Historical Atlas of Exploration, 1492-1600*. New York: Checkmark Books, 2000.

A RESTAURAÇÃO DA INDEPENDÊNCIA PORTUGUESA

O enfraquecimento político da Espanha, a presença dos holandeses no nordeste da colônia americana e na África e os ataques de ingleses e holandeses às possessões portuguesas no Oriente estimularam a separação de Portugal do Império Espanhol.

Aproveitando-se da crise pela qual passava a Espanha, os portugueses declararam sua independência em 1º de dezembro de 1640, aclamando o duque de Bragança como **Dom João IV**, num episódio conhecido como a "Restauração".

Durante 28 anos, os antigos aliados ibéricos enfrentaram-se em diversas batalhas que serviram para aprofundar ainda mais as dificuldades econômicas e políticas dos dois Estados absolutistas. Franceses e ingleses apoiaram o movimento português como forma de enfraquecer ainda mais o poderio espanhol. Mas em 1648, com o fim da Guerra dos Trinta Anos, Espanha e Holanda firmaram um tratado de paz. A Espanha voltava-se exclusivamente contra Portugal.

Em guerra contra a Espanha e em luta contra os holandeses, a monarquia portuguesa combatia em duas frentes. Na Europa, procurava impedir o avanço das tropas espanholas em seu território. Na América e na África, procurava ganhar tempo, mantendo os domínios que ainda lhe restavam e impedindo a expansão holandesa.

TÁ LIGADO?

12. Analise o mapa acima. Em seu caderno:
a) Identifique o título do mapa.
b) Identifique as regiões dominadas pelos holandeses.
c) Explique por que os holandeses se estabeleceram em pontos dos dois lados do Atlântico Sul.

13. Explique como a capitania de Pernambuco foi reincorporada ao Império Colonial Português.

No entanto, em 1648, proprietários luso-brasileiros do nordeste da colônia obtiveram uma surpreendente vitória contra as forças militares holandesas na chamada **Batalha dos Guararapes**. Alguns meses depois, as possessões africanas de Luanda, Benguela e São Tomé foram conquistadas por tropas luso-brasileiras. Em 1654, os holandeses foram definitivamente expulsos do Brasil.

Mesmo com a paz firmada com os holandeses em 1661, a situação portuguesa era difícil. Os holandeses passaram a produzir açúcar nas suas ilhas do Caribe. A concorrência holandesa representou um duro golpe econômico para Portugal.

A Coroa portuguesa acabou por celebrar acordos com a Inglaterra em troca de apoio militar contra a Espanha. Produtos ingleses começavam a invadir o mercado português e de suas colônias. Além disso, foram cedidas aos ingleses as possessões portuguesas do norte da África (marco inicial da expansão marítima portuguesa) e a localidade de Bombaim, na Índia (um dos marcos da chegada de Vasco da Gama ao Oriente).

Em 1668, quando se encerraram as lutas entre os Estados ibéricos, Portugal e Espanha já haviam perdido muito de suas possessões e de sua importância no cenário mundial. Os dois reinos passaram a ser peças de um jogo dirigido pela Inglaterra, França e Holanda. O Império Português passava a ser área de influência da Inglaterra. E o Império Espanhol sofria o mesmo com relação à França.

Batalha de Guararapes, anônimo. Ex-voto, óleo sobre tela, 1758. (detalhe)

QUEBRA-CABEÇA

1. Releia o quadro complementar "O Reino do Ngola" (p. 187). Agora responda ao que se pede:
   a) Identifique as divisões políticas do Reino de Ndongo.
   b) Identifique o significado de quilombos para os Ngola.

2. No seu caderno, organize uma tabela com as diferenças entre a escravidão praticada na África e a escravidão dos negros africanos estabelecida na América.

3. Aponte as diferenças entre escravizados, servos e trabalhadores assalariados.

4. Identifique os principais interesses envolvidos no tráfico negreiro.

5. Defina cada um dos conceitos abaixo e organize um pequeno dicionário conceitual em seu caderno:
   - engenhos trapiches
   - engenhos reais
   - Restauração portuguesa
   - pumbeiros
   - escravismo colonial

6. Quais as diferenças entre escravismo, escravidão e servidão medieval?

7. Vamos construir nossos *tags*. Siga as instruções do *Pesquisando na internet* na seção **Passo a passo** (p. 7) utilizando as palavras-chave abaixo:

   escravidão

   plantation

   tráfico de escravizados

Leia com atenção o texto a seguir, publicado pela primeira vez em 1771, e depois faça as atividades propostas.

COMO SE HÁ DE HAVER O SENHOR DO ENGENHO COM SEUS ESCRAVOS

Os escravos são as mãos e os pés do senhor do engenho, porque sem eles no Brasil não é possível fazer, conservar e aumentar fazenda, nem ter engenho corrente. E do modo com que se há com eles, depende tê-los bons ou maus para o serviço. Por isso, é necessário comprar cada ano algumas peças e reparti-las pelos partidos, roças, serrarias e barcas. E porque comumente são de nações diversas, e uns mais boçais que outros e de forças muito diferentes, se há de fazer a repartição com reparo e escolha, e não às cegas. [...]

Uns chegam ao Brasil muito rudes e muito fechados e assim continuam por toda a vida. Outros, em poucos anos saem ladinos e espertos, assim para aprenderem a doutrina cristã, como para buscarem modo de passar a vida e para se lhes encomendar um barco, para levarem recados e fazerem qualquer diligência das que costumam ordinariamente ocorrer. [...] Os que nasceram no Brasil, ou se criaram desde pequenos em casa dos brancos, afeiçoando-se a seus senhores, dão boa conta de si; e levando bom cativeiro, qualquer deles vale por quatro boçais.

ANTONIL, André João. *Cultura e opulência do Brasil*. Belo Horizonte: Itatiaia, 1982. p. 89.

1. Siga as instruções da *Leitura de textos* na seção **Passo a passo** (p. 6) para organizar as informações do texto do padre jesuíta André João Antonil.

2. Qual a importância do escravo para a economia do engenho apontada pelo padre Antonil?

3. Vamos agora tentar imaginar que estamos vivendo em um engenho. Cada aluno deverá escolher um dos papéis abaixo relacionados. O aluno deve imaginar ser a personagem escolhida e escrever um diário do seu cotidiano no engenho. Para isso precisará fazer uma pesquisa sobre a vida no engenho.

   a) **Manuel Fernandes**: homem branco, de 50 anos, filho de portugueses, proprietário de um imenso engenho na Bahia, onde planta cana-de-açúcar em larga escala e onde trabalham cerca de 80 escravos.

   b) **José**: escravo de Manuel Fernandes, nasceu no engenho e lá trabalha nas plantações de cana. Tem cerca de 30 anos.

   c) **João**: escravo de Manuel Fernandes, também com cerca de 30 anos, acabou de chegar da África. O aluno que escolher ser o João deverá fazer como se, escrevendo em português, estivesse na verdade escrevendo em algum dialeto africano, pois João ainda não aprendeu a falar português. João também trabalha na plantação de cana.

   d) **Pedro**: escravo de Manuel Fernandes, tem cerca de 50 anos e trabalha na casa-grande fazendo serviços domésticos, como cuidar das coisas pessoais do senhor, levar recados, fazer compras na cidade. Nasceu no engenho e quando era moleque brincava com Manuel Fernandes. Agora suas relações são de senhor e escravo.

   e) **Maria**: escrava de Manuel Fernandes, é cozinheira na casa-grande. Tem cerca de 40 anos e nasceu no engenho. Foi também ama de leite do filho de Manuel Fernandes, que agora já tem 20 anos.

   f) **Inácia**: escrava de Manuel Fernandes, tem cerca de 20 anos e trabalha nas plantações de cana. Está grávida.

   g) **Vicentina Fernandes**: mulher de Manuel Fernandes, tem cerca de 40 anos. Seus dias são ocupados pelas tarefas da casa.

 OBSERVE AS IMAGENS

Benin e o tráfico de escravizados

1. Siga as instruções da *Análise de documentos visuais* na seção **Passo a passo** (p. 6) para analisar as duas imagens. Essas esculturas de marfim foram fabricadas no século XVI no antigo Reino de Benin, atual Nigéria. Descreva cada uma delas em seu caderno. Atenção a cada detalhe.

2. Faça um levantamento de dados e informações sobre o Reino de Benin e escreva um pequeno texto sobre o impacto do tráfico negreiro nesse reino.

MUSEU BRITÂNICO, LONDRES, INGLATERRA

Pingente, anônimo. Marfim, Reino de Benin, Nigéria, século XVI.

PERMANÊNCIAS E RUPTURAS

Leia com atenção o texto a seguir e depois responda às questões propostas.

Tráfico de pessoas é uma das atividades ilegais mais lucrativas na Europa

O tráfico de pessoas é uma das atividades ilegais mais lucrativas na Europa, segundo um relatório das Nações Unidas, lançado hoje pelo Gabinete das Nações Unidas contra a Droga e o Crime (ONUDC), na Espanha, que se tornou, assim, o primeiro país do continente a aderir à Campanha Coração Azul contra o tráfico de seres humanos.

O relatório, intitulado *Trafficking in persons to Europe for sexual exploitation*, publicado pelo ONUDC, mostra que os grupos criminosos obtêm cerca de 3 mil milhões de dólares por ano graças à exploração sexual e ao trabalho forçado de cerca de 140 mil pessoas.

Na sua maioria, as vítimas são mulheres, que são objeto de exploração sexual ou sujeitas a trabalho forçado. Entre ou-

tras formas de tráfico figuram a servidão doméstica, a extração de órgãos e a exploração de crianças. [...]

Aproximadamente 84% das vítimas na Europa são objeto de tráfico para exploração sexual. Na sua maioria trata-se de mulheres que são violadas, violentadas, drogadas, aprisionadas e vítimas de chantagem e veem o seu passaporte ser-lhes confiscado. [...]

Segundo o ONUDC, mais de 2,4 milhões de pessoas são atualmente vítimas de tráfico para fins comerciais.

Centro de Notícias da ONU, 30 jun. 2010. Disponível em: <http://goo.gl/p0mzzX>. Acesso em: 30 ago. 2018.

1. Quais são as semelhanças e as diferenças entre o tráfico de pessoas atual e o tráfico negreiro do período colonial?

2. Em sua opinião, como poderíamos combater esse crime?

Pingente, anônimo. Marfim, Reino de Benin, Nigéria, século XVI. (detalhe)

Saleiro, anônimo. Marfim, Reino de Benin, Nigéria, século XVI.

MUSEU BRITÂNICO, LONDRES, INGLATERRA

MUSEU BRITÂNICO, LONDRES, INGLATERRA

TRÉPLICA

Filmes

Amistad
EUA, 1997.
Direção de Steven Spielberg.

Baseado em fatos reais, conta a história da rebelião de escravizados no navio negreiro *La Amistad*. Capturados pela marinha dos EUA, os escravizados contam com a ajuda de abolicionistas americanos para tentar preservar sua liberdade. Retrato forte do que era um navio negreiro e de como o tráfico de escravizados envolvia mais que comprador e vendedor.

A classe que sobra
Brasil, 1985. Documentário.
Direção de Peter Overbeck.

As origens, as condições de vida, as formas de organização e a luta por melhores condições de vida dos trabalhadores cortadores de cana.

Livros

Áfricas no Brasil
ARAUJO, K. C. São Paulo: Scipione, 2004.

Xangô, o trovão
PRANDI, R. São Paulo: Companhia das Letrinhas, 2003.

Oxumaré, o arco-íris
PRANDI, R. São Paulo: Companhia das Letrinhas, 2004.

A história dos escravos
LUSTOSA, I. São Paulo: Companhia das Letrinhas, 1999.

Sites

(Acessos em: 30 ago. 2018)

<http://goo.gl/4wlbpt>

Coletânea de documentos sobre o tráfico negreiro entre 1821 e 1852 pertencente à Biblioteca Brasiliana, Universidade de São Paulo (USP).

<http://goo.gl/IUq8nh>

Projeto Joshua, portal cristão que oferece informações atualizadas sobre diferentes grupos étnicos ao redor do mundo, cujo objetivo é mapear os chamados povos "não alcançados" para possível evangelização. O portal oferece dados detalhados sobre milhares de grupos, centenas de países, fotos, mapas, gráficos. Versões em português, inglês, francês, alemão e espanhol.

<http://goo.gl/Bta6Ka>

Portal sobre cultura africana, o *site* reúne artigos sobre literatura, música e artes visuais, e tenta mapear a produção de todos os tipos de manifestações culturais na África. Versão em português.

<http://goo.gl/MKS2eM>

O *site* disponibiliza exposições de arte africana. Versão em inglês.

CAPÍTULO
10

A sociedade escravista colonial

Jogar capoeira ou *Dança de guerra*, Johann Moritz Rugendas. Litografia colorida, c. 1835.

PORTAS ABERTAS

👁 OBSERVE AS IMAGENS

O alemão Johann Moritz Rugendas e o francês Jean-Baptiste Debret produziram importantes registros sobre o cotidiano escravista brasileiro que se estendeu do século XVI ao século XIX. As imagens ① e ② foram elaboradas na década de 1830 e representam situações dessa sociedade. As imagens ③ e ④ foram elaboradas pelo holandês Frans Post e pelo alemão Zacharias Wagener. Estabelecidos nos domínios holandeses no Brasil, ambos procuraram representar cenas do século XVII.

1. No seu caderno, identifique o suporte, a data, os elementos e a cena de cada imagem.

2. Identifique características da sociedade escravista no Brasil.

3. As atividades ligadas ao trabalho não foram representadas nesse conjunto de imagens. Elabore um desenho no qual se registre uma cena de trabalho nessa sociedade.

Aplicação de castigo, Jean-Baptiste Debret. Litografia colorida, c. 1839.

Paisagem de várzea com cabana, Frans Post. Óleo sobre tela, 1658. (detalhe)

O homem negro, Zacharias Wagener. Litografia colorida, c. 1641.

SER SENHOR DE ESCRAVIZADOS

A sociedade colonial brasileira estava baseada na oposição entre senhores e escravizados. Nos séculos XV e XVI, as relações entre as pessoas na colônia eram determinadas pelo fato de serem livres ou não.

Todos os demais grupos sociais (autoridades, religiosos, mercadores, soldados, artesãos, pequenos proprietários, homens e mulheres livres, pobres, mestiços, libertos, indígenas) definiam-se de acordo com o grau de proximidade ou de distância da escravidão ou do poder dos grandes proprietários de terras e cativos.

Ser senhor de escravizados era a condição social desejada pela imensa maioria da população branca e até mesmo mestiça. Significava ter prestígio social, político e econômico.

Possuir escravizados era sinal de *status*. Quanto mais escravizados um homem detinha, mais importante ele era. Por isso, muitas vezes os grandes proprietários e comerciantes exibiam seus escravizados pelas ruas das vilas e povoados, a fim de demonstrar sua posição social.

Uma vez que o trabalho era considerado desonroso para os brancos, as atividades manuais eram, em geral, desempenhadas por pessoas consideradas "inferiores".

HOMENS LIVRES

O poder dos grandes senhores estendia-se sobre os pequenos proprietários e pessoas livres pobres. Para sua defesa, os senhores utilizavam os **agregados**, moradores que viviam em seus engenhos como capangas. Além disso, formavam guardas particulares que reprimiam os escravizados, atacavam ou defendiam-se dos povos indígenas e enfrentavam guardas de outros senhores poderosos.

A família de um grande senhor era **patriarcal**, ou seja, controlada por um homem, em geral o pai ou avô, que reunia em sua volta parentes e agregados, além da esposa, filhos e filhas.

Em tese, seu poder era inquestionável. O chefe da família, o patriarca, era a autoridade que deveria ser obedecida. E a obediência iniciava-se pelos seus escravizados.

O TRABALHO E A DISCIPLINA

A palavra **trabalho** tem origem no termo latino *tripalium*, um instrumento de tortura composto de três paus. Era um objeto que provocava muito sofrimento.

No Novo Mundo, o trabalho escravo tornou-se um meio para o enriquecimento das metrópoles europeias. E também um instrumento que provocava o sofrimento de povos africanos e indígenas.

Composição vertical a partir de: *Escravas de diferentes nações*, Jean-Baptiste Debret. Litografia colorida, c. 1839.

TÁ LIGADO?

1. Aponte as funções dos chamados agregados.

2. Explique como funcionava o poder patriarcal dos senhores de escravizados.

Na América portuguesa costumava-se dizer que os escravizados precisavam de três **P**: **pau** (castigos, quando cometessem alguma falta), **pão** (alimentos, para que pudessem sobreviver e trabalhar) e **pano** (vestimentas para que não andassem nus).

A violência era um elemento indispensável à transformação de um ser humano em escravizado. Iniciava-se, no caso dos africanos, com a captura na África. Depois, com os sofrimentos da travessia do Atlântico nos navios negreiros. Continuava com as humilhações provocadas pela sua comercialização em portos e mercados. E concluía-se com a chegada às propriedades e à dura rotina do trabalho.

A manutenção da escravidão tornava a violência uma prática constante. Por causa dela, o africano era obrigado a se comportar como escravizado.

Muitas vezes, apanhava sem ter feito nada. Na verdade, havia sempre um motivo. Apanhava para ser lembrado de que era escravizado. Apanhava para aprender a obedecer. Apanhava para que sua resistência fosse quebrada.

A realização das diversas tarefas impostas aos cativos exigia disciplina. O africano escravizado cumpria as ordens por medo do chicote, das torturas e das mutilações.

Muitas vezes, depois de açoitado, o escravizado era cortado com faca ou navalha. Sobre seu corpo era despejado algum líquido ácido, como urina ou suco de limão. Poderia então ser acorrentado por alguns dias. Esse procedimento era considerado normal, pois, segundo os brancos, os africanos eram bárbaros e selvagens.

BOÇAIS E LADINOS

Com o tempo, os africanos escravizados passaram a ser diferenciados pelos brancos. Os que nasciam na colônia eram chamados **ladinos**; e os que chegavam da África trazidos pelos traficantes eram chamados **boçais**.

Os ladinos, por terem nascido já escravizados, sabiam lidar melhor com a escravidão. Falavam a língua do lugar, conheciam sua condição desde que nasceram e sabiam, por isso, os meios de burlar regras e imposições.

Já os boçais chegavam a um lugar que não conheciam, cuja língua não entendiam. Os senhores acreditavam que os recém-chegados eram mais fáceis de ser submetidos à escravidão. Mas nem sempre era assim.

Os traficantes e os fazendeiros tinham o cuidado de misturar os africanos, de modo que em uma mesma fazenda os escravizados fossem de povos diferentes e, se possível, falassem também línguas diferentes. Dessa forma, tornava-se mais difícil qualquer articulação entre eles para resistir à escravidão.

Composição vertical a partir de: *Negros de diferentes nações*, Jean-Baptiste Debret. Litografia colorida, c. 1839.

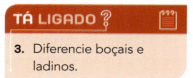

TÁ LIGADO ❓

3. Diferencie boçais e ladinos.

ESCRAVIDÃO NO CAMPO: AS SENZALAS

Os cativos que serviam diretamente a seus senhores e estavam encarregados dos afazeres domésticos geralmente dormiam na **casa-grande**, recebendo vestimentas e acomodações menos miseráveis. Os demais cativos eram utilizados na produção que sustentava a riqueza do senhor branco. Estes viviam amontoados nas **senzalas** sob o olhar eternamente vigilante do feitor, que era aquele que executava os castigos e mantinha a disciplina nas fazendas.

A arquitetura das senzalas

A palavra senzala vem de *sanzala*, que quer dizer a "casa dos empregados" (que era separada da casa principal), ou, então, um "povoado".

Segundo algumas descrições do século XIX, uma senzala poderia ser construída de diversas formas. Os grandes barracões, por exemplo, eram erguidos com vários cubículos de cerca de 2,5 m de largura cada, construídos em sequência, com uma porta que dava para um pátio. Cada cubículo abrigava até seis pessoas. Na maioria das fazendas havia barracões separados para homens e mulheres solteiros. As crianças menores dormiam junto com as mães, e as maiores dividiam os abrigos com os adultos.

Senzala, Victor Frond. c. 1885.

BIBLIOTECA NACIONAL, RIO DE JANEIRO (RJ), BRASIL

Cubículo
Cômodo minúsculo.

Choupana
Pequena cabana de acabamento rústico.

Os chamados pequenos barracos, cabanas ou choupanas, eram dispostos em filas, grupos ou em círculos construídos com as mesmas medidas dos compartimentos do barracão. Eram construções cujas paredes eram feitas com ripas e varas entrecruzadas, cobertas com barro, e teto baixo coberto com palha. Não tinham chaminé nem janelas e, quando as tinham, eram pequenas e protegidas com grades de ferro. Em seu interior, os poucos objetos, segundo uma das descrições do século XIX, se restringiam a "um cobertor de lã, vermelho, um bauzinho de latão, algumas panelas, pratos e pequenos utensílios".

Em outros documentos, esse tipo de construção era descrito como "uma habitação triste, onde a água penetra quando chove, e onde o vento sopra por toda parte, apesar de não ter abertura para chaminé nem janela".

Tanto os barracões como os pequenos barracos eram trancados à noite. Ao soar de um sino, homens e mulheres se retiravam para seus cubículos e o encarregado os fechava à chave, tornando a soltá-los apenas na manhã seguinte, para o trabalho.

No sul dos Estados Unidos, nesse período, as senzalas tipo barracão não eram comuns. As cabanas eram mais utilizadas. Elas abrigavam uma família ou um grupo de cativos solteiros. Eram um pouco maiores, tinham chaminé e janela.

A ESCRAVIDÃO NAS CIDADES

Nas cidades, os escravizados estavam presentes em todos os lugares e em todos os ofícios. Um levantamento feito na cidade de Salvador, em 1810, revelou a existência de 25 mil negros africanos em uma população total de 60 mil habitantes. Se trabalhassem como carpinteiros, pedreiros, marceneiros, joalheiros, ferreiros, pintores, alfaiates, sapateiros, impressores, eram chamados **escravos de ofício**. Para o artesão branco, era vantajoso instruir seu escravizado no ofício para que pudesse viver à sua custa.

Se fossem alugados para prestar outros serviços, como transporte de mercadorias pesadas e de gente nos palanquins (espécie de cadeira coberta para transporte), ou vendendo mercadorias, os escravizados eram chamados **negros de ganho**. Os carregadores cativos se tornaram indispensáveis, pois os brancos consideravam desprezível o branco que carregasse um pacote sequer.

As casas mais ricas possuíam até 70 escravizados. Uma pequena parte deles cuidava das necessidades pessoais dos senhores e senhoras. Outra parte realizava os serviços da casa. E o restante se transformava rapidamente em fonte de renda, trabalhando como escravizados de ganho.

Entre os escravizados domésticos, havia uma certa hierarquia, pois os escravizados ligados aos cuidados pessoais de seus senhores – chamados de **pajens**, para os homens, e **mucamas**, para as mulheres – tinham um tratamento diferenciado e vestiam roupas melhores.

E, entre eles, a **ama de leite** reinava absoluta na predileção dos donos, afinal, era a responsável pela saúde e o crescimento dos herdeiros escravistas. No entanto, uma coisa os igualava na escravidão: os pés descalços. Aos escravizados era vedado o uso de sapatos. Por isso, quando um negro se tornava liberto, tratava logo de adquirir um par de calçados.

A falta de um sistema de água e esgotos nas cidades obrigou o escravizado a ter como função carregar os excrementos dos senhores até a praia. Eram os **tigres**, porque a matéria fecal sujava seu corpo, produzindo manchas parecidas com as do animal. Como o problema de esgoto era resolvido pelos escravizados, a rede de esgotos foi instalada nas cidades somente em meados do século XIX. Os tigres foram utilizados na cidade do Recife até 1882.

A água, retirada dos chafarizes, era transportada pelos escravizados em potes de barro ou madeira.

TÁ LIGADO?

4. Liste e defina cada uma das formas de exploração do trabalho escravo nas cidades.

Loja de barbeiros, Jean-Baptiste Debret. Litografia colorida, c. 1839.

MUSEU CASTRO MAYA, RIO DE JANEIRO, BRASIL

Havia várias maneiras de exploração do trabalho escravo. Nesse sentido, os senhores brancos foram muito criativos.

Os escravizados velhos e doentes eram obrigados a mendigar nas ruas e a entregar uma quantia fixada das esmolas. A prática se tornou tão rendosa que senhores respeitados compravam justamente os mais velhos e doentes, a um custo muito baixo, para esse serviço.

Outros senhores preferiam prostituir suas escravas. Havia senhoras da alta sociedade que enfeitavam suas escravas com o mesmo intuito de ficar com a renda. Esse hábito também se tornou comum entre senhoras modestas, que utilizavam o mesmo recurso com as poucas escravas que possuíam.

O grande número de serviçais possibilitava ao senhor ter suas escravas ganhadeiras, como eram chamadas. Elas se dedicavam a vender nas ruas das cidades peixes, tecidos, pó de café ou quitutes.

Também era muito comum o aluguel das amas de leite. As escravas eram obrigadas a deixar seus próprios filhos com fome para dar o leite ao "sinhozinho". Assim, dispensavam de trabalho tão árduo as "frágeis" esposas. O comércio do leite era tão escandalosamente aceito que era costume colocar anúncios no jornal.

A senhora branca refinada e bem-nascida, ao mesmo tempo que frequentava a igreja todos os domingos, também comercializava o sexo e o leite de suas escravas.

Ama de leite, João Ferreira Villela. Recife, Pernambuco (Brasil), 1860.

Ama de leite, anônimo. Rio de Janeiro, Rio de Janeiro (Brasil), 1890.

Anúncios de jornal oferecendo amas de leite. *Jornal do Comércio*, século XIX.

RESISTÊNCIAS À ESCRAVIDÃO

Durante quase quatro séculos, a escravidão foi a principal relação de trabalho no Brasil. A mistura de lembranças do passado com a vida no cativeiro possibilitou aos africanos desenvolver uma maneira de suportar a condição de escravizados. Era preciso um jeito novo para lidar com a opressão do senhor branco e para se comunicar com outros africanos de origens diferentes. Enfim, para preservar a humanidade que a escravidão insistia em querer tirar.

LAÇOS DE FAMÍLIA: NA SENZALA, UMA FLOR

Os escravizados resistiam a reconstruir seus laços familiares ou formar novas famílias. No cativeiro, não havia lugar para uma família tradicional monogâmica e patriarcal. Tido como mercadoria, o africano podia ser vendido, trocado, alugado. E com isso a formação de famílias nos moldes tradicionais cristãos, para o escravizado, se tornava impossível.

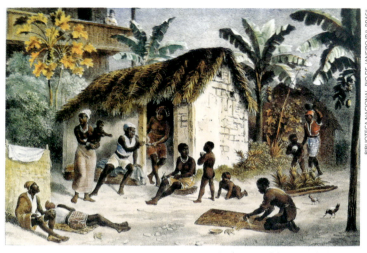

Habitação de negros,
Johann Moritz Rugendas.
Litografia colorida, c. 1835.

No entanto, dentro dos limites e abusos impostos pela escravidão, o cativo foi buscar um sentido para a família, diferente do branco. Assim, uma família poderia surgir no interior sombrio das senzalas. Como uma flor que insistisse em brotar em algum "canto" da escravidão.

A união conjugal também possibilitava a conquista de pequenas coisas que, aos olhos do branco, ou mesmo aos olhos da maioria das pessoas nos dias atuais, podiam parecer insignificantes. Um casal e seus filhos geralmente ganhavam um compartimento separado dentro das senzalas. Isso era fundamental, pois permitia um mínimo de privacidade para a família. Na verdade, esse compartimento adquiriu um valor inestimável, pois significava ter um "lugar" próprio, o que era impossível para o restante do grupo.

O fogo no qual se preparava a comida nas senzalas era comunitário. No pequeno compartimento familiar, os cativos tinham seu próprio fogão. Ao pé do fogo a família podia se reunir para contar histórias, relembrar rituais do passado, dormir.

Monogâmica
Condição de relação matrimonial que só admite um cônjuge.

LAÇOS DE FRATERNIDADE: IRMANDADES E ASSOCIAÇÕES RELIGIOSAS

Os escravizados resistiam quando se uniam a outros cativos do mesmo grupo étnico, organizando-se em associações religiosas ou irmandades. Disfarçavam seus deuses africanos, combinando-os aos santos cristãos. O culto a Nossa Senhora do Rosário, Santa Ifigênia e São Benedito é um exemplo.

Os senhores das grandes lavouras não entendiam por que os cativos deixavam o fogo arder dentro das cabanas dia e noite, inverno e verão. Aos senhores brancos causava espanto ver como os escravizados conseguiam ficar no interior daqueles barracos sem janelas, sem se incomodar com a fumaça. Por que aquela gente não fazia o fogo fora dos barracos? De onde vinha aquele costume?

O que o olhar do branco não enxergava era que o fogo permanentemente aceso tinha origem, inteligência e lógica. O costume vinha da África, onde a presença do fogo é fundamental para a sobrevivência material e espiritual, para a maioria dos povos do continente.

Os cativos aprenderam com seus antepassados a cuidar do fogo tão precioso. Aprenderam que, com as brasas sempre acesas, não era preciso fazer o fogo todos os dias. E para que se mantivessem vivas era necessário que ficassem ao abrigo da chuva. A alternância de chamas e brasas proporcionava uma temperatura constante.

No inverno, as chamas ajudavam a esquentar o ambiente. No verão, as brasas não produziam calor excessivo, pois as construções rústicas e mal vedadas contra os ventos funcionavam como uma chaminé, tornando o volume de fumaça tolerável. A fumaça ajudava a afastar os insetos e a conservar os alimentos estocados. Isso porque os alimentos defumados demoram mais tempo para estragar.

Como função espiritual, o fogo fazia parte do culto aos ancestrais e era símbolo da continuidade da linhagem. Era o chefe quem presidia o culto aos antepassados. Quando o chefe morria, o fogo também deveria morrer para ser reacendido pelo novo chefe e, assim, reafirmar os laços com os primeiros ancestrais e confirmar a continuidade do grupo. A presença da fumaça segurava os espíritos em casa para a proteção do grupo.

Reprodução proibida. Art. 184 do Código Penal e Lei 9.610 de 19 de fevereiro de 1998

GULSHAN KHAN/AFP/GLOW IMAGES

ESTHER MAHLANGU, 81, da etnia Ndebele, posa em frente à sua casa, Vila de Mabhoko, Mpumalanga (África do Sul), 06 mar. 2017.

São Benedito, Santa Ifigênia, Santo Elesbão. São santos negros e padroeiros das **irmandades** mais importantes do Brasil.

São Benedito, um dos mais populares, nasceu no século XVI na Sicília, Itália. Seus pais eram cativos vindos da Etiópia e que, mais tarde, foram libertos por seus senhores. Santa Ifigênia era filha dos reis de Nobatia, antigo reino cristão da baixa Núbia, que se converteu ao cristianismo quando o apóstolo São Mateus começou a pregar na região. E Santo Elesbão era rei cristão do antigo Reino de Axum.

No Brasil, as irmandades estavam entre as primeiras e principais formas de organização dos negros africanos escravizados e seus descendentes escravizados ou livres. Um meio de reverter, a seu favor, as regras da escravidão, de preservar suas raízes ancestrais. A primeira associação data de 1639, com a fundação da irmandade de Nossa Senhora do Rosário dos Homens Pretos, no Rio de Janeiro.

Inicialmente, essas associações se organizavam de acordo com a origem de seus membros. A irmandade de Nossa Senhora do Rosário dos Homens Pretos agregava africanos provenientes de Angola e Kongo. A de Santa Ifigênia e de Santo Elesbão reuniam os africanos vindos da Costa da Mina.

Essas associações serviam como espaço de ajuda mútua entre seus "irmãos". Muitas delas foram fundadas por escravizados ou libertos para garantir-lhes o direito a um enterro decente, a uma sepultura no cemitério da irmandade, a celebrações das missas, ou até mesmo para ajudar um "irmão" em dificuldades. Além disso, as associações arrecadavam dinheiro por meio da cobrança de anuidades e doações. Outra forma de arrecadar dinheiro era promovendo festividades organizadas pelo rei e pela rainha festeiros eleitos naquele ano, que ficavam encarregados de recolher os donativos. Essas festividades são celebradas em todo o Brasil até os dias de hoje. São as chamadas **congadas**.

Cortejo da rainha negra na festa de Reis, Carlos Julião. Aquarela, c. 1776.

Beleza feminina

Cabelos lanosos cuidadosamente trança-dos, criando lindas esculturas. Joias exu-berantes, brincos, pulseiras, pingentes e correntes de ouro, prata e pedraria. Ricos panos da costa lançados sobre os ombros. Turbante na cabeça, geralmente, de pano branco engomado com pontas de renda ou bordado. Beleza e elegância feminina: mais uma das riquezas trazidas da África.

Mulher Fula, Edmond Fourtie. Cartão-postal, Dakar (Senegal), 1900.

ARCHIVES NATIONALES DU SÉNÉGAL

Mulher com panos da costa, Henrique Klumb. Rio de Janeiro, c. 1862.

COLEÇÃO RUY SOUZA E SILVA

LAÇOS DE SOLIDARIEDADE: ASSOCIAÇÕES DE OFÍCIO

Na cidade, os escravizados de um mesmo ofício também se reuniam em associações. Essas associações se compunham de cativos de uma mesma etnia que, às vezes, rivalizava com outras. Como a população negra e mestiça era muito grande, as administrações públicas estimulavam essas rivalidades entre os grupos étnicos, evitando, assim, a formação de alianças que compro-metessem a segurança da minoria branca e livre.

Os grupos se reuniam em diferentes lugares da ci-dade, especialmente nos cruzamentos de ruas, onde esperavam a clientela das associações. Enquanto aguardavam, teciam chapéus de palha, faziam gaiolas para passarinhos, confeccionavam pulseiras de con-tas e objetos de couro. O grupo de uma mesma as-sociação obedecia a um líder chamado de **capitão do canto**, geralmente um excelente jogador de capoeira.

O trabalho escravo criava laços de união diferen-tes daqueles que os dividiam em muitos povos na África. Para enfrentar a opressão, eram necessárias amizade e fidelidade no interior dos novos grupos de ajuda e solidariedade que se formavam entre os es-cravizados da cidade.

As associações emergiam como flores de cantei-ros. Viviam cativas, cercadas por paredes de pedra, mas insistiam em florescer e ameaçavam, com seu co-lorido e perfume, invadir a arquitetura embrutecida da escravidão.

A dominação dos senhores brancos, das autori-dades ou da Igreja Católica dificultou, mas não con-seguiu impedir que os negros escravizados também mantivessem acesas suas chamas ancestrais.

O ofício também transformava o escravizado em trabalhador especializado. Aprender um ofício era a oportunidade de desenvolver diferentes habilidades. Excelentes operários da mineração e do ferro, ávidos comerciantes, cirurgiões com destreza, dentistas co-nhecidos, barbeiros procurados, sapateiros experien-tes, cabeleireiros, empregados da alfândega, entalha-dores e carpinteiros.

Apesar do papel subalterno, a serviço de seus se-nhores nas ruas das cidades, aprendendo e difundin-do conhecimentos, o negro escravizado encontrou diferentes formas, muitas vezes silenciosas, de resis-tência à condição de "coisa".

Reprodução proibida. Art. 184 do Código Penal e Lei 9.610 de 19 de fevereiro de 1998

210 CAPÍTULO 10 | A sociedade escravista colonial

A CAPOEIRA, LUTA DISFARÇADA EM DANÇA

Os escravizados também resistiam à desumanidade de sua condição quando disfarçavam sua luta no jogo da capoeira.

Existem várias histórias sobre a origem tanto da luta quanto do termo **capoeira**, que pode designar uma clareira no mato, lugar onde os escravizados, no Brasil, se refugiavam quando eram perseguidos, ou um tipo de cesto onde se guardavam capões (galos) e outras aves domésticas para serem vendidos nos mercados. Enquanto os negros escravizados esperavam que o mercado abrisse, praticavam uma dança cujos movimentos eram inspirados em animais como arraia, galo, macaco, morcego etc.

Quanto à luta, uns afirmam que os negros africanos trouxeram a capoeira da África, e que ela, originalmente, era uma cerimônia de conquista de parceiros realizada por alguns povos do continente.

Mas quase todos concordam que a capoeira foi desenvolvida nas senzalas pelos negros escravizados no Brasil. De qualquer maneira, a capoeira brasileira nasceu como uma forma especial de resistência à opressão e à dominação física e cultural dos senhores brancos.

TÁ LIGADO

5. Explique quem era o chamado "capitão do canto".

6. Explique as possíveis origens para o termo "capoeira".

O ABC da capoeira

Este é o ABC da capoeira:
Berimbau, fundamento,
Meia-lua e rasteira.
Jogo, dança, luta
Bem brasileira.
Este é o ABC,
Camarada, meu irmão,
Dedicado à garotada
Dessa geração!

Nestor Capoeira

Jogar capoeira ou *Dança de guerra*, Johann Moritz Rugendas. Litografia colorida, c. 1835.

Uma dança, um jogo, uma luta. A capoeira é tipicamente brasileira. Ainda não é jogada em grandes estádios. Ainda não é transmitida pela televisão. Ainda não é comentada em artigos dos grandes jornais. E é pouco estudada em nossas escolas.

A capoeira é uma dança que levanta a poeira de nossas raízes africanas, de nossas músicas, de nossas danças, de nossa ginga.

A capoeira é um jogo que começamos a aprender desde pequenos, quando damos nossas cambalhotas e estrelas e plantamos bananeira. Aprendemos capoeira mesmo sem perceber.

A capoeira é uma luta que fazemos quando enfrentamos os preconceitos e as injustiças do nosso país. É uma luta contra o esquecimento da história das lutas sociais. É uma luta que se deve dançar e jogar. É um pouco dos nossos caminhos pelo mundo. Nossos caminhos pela história.

BIBLIOTECA NACIONAL, RIO DE JANEIRO (RJ), BRASIL

RESISTÊNCIAS INDIVIDUAIS: ROUBO, BANZO, SUICÍDIO

Assassinatos de senhores, ataques, furtos, quebras de ferramentas e máquinas eram formas de reagir à escravidão. Enganar o senhor era também um meio de resistir às condições desumanas do cativeiro.

O suicídio era um ato de resistência individual extremo e último recurso e alternativa para escapar definitivamente da escravidão. Entre as explicações mais conhecidas para o suicídio de escravizados estão a do banzo e o desejo de retorno à África em espírito. O banzo era a profunda tristeza que se abatia sobre os africanos recém-chegados, fazendo-os perder o apetite e a vontade de viver e levando-os à morte. O suicídio seria uma forma de atravessar a Kalunga (o Mar Oceano) em espírito e retornar à terra natal.

RESISTÊNCIA COLETIVA: QUILOMBOS

Desde o século XVI os escravizados fugiam sozinhos ou em grupos, do campo para cidade, da cidade para o campo. Após fugirem, montavam acampamentos em áreas despovoadas e de difícil acesso. Esses acampamentos, chamados de **quilombos**, podiam abrigar desde um pequeno grupo até milhares de pessoas.

Os quilombos se tornariam um meio eficiente de desafio e, principalmente, um avanço na luta contra a escravidão. A fuga isolada marginalizava o negro foragido, pois havia o risco constante de ser preso e enviado de volta para seu dono. Os quilombos facilitavam a sobrevivência de seus componentes e, além dos ataques às propriedades coloniais, funcionavam como polos de atração para outros cativos.

A resistência dos quilombolas (moradores de quilombos) aos senhores e às autoridades policiais revelava o firme propósito dos negros de não retornar às senzalas. A destruição dos quilombos tornou-se uma obsessão para os proprietários. Era comum a organização de expedições apoiadas pela polícia para aprisionar os escravizados aquilombados.

Outros quilombos formavam-se próximo às cidades ou vilas e tinham relações constantes com as populações livre e escrava da área. Esse é o caso dos qui-

JESUÍTAS E BANDEIRANTES (SÉCULOS XVI-XVII)

Legenda:
- Área de apresamento de indígenas
- Bandeiras de caça aos indígenas
- Expedições contra quilombos e indígenas rebelados (sertanismo de contrato)
- Missões portuguesas
- Missões espanholas
- Quilombos
- Revolta de Beckman (1684)
- Expulsão de jesuítas

Principais guerras
- Guerra dos Tamoios 1562-1567
- Guerra dos Aimoré 1555-1573
- Levante Tupinambá 1617-1621
- Guerra dos Potiguares 1586-1599
- Confederação dos Cariri 1676-1692

Tronco linguístico
- Aruak
- Caribe
- Chibchano
- Jê
- Pano
- Quechua
- Tucano
- Tupi-Guarani
- Charrua
- Outros grupos
- Línguas não classificadas

Fonte: Elaborado com base em CAMPOS, Flavio de; DOLHNIKOFF, Miriam. *Atlas da História do Brasil*. São Paulo: Scipione, 1997; JOFFILY, Bernardo (Org.). *Isto é Brasil, 500 anos. Atlas Histórico do Brasil*. São Paulo: Editora Três, 1998.

lombos próximos a Vila Rica, na região mineradora de Minas Gerais, ou os vizinhos a Pelotas e Porto Alegre, no Rio Grande do Sul.

A produção charqueadora no Rio Grande do Sul fazia dessa província uma grande consumidora de negros escravizados.

O charque – carne de vaca salgada e exposta ao sol –, também conhecido como carne-seca, era preparado nas fazendas ou charqueadas. A mão de obra escrava era largamente utilizada em sua produção. A salga da carne, um hábito muito antigo, era fundamental para sua preservação no transporte de longa distância.

A grande concentração de escravizados na província preocupava as autoridades e os senhores das fazendas, que temiam a fuga, os quilombos e as rebeliões. Com certa frequência, escravizados fugidos cruzavam a fronteira com o Uruguai ou com a Argentina em busca da liberdade.

Mas muitos resolviam ficar. E um número considerável aquilombou-se em serras despovoadas, florestas, ilhas isoladas, no meio dos banhados. Além disso, os escravizados se reuniam nas proximidades dos centros urbanos e nas ilhas fluviais. Uma parte da Ilha das Flores, situada na Grande Porto Alegre, ainda hoje é conhecida como Ilha do Quilombo.

Os quilombos gaúchos mais conhecidos foram: o Quilombo do negro Lucas, na Ilha dos Marinheiros, e o Quilombo de Manoel Padeiro.

TÁ LIGADO ?

7. Defina quilombos.

EM DESTAQUE

OBSERVE A IMAGEM

Banzo

A violência na escravidão era tão brutal que muitas vezes os cativos, levados pelo desespero, cometiam o suicídio.

Siga as instruções da *Análise de documentos visuais* na seção **Passo a passo** (p. 6) para analisar o detalhe da pintura de Antônio Ferrigno, *Mulata quitandeira*. Depois, responda, no seu caderno, às questões propostas.

1. Identifique o tipo de sentimento que é transmitido pela escrava nessa imagem.

2. Na sua opinião, essa atitude pode ser considerada como uma forma de resistência à escravidão? Justifique sua resposta.

Mulata quitandeira, Antônio Ferrigno.
Óleo sobre tela, s/d. (detalhe)

O que era um quilombo para um branco? Segundo um decreto aprovado pela Câmara da capitania de São Paulo, em 1733, quilombo era "um ajuntamento de mais de quatro escravizados vindos em matos para viver nele, e fazerem roubos e homicídios".

Na Constituição Federal Brasileira de 1988 constam dois artigos em que se lê o termo "quilombo". O parágrafo 5º do artigo 216 determina que "ficam tombados todos os documentos e os sítios detentores de reminiscências históricas dos antigos quilombos". Já no artigo 68 está escrito: "Aos remanescentes das comunidades dos quilombos que estejam ocupando suas terras é reconhecida a propriedade definitiva, devendo o Estado emitir-lhes os títulos respectivos".

Com base nesses artigos, o conceito de quilombo adquiriu uma nova interpretação, mais ampla, associada à ideia de resistência no presente: o de campesinato negro, comunidade negra tradicional ou comunidade étnica, capaz de se organizar e se reproduzir em determinado espaço físico, ao longo do tempo. Resistindo até mesmo em condições adversas para manter sua forma de vida.

No entanto, nem todas as comunidades se encaixam no modelo de "remanescentes". Porque ao longo da história houve diferentes formas de ocupação da terra por grupos de escravizados ou ex-escravizados, como herança, doação ou negociação com fazendeiros. E muitas dessas comunidades não têm como provar sua origem histórica.

A Fundação Cultural Palmares é a responsável pelo reconhecimento da titulação, mas cabe ao governo a emissão dos títulos definitivos de posse da terra. Apesar da lei, pouco se tem feito para devolver as terras aos descendentes dos quilombolas. Será que precisaremos de outros 500 anos?

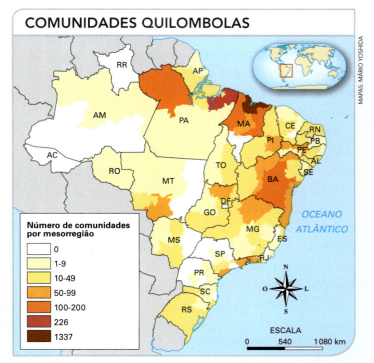

COMUNIDADES QUILOMBOLAS

Número de comunidades por mesorregião
- 0
- 1-9
- 10-49
- 50-99
- 100-200
- 226
- 1337

Fonte: Elaborado com base em Fundação Cultural Palmares/ Fundação Pró-Índio, 2014.

COMUNIDADES QUILOMBOLAS TITULADAS E EM PROCESSO

- Terras quilombolas tituladas: 157
- Terras quilombolas em processo: 1462

Fonte: Elaborado com base em Fundação Cultural Palmares/ Fundação Pró-Índio, 2015.

MAPAS: MÁRIO YOSHIDA

O QUILOMBO DE PALMARES, SÍMBOLO DE RESISTÊNCIA

Palmares foi o mais famoso, duradouro, poderoso, extenso e numeroso quilombo de que se tem notícia. Nasceu da aliança de vários quilombos que se estabeleceram na Zona da Mata, nos atuais estados de Alagoas e Pernambuco, no início do século XVII.

Em 1612, os portugueses fizeram sua primeira expedição a Palmares. A partir de 1644, os holandeses, que ocupavam Pernambuco, comandaram vários ataques às aldeias que compunham Palmares. Com a partida dos holandeses, em 1654, os portugueses iniciaram uma série de ataques contra os quilombolas palmarinos.

O grande Estado negro era governado por um chefe escolhido entre os guerreiros e por um conselho composto pelos chefes dos quilombos da região. O primeiro rei foi **Ganga Zumba**. Ele governou até 1678, quando foi morto por líderes quilombolas insatisfeitos com sua atitude conciliadora com os brancos. Seu sobrinho, **Zumbi**, foi proclamado rei, governando Palmares até sua destruição definitiva.

Em 1694, o quilombo foi invadido e derrotado por uma expedição composta de mais de 3 mil homens e comandada pelo bandeirante Domingos Jorge Velho, após 42 dias de cerco. Vários quilombolas conseguiram fugir, inclusive Zumbi. No entanto, um ano depois, em 1695, Zumbi foi capturado e sua cabeça cortada e exposta em praça pública, como um aviso para que os negros se submetessem ao sistema escravista e não ousassem desafiá-lo.

TÁ NA REDE!

ESTÓRIAS QUILOMBOLAS

Digite o endereço abaixo na barra do navegador de internet: ‹http://bit.ly/2P8c3Na›. Você pode também tirar uma foto com um aplicativo de *QrCode* para saber mais sobre o assunto. Acesso em: 17 out. 2018. Em português.

Livro infantil de histórias quilombolas disponível para *download* gratuito

Mulheres guerreiras

A documentação histórica apresenta poucas informações sobre a estrutura interna dos quilombos. A maior parte dos registros são de denúncias ou de relatos de expedições que visavam à destruição desses agrupamentos. Quase nada existe de testemunhos dos próprios quilombolas.

Há um silêncio ainda maior sobre as mulheres quilombolas nessas fontes. Entretanto, em alguns grandes quilombos aparecem pistas sobre as lideranças femininas. Há indicações de mulheres que exerceram influência no grande quilombo de Palmares, em Alagoas, especialmente a lendária **Dandara**, companheira de Zumbi. Os relatos descrevem Dandara como heroína que jogava capoeira e teria lutado ao lado de homens e mulheres na defesa de Palmares. Não se sabe se Dandara teria nascido na colônia ou no continente africano, mas teria se juntado ao grupo ainda menina.

Encontram-se ainda alguns escritos sobre uma rainha, de nome **Tereza de Benguela**, que teria liderado o quilombo de Quariterê (atual Mato Grosso). Sob sua liderança, a comunidade negra e indígena resistiu à escravidão por duas décadas, sobrevivendo até 1770, quando o quilombo foi destruído e a população, morta ou aprisionada.

Do pouco que se sabe, pode-se supor que nas inúmeras comunidades quilombolas a participação das mulheres foi fundamental, tanto na organização, manutenção, abastecimento e defesa quanto na preservação dos valores culturais e religiosos.

CRICA MONTEIRO - ACERVO DA ARTISTA

Obra de Crica Monteiro, exposta na Ação Educativa de São Paulo em comemoração ao dia do grafite. Acrílica, caneta posca e *spray* sobre tela, 1,20 x 80 cm, São Paulo, São Paulo, 2017.

REAÇÃO DAS AUTORIDADES

A resistência dos escravizados, as fugas e os quilombos levaram a uma reação do governo português. Leis sucessivas foram promulgadas para dificultar a formação de quilombos e facilitar a caça e o aprisionamento dos escravizados fugidos.

Os conhecimentos militares acumulados pelos paulistas no aprisionamento de indígenas atraíram as autoridades envolvidas em conflitos com indígenas e negros em outras partes da colônia. Os bandeirantes foram muitas vezes contratados para pôr fim a quilombos e aldeias indígenas belicosas. Em troca de títulos, terras e dinheiro, expedições dirigiram-se para a atual região nordeste, atendendo ao chamado de fazendeiros e governadores.

Mas nem as leis nem as expedições foram suficientes para acabar com os quilombos. Eles continuaram existindo enquanto existiu a escravidão.

A arquitetura dos quilombos ocupou sertões e florestas, cercou cidades, vilas, garimpos, engenhos. Suas construções podiam ser móveis e temporárias, para pequenos grupos, ou grandes comunidades reunindo centenas de escravizados, que formavam suas famílias, trabalhavam e mantinham uma economia independente.

A liberdade, então, foi sendo construída lenta e penosamente. Nas senzalas, nos quilombos, nos ofícios, nas esquinas e nos porões dos palacetes da cidade. Nas resistências cotidianas diante da escravidão.

QUEBRA-CABEÇA

1. Releia o quadro complementar "O direito dos quilombolas à posse da terra" (p. 214). Identifique os direitos estabelecidos para os descendentes de quilombolas pela Constituição de 1988.

2. Esclareça o que eram os "três P" considerados necessários para os escravizados africanos viverem na colônia.

3. Quais eram as "vantagens" para o cativo que constituía família?

4. Defina cada um dos conceitos abaixo e organize um pequeno dicionário conceitual em seu caderno:
   - agregados
   - família patriarcal
   - boçais
   - ladinos
   - senzala
   - escravos de ofício
   - negros de ganho
   - mucamas
   - ama de leite
   - tigres
   - pajens
   - irmandades de negros
   - congadas
   - capitão de canto
   - capoeira
   - quilombo

5. Releia a seguinte afirmação do capítulo: "Os quilombos se tornariam um meio eficiente de desafio e, principalmente, um avanço na luta contra a escravidão" (p. 212). Você concorda com ela? Justifique.

6. Elabore um desenho que vise representar um quilombo.

7. Além dos assassinatos de senhores e capatazes, das fugas e dos quilombos, podemos identificar outras formas de resistência dos cativos à escravidão. Quais foram elas?

8. Em seu caderno, faça uma pirâmide social com as classes da sociedade colonial.

9. Vamos construir nossos *tags*. Siga as instruções do *Pesquisando na internet* na seção **Passo a passo** (p. 7) utilizando as palavras-chave abaixo:

capoeira
senzala   **quilombo**
irmandade dos negros

Leia com atenção o texto abaixo e depois responda às questões propostas.

A CRIANÇA E OS JOGOS NO ENGENHO DE AÇÚCAR

Um hábito bastante comum nas casas-grandes era o de colocar à disposição do sinhozinho um ou mais moleques (filhos de escravos, do mesmo sexo e idade) como companheiros de brincadeiras. [...] Esses moleques, nas brincadeiras dos meninos brancos, desempenhavam a função de leva-pancada; uma reprodução, em escala menor, das relações de dominação no sistema de escravidão. O menino branco usava o moleque como escravo em suas brincadeiras. [...]

O melhor brinquedo dos meninos de engenho era montar a cavalo, em carneiros, mas, na falta destes, eles usavam os próprios moleques.

Nas brincadeiras, muitas vezes violentas, os moleques viraram bois de carro, cavalos de montaria, burros de liteiras, enfim, os meios de transporte da época [...].

Além dessa prática de montar a cavalo no moleque, o jogo de peia queimada reflete, também, a situação de dominação do branco sobre o negro, uma vez que consiste em [...] bater com chicote nas costas do negro punido.

Até hoje, entre inúmeros jogos espalhados pelo sudeste e nordeste, regiões que se destacaram pelo cultivo da cana e uso dos negros escravos, a cultura infantil preserva a brincadeira com as denominações chicotinho, chicotinho queimado, cinturão queimado, cipozinho queimado, quente e frio e peia quente.

A temática da escravidão e fuga dos negros propiciou a criação de outra variante para a brincadeira de pegador denominada nego fugido [...]. É um jogo de pegador, onde o menino que representa o negro fugido esconde-se e é procurado pelos demais. Uma vez encontrado, ele corre em busca do pique ou esconde-se de novo, até ser pego.

KISHIMOTO, Tizuko M. *Jogos infantis: o jogo, a criança e a educação*. Petrópolis: Vozes, 1998. p. 32-33, 39-40 e 54.

ACERVO FUNDAÇÃO GILBERTO FREYRE, PERNAMBUCO, BRASIL.

Casa-grande do engenho Noruega, antigo Engenho dos Bois em Pernambuco, Cícero Dias. Gravura aquarelada, 1933. (detalhe)

1. Liste todas as brincadeiras citadas no texto.

2. Identifique as brincadeiras que ainda são praticadas hoje em dia.

3. Como era a infância de uma criança escrava?

4. Relacione as brincadeiras infantis e as características da sociedade colonial.

5. Ultimamente temos ouvido com frequência a palavra *bullying* (do inglês *bully*, valentão) em referência à luta da sociedade para acabar ou pelo menos coibir atitudes entre as crianças capazes de gerar sofrimento, dor e angústia. Como poderíamos relacionar essa discussão às brincadeiras apresentadas pelo texto entre meninos brancos e seus escravos?

Propagandas racistas explícitas

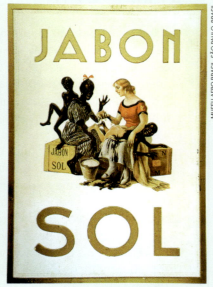

Por que sua mãe não te lava com sabão Fairy? Cartão de propaganda, litografia colorida, c. 1878.

Sabonete Arêgos embranquece e cura a pelle, Raul Caldevilla. Cartão de propaganda policromado, c. 1917.

Jabon Sol. Cartão de propaganda policromado e relevo, 1ª metade do século XX.

A propaganda oferece pistas interessantes sobre a cultura e as características de determinada época. Muitos dos valores, hábitos e preconceitos de uma sociedade podem ser identificados nas propagandas e campanhas publicitárias. Acima, há três propagandas que devem ser analisadas cuidadosamente.

1. Descreva as imagens em seu caderno.

OBSERVE A IMAGEM

Racismo na propaganda

As campanhas publicitárias de uma grande empresa italiana de roupas são mundialmente reconhecidas por apresentar imagens de grande repercussão. Os impactos causados devem-se, em muito, à veiculação de cenas chocantes que visam provocar uma sensação de estranhamento e desconforto. O anúncio ao lado foi divulgado na Itália e em outros países, inclusive no Brasil, na década de 1990.

Anjo e diabo, Oliviero Toscani. Campanha publicitária, 1991.

2. Identifique o título de cada propaganda.

3. Identifique os produtos que estão sendo anunciados. Quais suas qualidades, de acordo com as propagandas?

4. Quais personagens comprovam as qualidades do produto? Como as qualidades são demonstradas?

5. Identifique o tipo de relacionamento sugerido pelas imagens em relação aos personagens brancos e negros.

6. Escreva um texto-denúncia contra as mensagens veiculadas nesses anúncios. Além de seus conhecimentos, baseie-se na leitura da lei federal 9.459 de 15 de maio de 1997 (que reformulou o texto da lei 7.716 de 5 de janeiro de 1989):

> Art. 1º Serão punidos, na forma desta Lei, os crimes resultantes de discriminação ou preconceito de raça, cor, etnia, religião ou procedência nacional.

> Art. 20. Praticar, induzir ou incitar a discriminação ou preconceito de raça, cor, etnia, religião ou procedência nacional.

> Pena: reclusão de um a três anos e multa.
> Disponível em: <http://goo.gl/b4Ne99>.
> Acesso em: 30 out. 2018.

1. Descreva a imagem em seu caderno.

2. Identifique o título da campanha publicitária.

3. Identifique a maneira como foi representada a criança branca.

4. Identifique a maneira como foi representada a criança negra.

5. Compare com as imagens da seção acima. Há semelhanças entre as campanhas do passado e do presente? Justifique sua resposta.

6. Elabore uma campanha publicitária que ressalte e valorize a igualdade, a diversidade e a amizade entre as meninas branca e negra.

TRÉPLICA

Filmes

Ganga Zumba
Brasil, 1964.
Direção de Carlos Diegues.
Alguns escravizados tramam sua fuga para o Quilombo dos Palmares, situado na Serra da Barriga. Entre eles, encontra-se o jovem Ganga Zumba, futuro líder daquela comunidade.

Quilombo
Brasil, 1984.
Direção de Carlos Diegues.
Em torno de 1650, um grupo de escravizados se rebela num engenho de Pernambuco e ruma para o Quilombo dos Palmares.

Livros

Palmares
GALDINO, Luiz. São Paulo: Ática, 2001.

Mãe África: mitos, lendas, fábulas e contos
SISTO, Celso. São Paulo: Paulus, 2007.

Sites

(Acessos em: 31 ago. 2018)

<http://bit.ly/2P4r1UE>
O *site* da Comissão Pró-Índio oferece o monitoramento constante da situação das terras quilombolas no Brasil, utilizando quatro categorias: terras quilombolas em processo, terras sem relatório de identificação, terras quilombolas tituladas, comunidades com título de propriedade. No *site* é possível acessar documentos sobre os povos indígenas e sobre os direitos quilombolas. Em português.

<http://goo.gl/5vjH9t>
O Museu Nacional de Arte Africana do Instituto Smithsonian oferece uma vasta coleção *on-line*, com atividades para crianças e o *link* Radio Africa. Os vídeos de arte africana estão disponíveis gratuitamente para *download*.

<http://goo.gl/8tm11y>
Site que reúne assuntos relacionados ao universo da capoeira: história, música, artigos, notícias, publicações, *download* de vídeos e livros.

<http://goo.gl/mBU1z2>
Instituto da mulher negra voltado para as questões raciais, de gênero, direitos humanos, educação. Versão em português.

Índice remissivo

Jane Seymour, 69
Jean de Léry, 139, 169, 179
Jesus Cristo, 12, 17, 156
João Calvino, 67
João de Oliveira, 189
John Rackham, 55
José de Anchieta, 157, 179
Juan Ginés de Sepúlveda, 122

Kublai Khan, 35, 36

Ladinos, 197, 203, 216
Latifúndio, 119, 172, 177, 182, 185
Leonardo da Vinci, 21, 22, 26
Luís XIII, 91
Luís XIV, 91, 92
Luteranismo, 64, 65, 66, 68, 71, 79

Manoel da Nóbrega, 157, 173
Mansa, 44, 57
Mansa Musa, 44, 57
Manuel I, 40
Marco Polo, 35, 36, 50
Margarida Kempe, 23
Maria I, 69, 77, 78
Maria Stuart, 78
Marrano, 78, 79
Martim Afonso de Souza, 152, 153
Martinho Lutero, 64, 65, 66, 67, 68, 70, 72, 79, 81
Mary Read, 55
Maurício de Nassau, 139, 180, 194
Mavutsinim, 135
mecenas, 21, 27
Mem de Sá, 169
Menelik I, 40
Mercantilismo, 174, 175, 177, 178
Metalismo, 174, 177
Michelangelo, 28
Miguel de Cervantes, 96
Missões, 158, 159
Mita, 118, 119, 121
Mobilidade social, 86, 95
Monocultura, 172, 177

Montezuma II, 108, 113
Mucamas, 205, 216

Negros de ganho, 205, 216
Nicolau Coelho, 55
Nicolau Durand de Villegaignon, 169
Nicolau Maquiavel, 87
Nomadismo, 133
Nossa Senhora do Rosário, 207, 209
Nuno Tristão, 45
N'Zinga Mbandi Ngola, 187, 194

Olorun, 190, 191
Orunmilá, 190, 191
Ouvidores, 173, 177
Oxalá, 190, 191
Oxum, 190, 191

Pacto colonial, 175, 177
Padroado Real, 75, 79, 88
Pajens, 205, 216
Papa Júlio II, 28
Parlamento, 93, 94, 95
Pedro Álvares Cabral, 55, 56, 128, 150, 163, 175
Périplo africano, 32, 45, 57
Pirata/pirataria, 54, 55, 57, 58, 174
Plantation, 172, 177, 182, 185, 194, 196
Presbiterianos, 78, 79
Preste João, 40, 41, 52, 57
Protecionismo, 174, 177, 178
Pumbeiros, 186, 196
Puritanos, 77, 78, 79

Quilombo, 196, 212, 213, 214, 215, 216, 219

Recusantes, 78, 79
Renascimento cultural, 20, 27, 70
Repartimiento, 118, 119, 121
Resgate, 157, 159

Richelieu, 91, 92
Rotsvita de Gandersheim, 23

Sacerdócio universal, 65, 71, 79
Santa Ifigênia, 207, 209
Santo Agostinho, 17, 82
Santo Elesbão, 209
São Benedito, 207, 209
Sebastião Del Cano, 51
Sedentarização, 137
Senhorio, 24
Senzala, 181, 182, 204, 207, 211, 212, 216
Sesmarias, 167, 177
Sociedade do Antigo Regime, 84, 86, 90, 95, 96
Sociedade estamental, 85, 95, 96
Sundiata Keita, 43, 44, 45, 57, 59

Tapuias, 134, 143, 153, 160
Tarsila do Amaral, 145
Teocentrismo, 22, 27
Tereza de Benguela, 215
Thomas Morus, 68, 72
Thomas Müntzer, 66, 67
Tigres, 205, 216
Toscanelli, 49
Trabalho assalariado, 14, 27
Tupã, 134, 148, 156, 159

Vasco Nunez de Balboa, 51
Vasco da Gama, 52, 55, 196
Vicente Yañez Pinzón, 56
Viracocha, 114, 115, 121
Visitadores, 173, 177

William Shakespeare, 70, 145

Xamã, 136, 137, 139, 141, 143

Zumbi, 215

Referências bibliográficas

ADÉKŌYĀ, O. A. *Yoruba: tradição oral e história*. São Paulo: Terceira Mensagem, 1999.

ALENCASTRO, L. F. *O trato dos viventes: formação do Brasil no Atlântico Sul – séculos XVI e XVII*. São Paulo: Cia. das Letras, 2000.

ALMEIDA, R. H. *O diretório dos índios: um projeto de "civilização" no Brasil do século XVIII*. Brasília: UnB, 1997.

ANDERSON, P. *Linhagens do Estado absolutista*. Porto Alegre: Afrontamento, 1984.

ANDRADE E SILVA, W. *Lendas e mitos dos índios brasileiros*. São Paulo: FTD, 1999.

ANTONIL, A. J. *Cultura e opulência do Brasil*. Belo Horizonte: Itatiaia, 1982.

ARIÈS, P.; MARGOLIN, J.-C. (Org.). *Les Jeux à la Renaissance*. In: *Actes du XXIIIe Colloque international d'études humanistes*. Paris: J. Vrin, 1982.

ASTON, T. *Crisis en Europa (1560-1660)*. Madrid: Alianza Editorial, 1983.

AUSTÍN, A. L.; LUJÁN, L. *El pasado indígena*. México: Fondo de Cultura Económica, 2001.

BAKHTIN, M. *A cultura popular na Idade Média e no Renascimento*. São Paulo: Hucitec, 1993.

BARRETO, F. *Réquiem para os índios*. São Paulo: Ground Global, 1979.

BARRETO, L. F. *Os descobrimentos e a ordem do saber*. Lisboa: Gradiva, 1989.

BASCHET, J. *A civilização feudal: do ano mil à colonização da América*. São Paulo: Globo, 2006.

BELLOTTO, M. L.; CORRÊA, A. M. M. *A América Latina de colonização espanhola*. In: *Antologia de textos históricos*. São Paulo: Hucitec/Edusp, 1979.

BERNAND, C.; GRUZINSKI, S. *História do Novo Mundo: da descoberta à conquista, uma experiência europeia (1492-1550)*. São Paulo: Edusp, 1997 v. 1, 2006 v. 2.

BETHELL, L. (Org.). *História da América Latina*. São Paulo: Edusp/Imprensa Oficial/Funag, 1997. v. 1.

BETHENCOURT, F. *História das Inquisições: Portugal, Espanha e Itália (séculos XV-XIX)*. São Paulo: Cia. das Letras, 2000.

BINGHAM, H. *Machu Picchu: la ciudad perdida de los incas*. Lima: Editorial Universo, 1977.

BLOCH, E. *Thomas Munzer, teólogo da revolução*. Rio de Janeiro: Tempo Brasileiro, 1973.

BROUGÈRE, G. *Jogo e educação*. Porto Alegre: Artes Médicas, 1998.

BURKE, P. *A cultura popular na Idade Moderna: Europa, 1500-1800*. São Paulo: Cia. das Letras, 1989.

_____. *A fabricação do rei*. Rio de Janeiro: Jorge Zahar, 1994.

_____. *O Renascimento*. Lisboa: Edições Texto & Grafia, 2008.

CABRAL DE MELLO, E. *A fronda dos mazombos: Nobres contra mascastes, Pernambuco, 1666-1715*. São Paulo: Cia. das Letras, 1995.

CAILLOIS, R. *Les jeux et les hommes: le masque et le vertige*. Paris: Gallimard, 1958.

CAMPOS, F. *História Ibérica: apogeu e declínio*. São Paulo: Contexto, 1991.

CAPUTO, S. G. *Educação nos terreiros e como a escola se relaciona com crianças de candomblé*. Rio de Janeiro: FAPERJ/Pallas, 2012.

CARDONEGA, A. O. *História geral das guerras angolanas*. Lisboa: Agência Geral do Ultramar/Imprensa Nacional, 1972. 3 tomos.

CARDOSO, C. F. *América pré-colombiana*. São Paulo: Brasiliense, 1981.

CAROSO, C.; BACELAR, J. (Org.). *Faces da tradição afro-brasileira*. Rio de Janeiro/Salvador: Pallas/CEAO/CNPq, 2006.

CHAN, R. P. *El lenguaje de las piedras: glífica olmeca y zapoteca*. México: Fondo de Cultura Económica, 2002.

CHANDEIGNE, M. (Org.). *Lisboa ultramarina 1415-1580: a invenção do mundo pelos navegadores portugueses*. Rio de Janeiro: Zahar, 1992.

CLARO, R. *Olhar a África: fontes visuais para sala de aula*. São Paulo: Hedra Educação, 2012.

CONDURU, R. *Arte afro-brasileira*. Belo Horizonte: C/Arte, 2007.

CORTEZ, H. *O fim de Montezuma*. Porto Alegre: L&PM, 1996.

COURTÈS, J.-M. et al. *L'Image du noir dans l'art occidental*. Fribourg: Office du Livre, 1976. 2 v.

CUNHA, M. C. (Org.). *História dos índios no Brasil*. 2. ed. São Paulo: Cia. das Letras/Secretaria Municipal de Cultura/Fapesp, 1992.

DAVIS, D. B. *O problema da escravidão na cultura ocidental*. Rio de Janeiro: Civilização Brasileira, 2001.

DEL PRIORE, M.; VENÂNCIO, R. P. *Ancestrais: uma introdução à história da África atlântica*. Rio de Janeiro: Campus, 2004.

DELUMEAU, J. *A civilização do Renascimento*. Lisboa: Estampa, 1983. 2 v.

_____. *Nascimento e afirmação da Reforma*. São Paulo: Pioneira, 1989.

DUBY, G.; PERROT, M. (Dir.). *História das mulheres*. Porto: Edições Afrontamento, 1994 v. 3.

DUVIGNAUD, J. *El juego del juego*. México: Fondo de Cultura Económica, 1982.

ECO, H. (Org.). *História da beleza*. Rio de Janeiro: Record, 2004.

ELIAS, N. *A sociedade de Corte*. 2. ed. Lisboa: Estampa, 1995.

_____. *O processo civilizador*. Rio de Janeiro: Jorge Zahar, 1995. v. 1.

ELTON, G. R. *A Europa durante a Reforma (1517-1559)*. Lisboa: Presença, 1982.

ENDERS, A. *História da África lusófona*. Sintra: Editorial Inquérito, 1997.

FAGE, J. D. *História da África*. Lisboa: Ed. 70, 1995.

FAVRE, H. *A civilização Inca*. Rio de Janeiro: Jorge Zahar, 2004.

FEBVRE, L. *Martin Lutero: un destino*. México: Fondo de Cultura Económica, 1966.

FLORENTINO, M. *Em costas negras: uma história do tráfico de escravos entre África e o Rio de Janeiro*. São Paulo: Cia. das Letras, 1999.

FONSECA, M. N. S. (Org.). *Brasil afro-brasileiro*. Belo Horizonte: Autêntica, 2006.

FORDE, D. (Org.). *Mundos africanos: estudios sobre las ideas cosmológicas y los valores sociales de algunos pueblos de África*. México: Fondo de Cultura Económica, 1975.

GATES JR., H. L. *Os negros na América Latina*. São Paulo: Cia. das Letras, 2011.

GENDROP, P. *A civilização maia*. Rio de Janeiro: Jorge Zahar, 2004.

GENOVESE, E. D. *A terra prometida: o mundo que os escravos criaram*. Rio de Janeiro: Paz e Terra, 1988.

_____. *O mundo dos senhores de escravos: dois ensaios de interpretação*. Rio de Janeiro: Paz e Terra, 1979.

GILROY, P. *O Atlântico negro*. São Paulo: Editora 34, 2001.

GIUCCI, G. *Viajantes do maravilhoso*. São Paulo: Cia. das Letras, 1992.

GODINHO, V. M. *Os descobrimentos e a economia mundial*. Lisboa: Presença, 1981.

GONZÁLEZ, A. R.; PÉREZ, J. A. *Argentina indígena: vísperas de la conquista*. Buenos Aires: Paidós, 2007.

GORENDER, J. *O escravismo colonial*. São Paulo: Ática, 1992.

GREENBLATT, S. *Possessões maravilhosas: o deslumbramento do Novo Mundo*. São Paulo: Edusp, 1996.

GRUZINSKI, S. *O pensamento mestiço*. São Paulo: Cia. das Letras, 2001.

_____. *A colonização do imaginário: sociedades indígenas e ocidentalização no México espanhol (séculos XVI e XVIII)*. São Paulo: Cia. das Letras, 2003.

HAUBERT, M. *Índios e jesuítas no tempo das missões*. São Paulo: Cia. das Letras, 1990.

HENRIQUES, I. C. *Os pilares da diferença: relações Portugal-África. Séculos XV-XX*. Casal de Cambra (Portugal): Caleidoscópio, 2004.

HIRSCH, S. (Coord.). *Mujeres indígenas en la Argentina: cuerpo, trabajo y poder*. Buenos Aires: Biblos, 2008.

HOLANDA, S. B. *Caminhos e fronteiras*. 3. ed. São Paulo: Cia. das Letras, 1994.

_____ (Dir.). *História geral da civilização brasileira*. São Paulo: Difel, 1985. 3 tomos.

_____. *Visão do paraíso*. São Paulo: Brasiliense, 1999.

HUIZINGA, J. *Homo ludens: o jogo como elemento da cultura*. 4. ed. São Paulo: Perspectiva, 2000.

_____. *O outono da Idade Média*. São Paulo: Cosac Naify, 2010.

ILIFFE, J. *Os africanos: história dum continente*. Lisboa: Terramar, 1995.

JOHNSON, H.; SILVA, M. B. N. (Coord.). *O império luso-brasileiro (1550-1620)*. Lisboa: Estampa, 1992.

KI-ZERBO, J. (Org.). *História geral da África*. São Paulo: África/Unesco, 1982. v. 1.

_____. *História da África negra*. Mira-Sintra (Portugal): Europa-América, 1992. 2 v.

LE GOFF, J. *O apogeu da cidade medieval*. São Paulo: Martins Fontes, 1992.

_____. *Uma longa Idade Média*. Rio de Janeiro: Civilização Brasileira, 2008.

LEÓN-PORTILLA, M. *Aztecas-mexicas: desarrollo de una civilización originaria*. Madrid/México: Algabra Ediciones, 2005.

LOVEJOY, P. E. *A escravidão na África: uma história de suas transformações*. Rio de Janeiro: Civilização Brasileira, 2002.

M'BOKOLO, E. *África Negra. História e civilizações (do século XIX aos nossos dias)*. Salvador/São Paulo: EDUFBA/Casa das Áfricas, 2011.

MARCHANT, A. *Do escambo à escravidão: as relações econômicas de portugueses e índios na colonização*. São Paulo: Nacional, 1980.

MARQUESE, R. B. *Feitores do corpo, missionários da mente: senhores, letrados e o controle dos escravos nas Américas*. São Paulo: Cia. das Letras, 2004.

MATTOSO, K. *Ser escravo no Brasil*. São Paulo: Brasiliense, 1988.

MOKHTAR, G. (Org.). *História Geral da África*. São Paulo: Ática/Unesco, 1983. v. 2.

MONTEIRO, J. M. *Negros da terra: índios e bandeirantes nas origens de São Paulo*. São Paulo: Cia. das Letras, 1999.

MUNANGA, K. (Org.). *O negro na sociedade brasileira: resistência, participação, contribuição*. Brasília: Fundação Cultural Palmares, 2004. (Col. História do negro no Brasil, v. 1)

_____; GOMES, N. L. *O negro no Brasil de hoje*. São Paulo: Global, 2006.

MUNDURUKU, D. *Coisas de índio*. São Paulo: Callis, 2000.

MURRAY, J. *África: o despertar de um continente*. Madrid: Ediciones Del Prado, 1997.

NASCIMENTO, E. L. et al. *Sankofa: matrizes africanas da cultura brasileira*. Rio de Janeiro: Editora UERJ, 1996. v. 1.

NIANE, D. T. (Coord.). *História geral da África: a África do século XII ao século XVI*. São Paulo: Ática/Unesco, 1988.

NOVAES, A. (Org.). *A descoberta do homem e do mundo*. São Paulo: Cia. das Letras, 1998.

NOVAIS, F. A. *Portugal e Brasil na crise do Antigo Sistema Colonial (1777-1808)*. São Paulo: Hucitec, 2001.

Referências bibliográficas

NOVINSKY, A. *Cristãos novos na Bahia: 1624-1654*. São Paulo: Perspectiva, 1972.

OLIVER, R. *A experiência africana*. Rio de Janeiro: Jorge Zahar, 1994.

PARRINDER, G. *África*. Lisboa: Verbo, 1982.

PEDROSA, A.; SCHWARCZ, L. M. (Org.). *Histórias mestiças*. Rio de Janeiro: Cobogó, 2014.

PELT, J. M. *Especiarias e ervas aromáticas*. Rio de Janeiro: Jorge Zahar, 1998.

PEREIRA, A. A.; MONTEIRO, A. M. (Org.). *Ensino de História e culturas afro-brasileiras e indígenas*. Rio de Janeiro: Pallas, 2013.

PHILLIPS, C. *The illustrated encyclopedia of Aztec & Maya*. Londres: Lorenz Books, 1998.

PINHEIRO, P. S. (Org.). *Trabalho escravo, economia e sociedade*. Rio de Janeiro: Paz e Terra, 1983.

POPOL VUH. *Antiguas leyendas del maya Quiché*. Cidade do México: Leyenda, 2000.

PRANDI, R. *Mitologia dos orixás*. São Paulo: Cia. das Letras, 2001.

QUEIROZ, T. A. P. *O Renascimento*. São Paulo: Edusp, 1995.

RAMOS, F. P. *No tempo das especiarias: o império da pimenta e do açúcar*. São Paulo: Contexto, 2004.

RANDELL, K. *Lutero e a Reforma alemã (1517-1555)*. São Paulo: Ática, 1995.

RANDLES, W. G. L. *Da Terra plana ao globo terrestre*. Lisboa: Gradiva, 1990.

REIS, J. J.; GOMES, F. S. (Org.). *Liberdade por um fio: história dos quilombos no Brasil*. São Paulo: Cia. das Letras, 1996.

_____; SILVA, E. *Negociação e conflito: a resistência negra no Brasil escravista*. São Paulo: Cia. das Letras, 1989.

REIS, N. G. *Imagens de vilas e cidades do Brasil colonial*. São Paulo: Edusp/Imprensa Oficial, 2001.

REYES, L. A. *El pensamiento indígena en América: los antiguos andinos, mayas y nahuas*. Buenos Aires: Biblos, 2008.

RIBEIRO, R. J. *A etiqueta no Antigo Regime: do sangue à doce vida*. 2. ed. São Paulo: Brasiliense, 1987.

ROMERO, J. L. *Latioamérica: las ciudades y las ideas*. Buenos Aires: Siglo Veintiuno, 2010.

SALMORAL, M. L. et al. (Coord.). *Historia de Iberoamerica: prehistoria e historia antigua*. Tomo 1. Madrid: Cátedra, 1992.

SANTOS, E. N. *Tempo, espaço e passado na Mesoamérica: o calendário, a cosmografia e a cosmogonia nos códices e textos nahuas*. São Paulo: Alameda, 2009.

SCHWARCZ, L. M.; REIS, L. V. S. (Org.). *Negras imagens: ensaios sobre cultura e escravidão no Brasil*. São Paulo: Edusp/Estação Ciência, 1996.

SCHWARTZ, S. B. *Segredos internos: engenhos e escravos na sociedade colonial*. São Paulo: Cia. das Letras, 1988.

_____. *Burocracia e sociedade no Brasil colonial*. São Paulo: Perspectiva, 1979.

_____; LOCKHART, J. *América Latina na época colonial*. Rio de Janeiro: Civilização Brasileira, 2002.

SIMÕES, H. C.; GONZAGA, R. R. *O achamento do Brasil: a carta de Pero Vaz de Caminha a El-Rei D. Manuel*. Salvador/Ilhéus: EGBA/Editus, 1999.

SIQUEIRA, S. *A Inquisição portuguesa e a sociedade colonial*. São Paulo: Ática, 1978.

SLENES, R. *Na senzala, uma flor: esperanças e recordações na formação da família escrava (Brasil Sudeste, século XIX)*. Rio de Janeiro: Nova Fronteira, 1999.

SOUSTELLE, J. *A vida cotidiana dos aztecas nas vésperas da conquista espanhola*. Lisboa: Ed. Livros do Brasil, 2001.

SOUZA, L. M. *O diabo e a terra de Santa Cruz*. São Paulo: Cia. das Letras, 1987.

_____. *Inferno Atlântico: demonologia e colonização nos séculos XVI-XVIII*. São Paulo: Cia. das Letras, 1993.

_____ (Org.). *História da vida privada no Brasil: cotidiano e vida privada na América portuguesa*. São Paulo: Cia. das Letras, 1997. v. 1.

_____. *O Sol e a sombra: política e administração na América portuguesa do século XVIII*. São Paulo: Cia. das Letras, 2006.

STAROBINSKI, J. *As máscaras da civilização*. São Paulo: Cia. das Letras, 2001.

TAMAGNO, L. (Coord.). *Pueblos indígenas: interculturalidad, colonialidad, política*. Buenos Aires: Biblos, 2009.

THORNTON, J. *A África e os africanos na formação do mundo atlântico. 1400-1800*. Rio de Janeiro: Campus, 2004.

TILLEY, R. *A history of playing cards*. Londres: Studio Vista, 1973.

TODOROV, T. *A conquista da América: a questão do outro*. São Paulo: Martins Fontes, 1999.

UNESCO (Org.). *O tráfico de escravos negros séculos XV-XIX*. Lisboa: Edições 70, 1979.

VIDROVITCH, C. C. *A descoberta de África*. Lisboa: Edições 70, 2004.

WEBER, M. *A ética protestante e o espírito do capitalismo*. São Paulo: Cia. das Letras, 2004.

XAVIER, G.; FARIAS, J. B.; GOMES, F. (Org.). *Mulheres negras no Brasil escravista e do pós-emancipação*. São Paulo: Selo Negro, 2012.